全国电力行业"十四五"规划教材

U0662151

建设法规

主　编　张文迪　潘天林
副主编　刘万琳　那春红
参　编　周冠男　孟令威　邵晓双
　　　　程志辉　郭　亮　翟星阳
主　审　李永福

中国电力出版社
CHINA ELECTRIC POWER PRESS

内 容 提 要

本书为全国电力行业"十四五"规划教材，反映了建设工程立法的最新变化，在阐述建设工程相关法律理论的同时，注重建设工程法律的实际应用，注重引导学生形成法律意识和分析问题的能力。本书对大量建设工程相关的典型工程案例进行了分析，文字简练，体例清晰，内容丰富。除思考题外，每章还特别设置了"思政小结"专题，针对章节的具体内容，深挖思政元素，寓价值观引导于知识的传授和能力的培养。

本书可作为普通高等院校、高职高专院校土建类专业建设法规课程的教材，也可作为从事建设法规及相关专业人员的学习、参考用书。

扫一扫

扫码获取本书
配套数字资源

图书在版编目（CIP）数据

建设法规/张文迪，潘天林主编；刘万琳，那春红副主编. --北京：中国电力出版社，2024.12.
ISBN 978-7-5198-9644-7

Ⅰ. D922.297

中国国家版本馆 CIP 数据核字第 2024Q6S552 号

出版发行：中国电力出版社
地　　址：北京市东城区北京站西街 19 号（邮政编码 100005）
网　　址：http://www.cepp.sgcc.com.cn
责任编辑：孙　静（010－63412542）
责任校对：黄　蓓　常燕昆
装帧设计：郝晓燕
责任印制：吴　迪

印　　刷：北京天泽润科贸有限公司
版　　次：2024 年 12 月第一版
印　　次：2024 年 12 月北京第一次印刷
开　　本：787 毫米×1092 毫米　16 开本
印　　张：11
字　　数：270 千字
定　　价：36.00 元

前　言

法律的存在和实施规范了建设活动，保障并约束了各建设主体的行为，促进建设工程有序、合规地进行。本书系统地介绍了工程建设领域相关的法律法规，列举了大量的实际工程案例，有利于读者更好地理解并应用。本书编写特点如下：

1. 内容新颖

本书以《中华人民共和国民法典》为基础，以最新颁布和修订的法律法规为依据进行编写，内容新颖、时效性强。

2. 实用性强

本书在编写过程中注重与国家执业资格考试的内容相衔接，有助于读者顺利通过相关执业资格考试。

3. 操作性强

本书在编写时对真实的工程案例进行分析，有助于读者更好地将理论知识应用于实际情境，运用法律条文来分析和解决与工程相关的实际问题。

4. 思政性强

本书在编写过程中以立德树人理念为基础，融入了思想政治教育内容，结合章节内容，深挖思政元素，明德精业，寓价值观引导于知识的传授和能力的培养。

本书由东北电力大学张文迪、潘天林主编，四川农业大学刘万琳、东北电力大学那春红副主编。具体编写分工如下：刘万琳和广西科技大学郭亮编写第一章，那春红、孟令威编写第二章，程志辉编写第三章，张文迪编写第四章，邵晓双编写第五章，周冠男编写第六章，潘天林编写第七章。张文迪、翟星阳编写全书案例分析部分，张文迪负责统稿，张文迪、潘天林编写全书思政部分。

在本书的编写过程中，编者查阅并参考了大量文献资料，并借鉴了其他专家和学者的研究成果，全书由山东建筑大学李永福教授审阅，提出许多宝贵意见，在此一并表示感谢。

限于编者水平，书中难免存在疏漏和不妥之处，欢迎读者批评指正。

编　者
2024 年 11 月

目 录

第一章　建设工程基本法律知识

学习目标

(1) 建设工程法律体系，法的形式和效力层级；
(2) 建设工程法律关系的组成；
(3) 无权代理、表见代理和代理的责任承担；
(4) 知识产权的特征和种类；
(5) 债的发生根据；
(6) 保证的方式和责任承担、定金违约赔付的规定；
(7) 物权种类和保护的规定；
(8) 诉讼时效的种类、中止和中断的规定；
(9) 建设工程保险的种类；
(10) 建筑信用信息分类和建筑市场诚信行为公布的规定。

第一节　建设工程法规概述

一、建设工程法规的概念

建设工程法规是指国家立法机关或其授权的行政机关制定的，旨在调整国家及其有关机构、企事业单位、社会团体和公民之间，在建设活动中或建设行政管理活动中发生的各种社会关系的法律、法规的统称。

二、建设工程法律体系

法律体系是指一个国家中，不同部门法律纵横交错，组成了这个国家的法律整体，这些部门法律相互联系、相互补充、相互协调，形成多层次完整统一的有机体。

我国法律体系的基本框架由宪法及宪法相关法、民法商法、行政法、经济法、社会法、刑法与程序法等构成。

建设工程法律体系具有综合性的特点，包含了民商法、行政法和社会法等内容。建设工程法律体系具有一定的独立性和完整性，是从七个法律部门提取出来的与工程建设有关的法律条文的总和。

1. 宪法及宪法相关法

宪法是我国整个法律体系的基础。宪法所做的规定，所有法律都必须遵守。主要表现形式为《中华人民共和国宪法》。

宪法相关法主要包括国家机构的产生、组织、职权和基本工作制度方面的法律；有关民族区域自治制度、基层群众自治制度方面的法律；有关特别行政区方面的制度；有关维护国家主权、领土完整、国家安全、国家标志等方面的法律；有关保障公民基本政治权利方面的法律。例如，《中华人民共和国国籍法》《中华人民共和国国务院组织法》等。

2. 民 商 法

民商法是指民法与商法，我国采用的是民商合一的体例。民法是调整平等主体的公民之间、法人之间、公民与法人之间的财产关系和人身关系的法律。商法是调整平等主体之间的商事关系或商事行为的法律。民商法主要包括《中华人民共和国民法典》《中华人民共和国商标法》《中华人民共和国专利法》《中华人民共和国消费者权益保护法》《中华人民共和国公司法》《中华人民共和国保险法》和《中华人民共和国招标投标法》等。

3. 行 政 法

行政法是调整国家行政管理活动中各种关系的法律规范。行政法包括《中华人民共和国行政处罚法》《中华人民共和国行政复议法》《中华人民共和国行政许可法》和《中华人民共和国环境影响评价法》等。

4. 经 济 法

经济法是调整国家在管理和协调经济运行过程中所发生的经济关系的法律规范的总称。经济法主要包括《中华人民共和国土地管理法》《中华人民共和国城市房地产管理法》《中华人民共和国标准化法》《中华人民共和国统计法》《中华人民共和国预算法》和《中华人民共和国审计法》等。

5. 社 会 法

社会法是保障社会特殊群体和弱势群体权益的法律，又称为劳动与社会保障法。社会法主要包括《中华人民共和国劳动法》《中华人民共和国未成年人保护法》《中华人民共和国妇女权益保障法》《中华人民共和国劳动合同法》和《中华人民共和国社会保险法》等。

6. 刑 法

刑法是规定犯罪和刑罚的法律，主要包括《中华人民共和国刑法》和《中华人民共和国刑法修正案（十二）》。

7. 程 序 法

程序法是为实现实体权利义务而制定的关于程序方面的法律，由诉讼程序法和非诉讼程序法等构成。诉讼程序法主要包括《中华人民共和国民事诉讼法》《中华人民共和国行政诉讼法》和《中华人民共和国刑事诉讼法》。非诉讼程序法主要包括《中华人民共和国仲裁法》《中华人民共和国律师法》和《中华人民共和国公证法》等。

三、法的形式

法的形式是指法的存在和表现形式，即国家制定和认可的法律规范的各种表现形式，也被称为法的渊源。

根据《中华人民共和国立法法》有关立法权限的规定，我国法的形式由以下几个层次组成。

1. 宪法

宪法集中反映了统治阶级建立民主国家的意志和利益，规定了国家的根本制度和根本任务，是我国最高的法律形式。宪法是由全国人民代表大会依照特别程序制定的根本法。

2. 法律

法律包括广义的法律和狭义的法律。

广义的法律是指中国法律的整体，即国家机关以强制力保证实施的、具有普遍约束力的行为规范的总和。狭义的法律，仅指全国人民代表大会及其常务委员会制定的规范性文件。

建设法律包括专门的建设领域的法律。例如《中华人民共和国建筑法》《中华人民共和国城乡规划法》等，还包括与建设活动相关的其他法律，例如《中华人民共和国民法典》（以下简称《民法典》）、《中华人民共和国行政许可法》。

3. 行政法规

行政法规是指由最高国家行政机关国务院制定的有关国家行政管理方面的规范性文件。行政法规进一步细化了建设工程法律条款，例如《建设工程安全生产管理条例》《中华人民共和国招标投标法实施条例》《建设工程质量管理条例》等。

4. 部门规章

部门规章是指国务院各部、委员会、中国人民银行、审计署和具有行政管理职能的直属机构所制定的规范性文件。涉及两个以上国务院部门职权范围的事项，应当提请国务院制定行政法规或者由国务院有关部门联合制定规章。

大量的建设法规是以部门规章的方式发布的，如住房和城乡建设部发布的《房屋建筑和市政基础设施工程质量监督管理规定》《建设工程质量检测管理办法》和国务院六部委及中国民用航空总局联合颁布的《工程建设项目施工招标投标办法》等部门规章。

5. 地方性法规

省、自治区、直辖市的人民代表大会及其常务委员会根据本行政区域的具体情况和实际需要，在不同宪法、法律、行政法规相抵触的前提下，可以制定地方性法规。

现行的地方性法规很多，例如《吉林省城市建设管理条例》《上海市建筑市场管理条例》《北京市招标投标条例》等。

6. 地方政府规章

省、自治区、直辖市和设区的市、自治州的人民政府可以根据法律、行政法规和本省、自治区、直辖市的地方性法规来制定地方政府规章，例如《吉林省建设工程质量管理办法》《山西省建筑工程招标投标管理办法》等。

设区的市、自治州的人民政府制定地方政府规章，限于城乡建设与管理、环境保护、历史文化保护等方面的事项。

7. 国际条约

国际条约是指我国与外国缔结、参加、签订、加入、承认的双边、多边的条约、协定和其他具有条约性质的文件，例如《建筑业安全卫生公约》《关于禁止和防止非法进出口文化财产和非法转让其所有权的方法的公约》等。

四、法的效力层级

法的效力层级是指法律体系中各种法的形式，由于制定的主体、程序、时间、适用范围等的不同，具有不同的效力，形成法的效力等级体系。法的效力层级体现在：①宪法至上；②上位法优于下位法；③特别法优于一般法；④新法优于旧法；⑤需要由有关机关裁决适用的特殊情况。

1. 纵向效力层级

宪法具有最高的法律效力，是一般法律的立法基础。一切法律、行政法规、地方性法规、自治条例和单行条例、规章都不得同宪法相抵触。

法律的效力高于行政法规和地方性法规、规章；行政法规的效力高于地方性法规、规章；地方性法规的效力高于本级和下级地方政府规章；省、自治区人民政府制定的规章的效力高于本行政区域内的较大的市的人民政府制定的规章。

自治条例和单行条例依法对法律、行政法规、地方性法规作变通规定的，在本自治地方适用自治条例和单行条例的规定。经济特区法规根据授权对法律、行政法规、地方性法规作变通规定的，在本经济特区适用经济特区法规的规定。

2. 横向效力层级

同一效力层级中的法律冲突，部门规章之间、部门规章与地方政府规章之间具有同等效力，在各自的权限范围内施行。

同一机关制定的法律、行政法规、地方性法规、自治条例和单行条例、规章，特别规定与一般规定不一致的，适用特别规定；新的规定与旧的规定不一致的，适用新的规定。

当法律之间对同一事项的新的一般规定与旧的特别规定不一致，不能确定如何适用时，由全国人民代表大会常务委员会裁决；当行政法规对同一事项的新的一般规定和旧的特别规定不一致，不能确定如何适用时，由国务院裁决。

当地方性法规、规章之间不一致时，由有关机关依照下列规定的权限做出裁决：

（1）当同一机关制定的新的一般规定与旧的特别规定不一致时，由制定机关裁决。

（2）当地方性法规与部门规章之间对同一事项的规定不一致，不能确定如何适用时，由国务院提出意见，国务院认为应当适用地方性法规的，应当决定在该地方适用地方性法规的规定；认为应当适用部门规章的，应当提请全国人民代表大会常务委员会裁决。

（3）当部门规章之间、部门规章与地方政府规章之间对同一事项的规定不一致时，由国务院裁决。

第二节 民 事 关 系

民事关系是指由民事法律规范调整所形成的以民事权利和民事义务为核心内容的社会关系，是民法调整的平等主体之间的人身关系和财产关系在法律上的表现。

建设法律关系是指由建设法律规范所确认和调整的，在建设管理和建设协作过程中所产生的权利、义务关系。

任何法律关系都是由法律关系主体、法律关系客体和法律关系内容三个要素构成。

一、民事主体

《民法典》第二条规定，民法调整平等主体的自然人、法人和非法人组织之间的人身关系和财产关系。

民事主体包括自然人、法人和非法人组织。

1. 自然人

自然人是指基于出生而取得民事主体资格的人。自然人与公民不同，公民仅指具有一国国籍的人。自然人包括本国公民、外国公民和无国籍人。

民事权利能力，是指法律赋予自然人享有民事权利、承担民事义务的资格。民事权利能力是自然人从事民事活动的前提条件，具备民事行为能力，意味着法律允许自然人独立地以自己的名义参加法律关系，行使自己的权利或履行自己的义务。

《民法典》第十三条规定，自然人从出生时起到死亡时止，具有民事权利能力，依法享有民事权利，承担民事义务。

《民法典》第十四条规定，自然人的民事权利能力一律平等。

根据《民法典》总则第二章自然人第十七条至第二十四条规定，民事权利能力分为完全民事行为能力、限制民事行为能力和无民事行为能力。

（1）完全民事行为能力

十八周岁以上的自然人为成年人，成年人为完全民事行为能力人，可以独立实施民事法律行为。十六周岁以上的未成年人，以自己的劳动收入为主要生活来源的，视为完全民事行为能力人。

（2）限制民事行为能力

八周岁以上的未成年人为限制民事行为能力人，实施民事法律行为由其法定代理人代理或者经其法定代理人同意、追认；但是，可以独立实施纯获利益的民事法律行为或者与年龄、智力相适应的民事法律行为。不能完全辨认自己行为的成年人为限制民事行为能力人，实施民事法律行为由其法定代理人代理或者经其法定代理人同意、追认；但是，可以独立实施纯获利益的民事法律行为或者与其智力、精神健康状况相适应的民事法律行为。

（3）无民事行为能力

不满八周岁的未成年人为无民事行为能力人，由其法定代理人代理实施民事法律行为。不能辨认自己行为的成年人为无民事行为能力人，由其法定代理人代理实施民事法律行为。

2. 法人

（1）定义

《民法典》第五十七条规定，法人是具有民事权利能力和民事行为能力，依法独立享有民事权利和承担民事义务的组织。

法人是建设法律关系中数量最多、范围最广泛的主体，例如，施工单位、勘察设计单位和监理单位等组织。

《民法典》第五十九条规定，法人的民事权利能力和民事行为能力，从法人成立时产生，到法人终止时消灭。

（2）成立条件

1）法人依法成立。法人必须是经国家认可的社会组织。在我国，成立法人主要有登记成立和批准成立两种方式。例如，建筑类公司等经工商行政管理部门核准登记后成为企业法人；国家机关根据法律法规或行政审批后成为机关法人。

2）法人应当有自己的名称、组织机构、住所、财产或者经费。

法人的名称是其区别于其他社会组织的标志符号。名称应当能够表现出法人活动的对象及隶属关系。经过登记的名称，法人享有专用权。

法人的组织机构即办理法人一切事务的组织，被称作法人的机关，由自然人组成。

法人的住所是指从事生产经营或社会活动的固定地点。法人的主要办事机构所在地为法人的住所。

法人必须拥有独立的财产，作为其独立参加民事活动的物质基础。独立的财产，是指法人对特定范围内的财产享有所有权或经营管理权，能够按照自己的意志独立支配，同时排斥外界对法人财产的行政干预。法人的财产或者经费必须与法人设立目的或经营范围相适应，否则将不能被批准设立或者核准登记。

3）法人能够独立承担民事责任。法人对自己的民事行为所产生的法律后果承担全部法律责任。除法律有特别规定外，法人的组成人员及其他组织不对法人的债务承担责任，同样，法人也不对除自身债务外的其他债务承担民事责任。

4）法人必须有法定代表人。《民法典》第六十一条规定，依照法律或者法人章程的规定，代表法人从事民事活动的负责人，为法人的法定代表人。法定代表人以法人名义从事的民事活动，其法律后果由法人承受。《民法典》第六十二条规定，法定代表人因执行职务造成他人损害的，由法人承担民事责任。法人承担民事责任后，依照法律或者法人章程的规定，可以向有过错的法定代表人追偿。

（3）项目经理和项目经理部

建设工程项目经理是指受企业法人委派对工程项目施工过程全面负责的项目管理者，通常具备相关专业的学历背景和多年的施工经验，能够灵活应对施工现场的各种挑战和问题，进而保障项目的顺利实施。

项目经理部是为了完成某项建设工程施工任务而设立的组织，由项目经理负责管理。项目经理部是一次性的、具有弹性的现场生产组织机构，根据项目管理的需要，选择适当的组织形式进行设计并组建。大中型施工项目，应当在施工现场设立项目经理部；小型项目，可以不设立项目经理部，但必须有一名经施工企业法人授权的项目经理。由于项目经理部不具有独立法人资格，无法独立承担民事责任，因此其行为的法律后果由企业法人来承担。

3. 非法人组织

《民法典》第一百零二条至第一百零四条规定，非法人组织是不具有法人资格，但是能够依法以自己的名义从事民事活动的组织。

非法人组织包括个人独资企业、合伙企业、不具有法人资格的专业服务机构等。

非法人组织应当依照法律的规定登记。设立非法人组织，法律、行政法规规定须经有关机关批准的，依照其规定。

非法人组织的财产不足以清偿债务的，其出资人或者设立人承担无限责任。法律另有规定的，依照其规定。

二、民事客体

1. 定义

民事客体是指民事关系主体享有的权利和承担义务所共同指向的对象。

2. 表现形式

民事客体一般包括财、物、行为和智力成果。

（1）财

财通常指资金及各种有价证券。建设法律关系中，财主要指与工程建设相关的资金和款项，这些资金和款项的支付和管理是确保工程建设顺利进行的重要保障，例如，建设资金和工程进度款等。

（2）物

物是指可为人们控制的并具有经济价值的生产资料和消费资料。在建设法律关系中，物通常指建筑材料、机械设备、建筑物或构筑物等有形实体。这些物是工程建设过程中不可或缺的要素，是形成建设项目的基础和前提。某个建设项目本身也可以成为建设工程法律关系的客体。

（3）行为

行为是指人的有意识的活动。在建设法律关系中，行为通常表现为完成一定的工作活动，例如，完成勘察设计、施工安装或检查验收等活动。

（4）智力成果

智力成果是指人类脑力劳动的成果或智力方面的创作，也称非物质财富。在建设法律关系中，智力成果往往涉及多个方面，如工程设计、施工方案、技术咨询等。这些智力成果一般都是由专业的设计单位、咨询公司或者个人创造出来的。

三、民事内容

民事内容是指民事关系主体享有的权利和承担的义务。

建设权利主体可要求其他主体做出一定的行为和抑制一定的行为，以实现自己的工程建设权利，因其他主体的行为而使工程建设权利不能实现时，其有权要求国家机关加以保护并予以制裁。建设义务和建设权利是相互对应的，相应主体应自觉履行建设义务，义务主体如果不履行或不适当履行其建设义务，就要承担相应的法律责任。例如，在建设用地使用权法律关系中，建设法律关系的客体是建设用地的使用权，建设法律关系的主体是建设用地使用权人和建设用地所有权人，建设法律关系内容包括建设用地使用权的取得、使用、转让、终止等。

第三节　代　理　制　度

代理是指代理人在代理权限内，以被代理人的名义实施民事法律行为。

《民法典》第一百六十一条规定，民事主体可以通过代理人实施民事法律行为。依照法律规定、当事人约定或者民事法律行为的性质，应当由本人亲自实施的民事法律行为，不得代理。

《民法典》第一百六十四条第一款规定，代理人不履行或者不完全履行职责，造成被代理人损害的，应当承担民事责任。

一、分类

代理分为委托代理和法定代理。

1. 委托代理

委托代理是基于被代理人的委托而产生的代理。

《民法典》第一百六十五条规定，委托代理授权采用书面形式的，授权委托书应当载明代理人的姓名或者名称、代理事项、权限和期限，并由被代理人签名或者盖章。

《民法典》第一百六十六条规定，数人为同一代理事项的代理人的，应当共同行使代理权，但是当事人另有约定的除外。

《民法典》第一百六十八条规定，代理人不得以被代理人的名义与自己实施民事法律行为，但是被代理人同意或者追认的除外。

2. 法定代理

法定代理是指根据法律的规定而发生的代理。

《民法典》第二十三条规定，无民事行为能力人、限制民事行为能力人的监护人是其法定代理人。

二、无权代理

《民法典》第一百七十一条规定，行为人没有代理权、超越代理权或者代理权终止后，仍然实施代理行为，未经被代理人追认的，对被代理人不发生效力。

相对人可以催告被代理人自收到通知之日起 30 日内予以追认。被代理人未作表示的，视为拒绝追认。行为人实施的行为被追认前，善意相对人有撤销的权利。撤销应当以通知的方式作出。

行为人实施的行为未被追认的，善意相对人有权请求行为人履行债务或者就其受到的损害请求行为人赔偿。但是，赔偿的范围不得超过被代理人追认时相对人所能获得的利益。

三、表见代理

表见代理是指代理人虽无代理权，但相对人有理由相信行为人有代理权而需由被代理人承担法律责任的代理行为。

《民法典》第一百七十二条规定，行为人没有代理权、超越代理权或者代理权终止后，仍然实施代理行为，相对人有理由相信行为人有代理权的，代理行为有效。

表见代理的构成要件包括行为人没有代理权；没有代理权的行为人实施了代理行为；善意相对人有正当理由相信行为人有代理权。

四、责任承担

1. 代理人不履行职责的情形

《民法典》第一百六十四条规定，代理人不履行职责而给被代理人造成损害的，应当承担民事责任。

代理人和相对人恶意串通，损害被代理人合法权益的，代理人和相对人应当承担连带责任。

2. 代理事项违法的情形

《民法典》第一百六十七条规定，代理人知道或者应当知道代理事项违法仍然实施代理行为，或者被代理人知道或者应当知道代理人的代理行为违法未作反对表示的，被代理人和代理人应当承担连带责任。

3. 无权代理的情形

相对人知道或者应当知道行为人无权代理的，相对人和行为人按照各自的过错承担责任。

4. 转托他人代理的责任承担情形

《民法典》第一百六十九条规定，代理人需要转委托第三人代理的，应当取得被代理人的同意或者追认。

转委托代理经被代理人同意或者追认的，被代理人可以就代理事务直接指示转委托的第三人，代理人仅就第三人的选任以及对第三人的指示承担责任。

转委托代理未经被代理人同意或者追认的，代理人应当对转委托的第三人的行为承担责任；但是，在紧急情况下代理人为了维护被代理人的利益需要转委托第三人代理的除外。

五、代理终止

1. 委托代理终止

《民法典》第一百七十三条规定，有下列情形之一的，委托代理终止：

（1）代理期间届满或者代理事务完成；

（2）被代理人取消委托或者代理人辞去委托；

（3）代理人或被代理人死亡；

（4）代理人丧失民事行为能力；

（5）作为代理人或者被代理人的法人、非法人组织终止。

2．法定代理终止

《民法典》第一百七十五条规定，有下列情形之一的，法定代理终止：

（1）被代理人取得或者恢复完全民事行为能力；

（2）被代理人或者代理人死亡；

（3）代理人丧失民事行为能力；

（4）法律规定的其他情形。

六、建设工程代理活动

1．招标代理

招标代理一般是指具备相关资质的招标代理机构（公司）按照相关法律规定，受招标人的委托或授权办理招标事宜的行为。招标代理机构可以帮助不具有编制招标文件和组织评标能力的招标人选择能力强和资信好的投标人，保证工程项目的顺利实施和建设目标的实现。

2．采购代理

采购代理具有廉价、高效、快捷的特点。在建设工程中，采购代理机构（公司）主要负责协助企业进行物资和服务的采购。

3．诉讼代理

诉讼代理指代理人基于法律的规定、法院的指定或诉讼当事人及其法定代理人的委托，以当事人本人的名义代为进行诉讼活动的一种制度。在建设工程中，涉及法律诉讼的情况下，委托专业的律师或法律顾问作为代理人为企业进行诉讼活动。

4．项目管理代理

委托专业的项目管理公司或个人作为代理人为企业进行项目的管理工作。在建设工程中，项目管理代理可以提供全方位的项目管理服务。例如，委托专业的项目管理公司对工程建设进行质量管理、资源管理、风险管理、进度管理或者全过程管理。

5．监理代理

在工程监理方面，建设单位委托专业的监理单位作为代理人，为企业进行工程的监理工作。

第四节　知识产权制度

一、定义

知识产权是指权利人对其创造的智力成果依法享有的权利。

《民法典》第一百二十三条规定，民事主体依法享有知识产权。知识产权是权利人依法就下列客体享有的专有的权利：①作品；②发明、实用新型、外观设计；③商标；④地理标志；⑤商业秘密；⑥集成电路布图设计；⑦植物新品种；⑧法律规定的其他客体。

二、特征

1. 无体性

知识产权的客体是不具有物质形态的智力成果,这是知识产权的本质属性,是知识产权区别于物权、债权和人身权等民事权利的首要特征。

智力成果是指人们通过智力劳动创造的精神财富或精神产品,本身凝结了人类的一般劳动,具有财产价值,可以成为权利标的。

2. 专有性

知识产权的权利主体依法享有独占使用智力成果的权利,他人不得侵犯。

3. 地域性

知识产权只在特定国家或地区的地域范围内有效,不具有域外效力。各国的知识产权立法基于主权原则必然呈现出独立性,各国的政治、经济、文化和社会制度的差异,也会使知识产权保护的规定有所不同。一国的知识产权要获得他国的法律保护,必须依照有关国际条约、双边协议或按互惠原则办理。

4. 时间性

知识产权一般只在法律规定的期限内有效。超出知识产权的法定保护期后,该知识产权权利消灭,有关智力成果进入公有领域,人们可以自由使用,但商标权的期限届满后可通过续展依法延长保护期。少数知识产权没有时间限制,只要符合有关条件,法律可长期予以保护,如商业秘密权、地理标志权等。

5. 人身权和财产权

知识产权具有财产权和人身权的双重属性,其他的民事权利都只有财产权或人身权的单一属性。

三、种类

1. 著作权

著作权又称为版权,指作者及其相关主体对作品享有人身权和财产权,保护期限 50 年,从作品完成日起算。

（1）主体

著作权的主体分为自然人、法人和其他组织。

在建设工程活动中,有些作品属于职务作品。自然人为完成法人或者非法人组织工作任务所创作的作品是职务作品。一般情况下,职务作品的著作权由作者享有,但法人或者非法人组织有权在其业务范围内优先使用。作品完成两年内,未经单位同意,作者不得许可第三人以与单位使用的相同方式使用该作品。

（2）客体

著作权的客体是作品,作品是指文学、艺术和科学领域内具有独创性并能以一定形式表现的智力成果。

著作权的保护对象在工程建设领域较为常见,包括勘察、设计、施工、咨询活动中形成的,以各种载体所表现的文字作品、图形作品、模型作品、建筑作品。例如,工程勘察投标方案、建筑工程设计投标方案、施工单位的投标文件、工程咨询的项目建议书、可行性研究报告和企业自行编制的计算机软件、企业标准、导则、手册、标准设计等。

（3）内容

著作人身权包含发表权、署名权、修改权和保护作品的完整权。

著作财产权包含复制权、发行权、出租权和展览权等。

（4）保护期

根据《中华人民共和国著作权法》（以下简称《著作权法》）第二十二条、第二十三条第一、二款规定，作者的署名权、修改权、保护作品完整权的保护期不受时间限制。

自然人的作品，其发表权和财产权的保护期为作者终生及其死亡后 50 年，截止于作者死亡后第 50 年的 12 月 31 日；如果是合作作品，截止于最后死亡的作者死亡后第 50 年的 12 月 31 日。

法人或者非法人组织的作品、著作权（署名权除外）由法人或者非法人组织享有的职务作品，其发表权的保护期为 50 年，截止于作品创作完成后第 50 年的 12 月 31 日；其财产权的保护期为 50 年，截止于作品首次发表后第 50 年的 12 月 31 日，但作品自创作完成后 50 年内未发表的，《著作权法》不再保护。

2. 专利权

专利权，是指由政府主管部门根据发明人或申请人的申请，认为其发明创造符合《中华人民共和国专利法》（以下简称《专利法》）规定的条件而授予申请人或其合法受让人的一种专有权。

（1）主体

专利权的主体即专利权人，是指享有专利法规定的权利并同时承担对应义务的人。在我国，自然人和单位都可以申请或受让专利，成为专利权的主体。可见，专利权的主体不等于专利的发明人、申请人。

《专利法》第六条规定，执行本单位的任务或者主要是利用本单位的物质技术条件所完成的发明创造为职务发明创造。职务发明创造申请专利的权利属于该单位，申请被批准后，该单位为专利权人。该单位可以依法处置其职务发明创造申请专利的权利和专利权，促进相关发明创造的实施和运用。

非职务发明创造，申请专利的权利属于发明人或者设计人；申请被批准后，该发明人或者设计人为专利权人。

利用本单位的物质技术条件所完成的发明创造，单位与发明人或者设计人订有合同，对申请专利的权利和专利权的归属作出约定的，从其约定。

（2）客体

专利权的客体即专利法保护的对象，是指依法应授予专利权的发明创造。我国专利法所称的发明创造包括发明、实用新型和外观设计三种。

1）发明，是指对产品、方法或者其改进所提出的新的技术方案，如某设计院申请了名称为"变电站装配式电缆沟体及铺装方法"的发明专利。

2）实用新型，是指对产品的形状、构造或者其结合所提出的适于实用的新的技术方案，如某公司申请的"全玻璃幕墙"实用新型专利。

3）外观设计，是指对产品的整体或者局部的形状、图案或者其结合以及色彩与形状、图案的结合所作出的富有美感并适于工业应用的新设计。

（3）内容

《专利法》第十一条规定，发明和实用新型专利权被授予后，除本法另有规定的以外，任何单位或者个人未经专利权人许可，都不得实施其专利，即不得为生产经营目的制造、使用、许诺销售、销售、进口其专利产品，或者使用其专利方法以及使用、许诺销售、销售、进口依照该专利方法直接获得的产品。

外观设计专利权被授予后，任何单位或者个人未经专利权人许可，都不得实施其专利，即不得为生产经营目的制造、许诺销售、销售、进口其外观设计专利产品。

与发明和实用新型不同，外观设计专利权人可以制止的行为不包括他人对外观设计专利产品的使用行为。

（4）保护期限

根据《专利法》第四十二条第一款规定，发明专利权的期限为 20 年，实用新型专利权的期限为 10 年，外观设计专利权的期限为 15 年，均自申请日起计算。

3. 商标权

商标权，是指商标所有人对其商标所享有的独占的、排他的权利。

（1）主体

商标权的主体分为自然人、法人和其他组织。

（2）客体

商标权的客体是商标。任何能够将自然人、法人或者其他组织的商品与他人的商品区别开的标志，包括文字、图形、字母、数字、三维标志、颜色组合和声音等，以及上述要素的组合，均可以作为商标申请注册。例如，某公司注册的"龙牌"商标，"龙牌"商标被核定使用的商品包括金属建筑材料、可移动金属建筑物等，该公司享有该商标的专有权。

（3）内容

商标权的内容是指商标权人依法享有的权利和承担的义务。商标权人享有专有使用权、商标处分权、使用注册标记权。

《中华人民共和国商标法》（以下简称《商标法》）保护的是财产权，商标设计人身权受《著作权法》保护。例如，乙抄袭甲的商标，该纠纷属于著作权纠纷，不属于商标权纠纷。

（4）保护期限

注册商标的有效期为 10 年，自核准注册之日起计算。

《商标法》第四十条规定，注册商标有效期满，需要继续使用的，商标注册人应当在期满前 12 个月内按照规定办理续展手续；在此期间未能办理的，可以给予 6 个月的宽展期。每次续展注册的有效期为 10 年，自该商标上一届有效期满次日起计算。期满未办理续展手续的，注销其注册商标。商标局应当对续展注册的商标予以公告。

第五节　债　权　制　度

一、定义

《民法典》第一百一十八条规定，民事主体依法享有债权。债权是因合同、侵权行为、无因管理、不当得利以及法律的其他规定，权利人请求特定义务人为或者不为一定行为的权利。

享有权利的人是债权人，负有义务的人是债务人。

二、发生根据

1. 合同

依法成立的合同，对当事人具有法律约束力。法律约束力，就是合同之债的效力。合同成立之后，缔约当事人成为合同之债的债权债务关系当事人，享有权利的一方为债权人，负有债务的一方为债务人，合同约定的内容就是合同之债的债权债务内容，债权人有权请求债务人按照约定履行义务，实现自己的债权，义务人须依照法律规定和合同约定，履行合同义务。如果债务人不履行或者不完全履行债务，应当承担违约责任。因合同产生的债又称为合同之债，合同引起的债权债务关系，是债发生的最主要、最普遍的依据。

建设工程中基于合同产生的债很多。例如，施工合同的订立，会在施工单位与建设单位之间产生债权债务关系。对于完成施工任务，建设单位是债权人，施工企业是债务人；对于支付工程价款，施工单位是债权人，建设单位是债务人。

2. 侵权

《民法典》第一千一百六十五条规定，行为人因过错侵害他人民事权益造成损害的，应当承担侵权责任。依照法律规定推定行为人有过错，其不能证明自己没有过错的，应当承担侵权责任。

《民法典》第一千一百六十六条规定，行为人造成他人民事权益损害，不论行为人有无过错，法律规定应当承担侵权责任的，依照其规定。

《民法典》第一千一百六十七条规定，侵权行为危及他人人身、财产安全的，被侵权人有权请求侵权人承担停止侵害、排除妨碍、消除危险等侵权责任。

被侵权人享有的侵权请求权，性质属于债权，侵权人负有赔偿被侵权人损失的债务。

在建设工程生产活动中，侵权行为时有发生。例如，施工现场的噪声、粉尘、废水废物排放或建筑物的倒塌造成了他人损害，就属于侵权行为。

《民法典》第一千二百五十二条规定，建筑物、构筑物或者其他设施倒塌、塌陷造成他人损害的，由建设单位与施工单位承担连带责任，但是建设单位与施工单位能够证明不存在质量缺陷的除外。建设单位、施工单位赔偿后，有其他责任人的，有权向其他责任人追偿。因所有人、管理人、使用人或者第三人的原因，建筑物、构筑物或者其他设施倒塌、塌陷造成他人损害的，由所有人、管理人、使用人或者第三人承担侵权责任。

《民法典》第一千二百五十三条规定，建筑物、构筑物或者其他设施及其搁置物、悬挂物发生脱落、坠落造成他人损害，所有人、管理人或者使用人不能证明自己没有过错的，应当承担侵权责任。所有人、管理人或者使用人赔偿后，有其他责任人的，有权向其他责任人追偿。

《民法典》第一千二百五十四条第一款规定，禁止从建筑物中抛掷物品。从建筑物中抛掷物品或者从建筑物上坠落的物品造成他人损害的，由侵权人依法承担侵权责任；经调查难以确定具体侵权人的，除能够证明自己不是侵权人的外，由可能加害的建筑物使用人给予补偿。可能加害的建筑物使用人补偿后，有权向侵权人追偿。

3. 不当得利

不当得利是指没有法律根据而通过造成他人损失取得的不当利益，受损人享有请求得利人返还其不当利益的债权债务关系。当事人之间因不当得利所发生的债权债务关系，称为不当得利之债。获得利益的一方为得利人，受到损失的一方为受损人。例如，建设单位多付工程款后，施工单位没有返还多付工程款，施工单位取得的多付工程款并没有合法依据，因此属于不当得利。

《民法典》第九百八十五条规定，得利人没有法律根据取得不当利益的，受损失的人可以请求得利人返还取得的利益，但是有下列情形之一的除外：①为履行道德义务进行的给付；②债务到期之前的清偿；③明知无给付义务而进行的债务清偿。

4. 无因管理

无因管理是指没有法定义务或者约定的义务，为避免他人利益受到损失而自愿为他人管理事务或提供服务的事实行为。管理他人事务的人称为管理人，事务被他人管理的人称为受益人。无因管理的效力是指构成无因管理后在受益人和管理人之间产生了债权债务关系。

《民法典》第九百七十九条规定，管理人没有法定的或者约定的义务，为避免他人利益受损失而管理他人事务的，可以请求受益人偿还因管理事务而支出的必要费用；管理人因管理事务受到损失的，可以请求受益人给予适当补偿。

第六节 担 保 制 度

担保是指当事人双方根据法律、行政法规的规定或双方约定，促使债务人履行债务，实现债权人权利的法律制度。其中债权债务关系是主法律关系，担保关系是从法律关系。工程建设活动中常见的担保形式包括投标保证金、施工合同履约保证金、工程款支付担保、预付款担保等。

担保的基本方式有五种，包括保证、抵押、质押、留置和定金。其中保证属于人的担保；定金属于金钱担保；抵押、质押和留置属于物的担保，以物的交换价值作为债权实现的担保，基于这三种方式产生的权利属于担保物权，具体内容将在第七节物权制度中进行讲解。

一、保证

保证是指合同双方当事人以外的第三方，向合同关系中的债权方保证合同关系中的债务方全部或部分履行合同债务的担保方式。

1. 保证人

保证人是指根据保证合同的约定，在债务人不履行债务时向债权人承担担保责任的当事人。

《民法典》第六百八十三条规定，机关法人不得为保证人，但是经国务院批准为使用外国政府或者国际经济组织贷款进行转贷的除外。以公益为目的的非营利法人、非法人组织不得为保证人。

2. 保证合同

《民法典》第六百八十一条规定，保证合同是为保障债权的实现，保证人和债权人约定，当债务人不履行到期债务或者发生当事人约定的情形时，保证人履行债务或者承担责任的合同。

保证合同可以是单独订立的书面合同，也可以是主债权债务合同中的保证条款。保证合同是主债权债务合同的从合同，主债权债务合同无效，则担保合同无效，但是法律另有规定的除外。保证合同被确认无效后，债务人、保证人、债权人有过错的，应当根据其过错各自承担相应的民事责任。

《民法典》第六百八十四条规定，保证合同的内容一般包括被保证的主债权种类、数额，债务人履行债务的期限，保证的方式、范围和期间等条款。

3. 保证方式

保证方式有一般保证和连带责任保证两种。

（1）一般保证

根据《民法典》第六百八十七条规定和第六百八十六条第一款规定，当事人在保证合同中约定，债务人不能履行债务时，由保证人承担保证责任的，为一般保证。当事人对保证方式没有约定或者约定不明确的，按照一般保证承担保证责任。

一般保证的保证人在主合同纠纷未经审判或者仲裁，并就债务人财产依法强制执行仍不能履行债务前，对债权人可以拒绝承担保证责任。但是有下列情形之一的除外：债务人下落不明，且无财产可供执行；人民法院已经受理债务人破产案件；债权人有证据证明债务人的财产不足以履行全部债务或者丧失履行债务能力；保证人书面表示放弃本款规定的权利。

（2）连带责任保证

《民法典》第六百八十八条规定，当事人在保证合同中约定保证人和债务人对债务承担连带责任的，为连带责任保证。

连带责任保证的债务人不履行到期债务或者发生当事人约定的情形时，债权人可以请求债务人履行债务，也可以请求保证人在其保证范围内承担保证责任。

4. 保证责任

（1）责任范围

《民法典》第六百九十一条规定，保证的范围包括主债权及其利息、违约金、损害赔偿金和实现债权的费用。当事人另有约定的，按照其约定。

（2）保证期间

保证期间是确定保证人承担保证责任的期间，不发生中止、中断和延长。

债权人与保证人可以约定保证期间，但是约定的保证期间早于主债务履行期限或者主债务履行期限同时届满的，视为没有约定；没有约定或者约定不明确的，保证期间为主债务履行期限届满之日起 6 个月。

一般保证的债权人未在保证期间对债务人提起诉讼或者申请仲裁的，保证人不再承担保证责任。连带责任保证的债权人未在保证期间请求保证人承担保证责任的，保证人不再承担保证责任。

债权人和债务人变更主债权债务合同的履行期限，未经保证人书面同意的，保证期间不受影响。

（3）责任规定

债权人和债务人未经保证人书面同意，协商变更主债权债务合同内容，减轻债务的，保证人仍对变更后的债务承担保证责任；加重债务的，保证人对加重的部分不承担保证责任。

关于主债权转让对保证责任的影响，《民法典》第六百九十六条规定，债权人转让全部或者部分债权，未通知保证人的，该转让对保证人不发生效力。保证人与债权人约定禁止债权转让，债权人未经保证人书面同意转让债权的，保证人对受让人不再承担保证责任。

关于债务转移对保证担保的影响，《民法典》第六百九十七条规定，债权人未经保证人书面同意，允许债务人转移全部或者部分债务，保证人对未经其同意转移的债务不再承担保证责任，但是债权人和保证人另有约定的除外。

二、定金

《民法典》第五百八十六条规定，当事人可以约定一方向对方给付定金作为债权的担保。定金合同自实际交付定金时成立。定金的数额由当事人约定；但是，不得超过主合同标的额的 20％，超过部分不产生定金的效力。实际交付的定金数额多于或者少于约定数额的，视为变更约定的定金数额。

例如，甲施工企业与乙钢材供应商订立钢材采购合同，约定定金为 30 万元，甲实际支付定金 10 万元，乙按照合同约定开始供货，视为变更约定的定金数额为 10 万元。

《民法典》第五百八十七条规定，债务人履行债务的，定金应当抵作价款或者收回。给付定金的一方不履行债务或者履行债务不符合约定，致使不能实现合同目的的，无权请求返还定金；收受定金的一方不履行债务或者履行债务不符合约定，致使不能实现合同目的的，应当双倍返还定金。

《民法典》第五百八十八条规定，当事人既约定违约金，又约定定金的，一方违约时，对方可以选择适用违约金或者定金条款。定金不足以弥补一方违约造成的损失的，对方可以请求赔偿超过定金数额的损失。

第七节　物　权　制　度

一、定义

《民法典》第一百一十四条规定，民事主体依法享有物权。物权是权利人依法对特定的物享有直接支配和排他的权利。

二、物权的设立、变更、转让和消灭

《民法典》第一百一十五条规定，物包括不动产和动产。法律规定权利作为物权客体的，依照其规定。

1. 不动产的相关规定

《民法典》第二百零九条规定，不动产物权的设立、变更、转让和消灭，经依法登记，发生效力；未经登记，不发生效力，但是法律另有规定的除外。依法属于国家所有的自然资源，所有权可以不登记。

《民法典》第二百一十四条规定，不动产物权的设立、变更、转让和消灭，依照法律规定应当登记的，自记载于不动产登记簿时发生效力。

《民法典》第二百一十条规定，不动产登记，由不动产所在地的登记机构办理。国家对不动产实行统一登记制度。统一登记的范围、登记机构和登记办法，由法律、行政法规规定。

登记是物权设立和变动的公示方法，登记的实质在于将有关不动产物权设立、移转、变更等情况登录、记载于登记簿上，以备人们查阅。

当事人之间订立有关设立、变更、转让和消灭不动产物权的合同，除法律另有规定或者当事人另有约定外，自合同成立时生效；未办理物权登记的，不影响合同效力。

2. 动产的相关规定

《民法典》第二百二十四条和第二百二十五条规定，动产物权的设立和转让，自交付时发生效力，但是法律另有规定的除外。船舶、航空器和机动车等的物权的设立变更、转让和消灭，未经登记，不得对抗善意第三人。

三、物权的保护

《民法典》第二百三十三条和第二百三十四条规定，物权受到侵害的，权利人可以通过和解、调解、仲裁、诉讼等途径解决。因物权的归属、内容发生争议的，利害关系人可以请求确认权利。

确认物权是保护物权的前提。物权的确认是对物权归属和内容的确认。

《民法典》物权编规定的物权请求权主要包括返还原物、排除妨害、消除危险和恢复原状。

1. 返还原物请求权

《民法典》第二百三十五条规定，无权占有不动产或者动产的，权利人可以请求返还原物。

返还原物请求权是所有权效力的直接体现，只要他人无权占有或侵夺权利人的财产，权利人都可以通过行使该项请求权而恢复其物权的圆满状态。

2. 排除妨害请求权

《民法典》第二百三十六条规定，妨害物权或者可能妨害物权的，权利人可以请求排除妨害或者消除危险。

排除妨害请求权是指当物权的享有和行使受到占有以外的方式妨害时，物权人对妨害人享有请求其排除妨害、使自己的权利恢复圆满状态的权利。例如，某公司在他人房屋旁违章架设某种信号塔，可能发出某种辐射、给他人造成妨害，权利人有权请求排除妨害。

3. 消除危险请求权

消除危险请求权，是指行为人的行为可能造成对他人的妨害，并且构成一定的危险，权利人有权请求消除已经存在的危险。例如，强风导致输电塔即将倒塌，对某人的房屋安全构成了威胁，权利人可以请求消除危险。

4. 恢复原状请求权

《民法典》第二百三十七条规定，造成不动产或者动产毁损的，权利人可以依法请求修理、重作、更换或者恢复原状。

恢复原状的请求权主要是指在物遭受侵害之后，如果能够通过修理、重作等方式恢复原状，应该采用各种方法使得这些物恢复到原有的状态，从而使得权利人恢复对物的圆满权利状态。

四、种类

物权包括所有权、用益物权和担保物权。

1. 所有权

《民法典》第二百四十条规定，所有人依法对自己的财产所享有的占有、使用、收益和处分的权利。

所有权它是财产权，也是物权中最重要也最完全的一种权利。任何组织或者个人不得侵占、买卖或者以其他形式非法转让土地。

《宪法》第十条规定，城市的土地属于国家所有。农村和城市郊区的土地，除由法律规定属于国家所有的以外，属于集体所有；宅基地和自留地、自留山，也属于集体所有。

所有权在法律上也受到一定的限制。

《民法典》第二百四十三条规定，为了公共利益的需要，依照法律规定的权限和程序可以征收集体所有的土地和组织、个人的房屋以及其他不动产。征收集体所有的土地，应当依法及时足额支付土地补偿费、安置补助费以及农村村民住宅、其他地上附着物和青苗等的补偿费用，并安排被征地农民的社会保障费用，保障被征地农民的生活，维护被征地农民的合法权益。征收组织、个人的房屋以及其他不动产，应当依法给予征收补偿，维护被征收人的合法权益；征收个人住宅的，还应当保障被征收人的居住条件。任何组织或者个人不得贪污、挪用、私分、截留、拖欠征收补偿费等费用。

《民法典》第二百四十五条规定，因抢险救灾、疫情防控等紧急需要，依照法律规定的权限和程序可以征用组织、个人的不动产或者动产。被征用的不动产或者动产使用后，应当返还被征用人。组织、个人的不动产或者动产被征用或者征用后毁损、灭失的，应当给予补偿。

2. 用益物权

《民法典》第三百二十三条规定，用益物权人对他人所有的不动产或者动产，依法享有占有、使用和收益的权利。

用益物权是指非所有人对他人所有之物享有的占有、使用和收益的权利，包括土地承包经营权、建设用地使用权、宅基地使用权、居住权和地役权。

（1）土地使用权

1）设立。《民法典》第三百四十四条规定，建设用地使用权人依法对国家所有的土地享有占有、使用和收益的权利，有权利用该土地建造建筑物、构筑物及其附属设施。

建设用地使用权可以在土地的地表、地上或者地下分别设立。设立建设用地使用权，应当符合节约资源、保护生态环境的要求，遵守法律、行政法规关于土地用途的规定，不得损害已经设立的用益物权。建设用地使用权人应当合理利用土地，不得改变土地用途；需要改变土地用途的，应当依法经有关行政主管部门批准。

设立建设用地使用权，可以采取出让或者划拨等方式。工业、商业、旅游、娱乐和商品住宅等经营性用地以及同一土地有两个以上意向用地者的，应当采取招标、拍卖等公开竞价的方式出让。

设立建设用地使用权的，应当向登记机构申请建设用地使用权登记。建设用地使用权自登记时设立。登记机构应当向建设用地使用权人发放权属证书。

2）变更。建设用地使用权可以转让、互换、出资、赠予或抵押，使用期限由当事人约定，但不得超过建设用地使用权的剩余期限，附着于该土地上的建筑物、构筑物和其他附属设施一并处分，并应当向登记机构申请变更登记。

住宅用地使用期限届满的，自动续期。

（2）地役权

地役权是指地役权人有权按照合同约定，利用他人的不动产，以提高自己的不动产的效益。其中他人的不动产为供役地，自己的不动产为需役地。

设立地役权，当事人应当采用书面形式订立地役权合同。地役权是特殊的不动产物权，无需登记，地役权自地役权合同生效时设立。当事人要求登记的，可以向登记机构申请地役权登记；未经登记，不得对抗善意第三人。

地役权合同一般包括下列条款：

1）当事人的姓名或者名称和住所；

2）供役地和需役地的位置；

3）利用目的和方法；

4）地役权期限；

5）费用和支付方式；

6）解决争议方法。

《民法典》第三百八十条第一款规定，地役权不得单独转让。土地承包经营权、建设用地使用权等转让的，地役权一并转让，但是合同另有约定的除外。

《民法典》第三百八十二和第三百八十三条规定，需役地以及需役地上的土地承包经营权、建设用地使用权等部分转让时，转让部分涉及地役权的，受让人同时享有地役权。供役地以及供役地上的土地承包经营权、建设用地使用权等部分转让时，转让部分涉及地役权的，地役权对受让人具有法律约束力。

3. 担保物权

担保物权是指担保物权人在债务人不履行到期债务或者发生当事人约定的实现担保物权的情形，依法享有就担保财产优先受偿的权利。

担保物权包括抵押权、质权和留置权。抵押权的客体包括三类，分别是动产、不动产和不动产用益物权（建设用地使用权和土地经营权）；质权的客体包括两类，分别是动产和权利；留置权的客体只包含动产。

（1）抵押权

抵押是一种常见的担保方式，指债务人或第三人不转移对财产的占有，将该财产作为债权的担保。

抵押权是基于抵押行为，由债权人享有的一种担保物权。关于抵押权，《民法典》第三百九十四条规定，为担保债务的履行，债务人或者第三人不转移财产的占有，将该财产抵押给债权人的，债务人不履行到期债务或者发生当事人约定的实现抵押权的情形，债权人有权就该财产优先受偿。债务人或者第三人为抵押人，债权人为抵押权人，提供担保的财产为抵押财产。

1）抵押财产的范围。《民法典》第三百九十五条规定，债务人或者第三人有权处分的下列财产可以抵押：①建筑物和其他土地附着物；②建设用地使用权；③海域使用权；④生产设备、原材料、半成品、产品；⑤正在建造的建筑物、船舶、航空器；⑥交通运输工具；⑦法律、行政法规未禁止抵押的其他财产。抵押人可以将前款所列财产一并抵押。

禁止抵押的财产范围包括土地所有权；宅基地、自留地、自留山等集体所有土地的使用权，但是法律规定可以抵押的除外；学校、幼儿园、医疗机构等为公益目的成立的非营利法人的教育设施、医疗卫生设施和其他公益设施；所有权、使用权不明或者有争议的财产；依法被查封、扣押、监管的财产和法律、行政法规规定不得抵押的其他财产。

建筑物应与建设用地使用权同时抵押。《民法典》第三百九十七条规定，以建筑物抵押的，该建筑物占用范围内的建设用地使用权一并抵押。以建设用地使用权抵押的，该土地上的建筑物一并抵押。抵押人未依据前款规定一并抵押的，未抵押的财产视为一并抵押。

　　2）抵押权的效力。关于不动产抵押的效力，《民法典》第四百零二条规定，以本法第三百九十五条第一款第一项至第三项规定的财产或者第五项规定的正在建造的建筑物抵押的，应当办理抵押登记。抵押权自登记时设立。

　　关于动产抵押的效力，抵押权自抵押合同生效时设立；未经登记，不得对抗善意第三人。

　　抵押权设立前，抵押财产已经出租并转移占有的，原租赁关系不受该抵押权的影响。

　　3）抵押财产的处分。《民法典》第四百零六条规定，抵押期间，抵押人可以转让抵押财产。当事人另有约定的，按照其约定。抵押财产转让的，抵押权不受影响。抵押人转让抵押财产的，应当及时通知抵押权人。抵押权人能够证明抵押财产转让可能损害抵押权的，可以请求抵押人将转让所得的价款向抵押权人提前清偿债务或者提存。转让的价款超过债权数额的部分归抵押人所有，不足部分由债务人清偿。

　　《民法典》第四百零八条规定，抵押人的行为足以使抵押财产价值减少的，抵押权人有权请求抵押人停止其行为；抵押财产价值减少的，抵押权人有权请求恢复抵押财产的价值，或者提供与减少的价值相应的担保。抵押人不恢复抵押财产的价值，也不提供担保的，抵押权人有权请求债务人提前清偿债务。

　　4）抵押权的实现。《民法典》第四百一十条规定，债务人不履行到期债务或者发生当事人约定的实现抵押权的情形，抵押权人可以与抵押人协议以抵押财产折价或者以拍卖、变卖该抵押财产所得的价款优先受偿。协议损害其他债权人利益的，其他债权人可以请求人民法院撤销该协议。

　　抵押权人与抵押人未就抵押权实现方式达成协议的，抵押权人可以请求人民法院拍卖、变卖抵押财产。

　　抵押财产折价或者变卖的，应当参照市场价格。

　　5）清偿顺序。《民法典》第四百一十四条规定，同一财产向两个以上债权人抵押的，拍卖、变卖抵押财产所得的价款依照下列规定清偿：①抵押权已经登记的，按照登记的时间先后确定清偿顺序；②抵押权已经登记的先于未登记的受偿；③抵押权未登记的，按照债权比例清偿。

　　（2）质权

　　质押是指债务人或者第三人将其动产或权利移交债权人占有，将该动产或权利作为债权的担保的法律行为。

　　质权是基于质押行为，当债务人不履行债务时，债权人有权依照法律规定，以其占有的财产优先受偿。其中，债务人或第三人为出质人，债权人为质权人，移交的动产或权利为质物。

　　1）动产质权。设立质权，当事人应当采用书面形式订立质押合同。质权自出质人交付质押财产时设立。

　　质权人负有妥善保管质押财产的义务；因保管不善致使质押财产毁损、灭失的，应当承担赔偿责任。质权人在质权存续期间，未经出质人同意，擅自使用、处分质押财产，造成出质人损害的，应当承担赔偿责任。质权人的行为可能使质押财产毁损、灭失的，出质人可以请求质权人将质押财产提存，或者请求提前清偿债务并返还质押财产。

债务人履行债务或者出质人提前清偿所担保的债权的，质权人应当返还质押财产。债务人不履行到期债务或者发生当事人约定的实现质权的情形，质权人可以与出质人协议以质押财产折价，也可以就拍卖、变卖质押财产所得的价款优先受偿。质押财产折价或者变卖的，应当参照市场价格。质押财产折价或者拍卖、变卖后，其价款超过债权数额的部分归出质人所有，不足部分由债务人清偿。

2）权利质权。《民法典》第四百四十条规定，债务人或者第三人有权处分的下列权利可以出质：①汇票、本票、支票；②债券、存款单；③仓单、提单；④可以转让的基金份额、股权；⑤可以转让的注册商标专用权、专利权、著作权等知识产权中的财产权；⑥现有的以及将有的应收账款；⑦法律、行政法规规定可以出质的其他财产权利。

以汇票、本票、支票、债券、存款单、仓单、提单出质的，质权自权利凭证交付质权人时设立；没有权利凭证的，质权自办理出质登记时设立。

（3）留置权

留置是一种事实行为，指债权人按照合同约定占有债务人的动产。

留置权是基于留置行为而产生。关于留置权，《民法典》第四百四十七条规定，债务人不履行到期债务，债权人可以留置已经合法占有的债务人的动产，并有权就该动产优先受偿。前款规定的债权人为留置权人，占有的动产为留置财产。

留置权人负有妥善保管留置财产的义务；因保管不善致使留置财产毁损、灭失的，应当承担赔偿责任。

留置权人与债务人应当约定留置财产后的债务履行期限；没有约定或者约定不明确的，留置权人应当给债务人六十日以上履行债务的期限，但是鲜活易腐等不易保管的动产除外。债务人逾期未履行的，留置权人可以与债务人协议以留置财产折价，也可以就拍卖、变卖留置财产所得的价款优先受偿。留置财产折价或者变卖的，应当参照市场价格。

债务人可以请求留置权人在债务履行期限届满后行使留置权；留置权人不行使的，债务人可以请求人民法院拍卖、变卖留置财产。留置财产折价或者拍卖、变卖后，其价款超过债权数额的部分归债务人所有，不足部分由债务人清偿。

同一动产上已经设立抵押权或者质权，该动产又被留置的，留置权人优先受偿。留置权人对留置财产丧失占有或者留置权人接受债务人另行提供担保的，留置权消灭。

第八节　诉讼时效制度

一、定义

诉讼时效是指权利人在法定的时效期间内，未向法院提起诉讼请求保护其权利，依据法律规定消灭其胜诉权的制度。

超过诉讼时效期间，在法律上发生的效力是权利人胜诉权消灭。超过诉讼时效期间权利人起诉，如果符合《中华人民共和国民事诉讼法》规定的起诉条件，法院仍应受理。《民法典》第一百九十三条规定，人民法院不得主动适用诉讼时效。

《民法典》第一百九十二条规定，诉讼时效期间届满的，义务人可以提出不履行义务的抗辩。诉讼时效期间届满后，义务人同意履行的，不得以诉讼时效期间届满为由抗辩；义务人已经自愿履行的，不得请求返还。

二、种类

1. 普通诉讼时效

《民法典》第一百八十八条第一款规定，向人民法院请求保护民事权利的诉讼时效期间为 3 年。法律另有规定的，依照其规定。

2. 特殊诉讼时效

特殊诉讼时效是由特定法律规定的诉讼时效。例如，因国际货物买卖合同和技术进出口合同争议的时效期间为 4 年；海上货物运输合同争议的诉讼时效为 1 年。

3. 最长诉讼时效

《民法典》第一百八十八条第二款规定，诉讼时效期间自权利人知道或者应当知道权利受到损害以及义务人之日起计算。当事人约定同一债务分期履行的，诉讼时效期间自最后一期履行期限届满之日起计算。但是，自权利受到损害之日起超过 20 年的，人民法院不予保护，有特殊情况的，人民法院可以根据权利人的申请决定延长。

三、诉讼时效中止

《民法典》第一百九十四条规定，在诉讼时效期间的最后 6 个月内，因下列障碍，不能行使请求权的，诉讼时效中止：①不可抗力；②无民事行为能力人或者限制民事行为能力人没有法定代理人，或者法定代理人死亡、丧失民事行为能力、丧失代理权；③继承开始后未确定继承人或者遗产管理人；④权利人被义务人或者其他人控制；⑤其他导致权利人不能行使请求权的障碍。

自中止时效的原因消除之日起满 6 个月，诉讼时效期间届满。

四、诉讼时效中断

《民法典》第一百九十五条规定，有下列情形之一的，诉讼时效中断，从中断、有关程序终结时起，诉讼时效期间重新计算：①权利人向义务人提出履行请求；②义务人同意履行义务；③权利人提起诉讼或者申请仲裁；④与提起诉讼或者申请仲裁具有同等效力的其他情形。

诉讼时效因权利人主张权利或者义务人同意履行而中断后，权利人在新的诉讼时效期间内，再次主张权利或者义务人再次同意履行义务的，可以认定诉讼时效再次中断。

《民法典》第一百九十七条规定，诉讼时效的期间、计算方法以及中止、中断的事由由法律规定，当事人约定无效。当事人对诉讼时效利益的预先放弃无效。

五、不适用诉讼时效的情形

《民法典》第一百九十六条规定，下列请求权不适用诉讼时效的规定：①请求停止侵害、排除妨碍、消除危险；②不动产物权和登记的动产物权的权利人请求返还财产；③请求支付抚养费、赡养费或者扶养费；④依法不适用诉讼时效的其他请求权。

《最高人民法院关于审理民事案件使用诉讼时效制度若干问题的规定》第一条规定，当事人可以对债权请求权提出诉讼时效抗辩，但对下列债权请求权提出诉讼时效抗辩的，人民法院不予支持：①支付存款本金及利息请求权；②兑付国债、金融债券以及向不特定对象发行的企业债券本息请求权；③基于投资关系产生的缴付出资请求权；④其他依法不适用诉讼时效规定的债权请求权。

第九节　工程保险制度

工程建设项目具有投资金额大、持续时间长的特点，同时也面临多种不确定的风险因素。这些风险因素可能包括自然灾害、意外事故、合同纠纷等。这些风险因素可能导致财产损失或人身伤害，因此对于工程建设项目来说，保险是一种有效的分散危险、消化损失的方式。

通过投保工程保险，工程建设项目可以获得一定的保障，以应对可能出现的风险。在风险发生时，投保工程保险并不能完全消除所有风险，也不能保证工程建设项目不会受到任何损失，但是保险公司将承担一定的赔偿责任，从而帮助工程建设项目可以大大降低或避免风险带来的损失，从而提高项目的稳定性和可持续性。

一、工程保险概述

根据《中华人民共和国保险法》（以下简称《保险法》）第二条规定，保险是指投保人根据合同约定，向保险人支付保险费，保险人对于合同约定的可能发生的事故因其发生所造成的财产损失承担赔偿保险金责任，或者当被保险人死亡、伤残、疾病或者达到合同约定的年龄、期限等条件时承担给付保险金责任的商业保险行为。

《保险法》第十条规定，保险合同是投保人与保险人约定保险权利义务关系的协议。投保人是指与保险人订立保险合同，并按照合同约定负有支付保险费义务的人。保险人是指与投保人订立保险合同，并按照合同约定承担赔偿或者给付保险金责任的保险公司。

保险人是法人，公民个人不能作为保险人。

保险合同一般以保单的形式订立，保险合同分为财产保险合同和人身保险合同两种。投保人可以是自然人也可以是法人，但必须具有民事行为能力。

被保险人是指根据保险合同，其财产利益或人身受保险合同保障，在保险事故发生后，享有保险金请求权的人。

受益人是指人身保险合同中由被保险人或者投保人指定的享有保险金请求权的人，投保人、被保险人可以为受益人。如果投保人或被保险人未指定受益人，则他的法定继承人即为受益人。

工程保险是指工程投保人（承包商、业主或工程风险的其他承担者）通过与保险人（保险公司）签订工程保险合同，投保人支付保险金，在保险期内一旦发生自然灾害，意外事故或人为原因造成财产损失、人身伤害或第三者责任造成损失时，由保险人按照工程保险合同约定承担保险赔付责任的商业保险行为。

二、工程保险种类

建设工程活动涉及的法律关系复杂，风险多样，因此涉及的险种也较多，主要包括建筑工程一切险、安装工程一切险、建筑职工意外伤害险、机器设备损坏险等。

1. 建筑工程一切险

（1）概念

建筑工程一切险是指对建筑工程中可能出现的自然灾害、意外事故等导致的一切物质损失，以及被保险人因疏忽或过失造成第三方财产损失或人身伤亡时，依法应负的赔偿责任。

建筑工程一切险适用于各类民用、工业和公用事业建筑工程项目，包括住宅、电站、学校、剧院、公路、铁路、水坝、港口等在建造过程中因自然灾害或意外事故引起的一切损失的险种。

（2）投保人与被保险人

工程开工前，发包人应当为建设工程办理保险，支付保险费用。被保险人通常包括所有与工程项目有直接或间接关系的单位和个人。这些保险旨在保护所有相关方的利益，降低工程项目中可能出现的风险。被保险人具体包括：①业主或工程所有人；②承包商或者分包商；③技术顾问，包括业主聘用的建筑师、监理工程师及其他专业顾问；④同工程有密切关系的单位或个人，例如贷款银行或投资人等。

（3）责任范围

建筑工程一切险承保的危险与损害涉及面很广，即保险单中列举的除外情况之外的一切事故损失全在保险范围内，具体包括：①自然灾害，包括海啸、洪水、潮水、水灾、地震、暴雨、风暴、雪崩、地崩、陨石、山崩、冻灾、冰雹、地面下陷下沉及其他自然灾害；②意外事故，包括火灾、爆炸等不可预料的以及被保险人无法控制并造成物质损失或人身伤亡的突发性事件；③一般性盗窃和抢劫；④人为过错，是指由于工人、技术人员缺乏经验、疏忽、过失、恶意行为或无能力等导致的施工拙劣而造成的损失。

（4）除外责任

保险人对除外责任不负责赔偿，属于除外责任的情况通常有以下几种：

1）因设计错误（结构缺陷）而造成的损失。

2）自然磨损、内在或潜在缺陷、物质本身变化、自燃、自热、氧化、锈蚀、渗漏、鼠咬、虫蛀、大气（气候或气温）变化、正常水位变化或其他渐变原因造成的保险财产自身的损失和费用。

3）因原材料缺陷或工艺不善引起的保险财产本身的损失以及为换置、修理或矫正这些缺点错误所支付的费用。

4）非外力引起的机械或电气装置的本身损失，或施工用机具、设备、机械装置失灵造成的本身损失。

5）维修保养或正常检修的费用。

6）档案、文件、账簿、票据、现金、各种有价证券、图表资料及包装物料的损失。

7）盘点时发现的短缺。

8）领有公共运输行驶执照的，或已由其他保险予以保障的车辆、船舶和飞机的损失。

9）因原子核裂变而造成的损失；因被保险人的严重失职或蓄意破坏而造成的损失。

10）除非另有约定，在保险单保险期限终止以前，被保险财产中已由工程所有人签发完工验收证书或验收合格或实际占有或使用或接收的部分。

（5）第三者责任险

建筑工程一切险包含第三者责任险。第三者责任险是指在保险有效期内因发生与承保工程直接相关的意外事故引起工地内及邻近区域的第三者人身伤亡、疾病或财产损失，依法应由被保险人承担的经济赔偿责任以及被保险人因上述原因支付的诉讼费用以及事先经保险人书面同意而支付的其他费用。

第三者责任险的除外责任包括：保险单物质损失项下或本应在该项下予以负责的损失及各种费用；由于震动及移动或减弱支撑而造成的任何财产、土地、建筑物的损失以由此造成的任何人身伤害和物质损失；工程所有人、承包人或其他关系方或他们所雇用的在工地现场从事与工程有关工作的职员、工人以及他们的家庭成员的人身伤亡或疾病；工程所有人、承包人或其他关系方或他们所雇用的职员、工人所有的或由其照管、控制的财产发生的损失；领有公共运输行驶执照的车辆、船舶、飞机造成的事故；被保险人根据与他人的协议应支付的赔偿或其他款项，但即使没有这种协议，被保险人仍应承担的责任不在此限。

每次事故引起的赔偿金额以法院或政府有关部门根据现行法律裁定的应由被保险人偿付的金额为准。但在任何情况下，均不得超过保险单明细表中对应列明的每次事故赔偿限额。在保险期限内，保险人在保险单项下对经济赔偿的最高赔偿责任不得超过保险单明细表中列明的累计赔偿限额。

（6）总除外责任

总除外责任在保险合同的通用条款中规定，包括战争、类似战争行为、敌对行为、武装冲突、恐怖活动、谋反、政变引起的任何损失、费用和责任；政府命令或任何公共当局的没收、征用、销毁或毁坏；罢工、暴动、民众骚乱引起的任何损失、费用和责任。

被保险人及其代表的故意行为或重大过失引起的任何损失、费用和责任；核裂变、核聚变、核武器、核材料、核辐射及放射性污染引起的任何损失、费用和责任；大气、土地、水污染及其他各种污染引起的任何损失、费用和责任；工程部分停工或全部停工引起的任何损失、费用和责任；罚金、延误、丧失合同及其他后果损失；保险单明细表或有关条款中规定的应由被保险人自行负担的免赔额。

（7）赔偿金额

保险金额应不低于：

1）建筑工程为保险工程建筑完成时的总价值，包括原材料费用、设备费用、建造费、安装费、运输和保险费、关税、其他税项和费用，以及由工程所有人提供的原材料和设备的费用。

2）施工用机器、装置和机械设备为重置同型号、同负载的新机器、装置和机械设备所需的费用。

3）其他保险项目为由被保险人与保险人商定的金额。

（8）保险期限

建筑工程一切险及第三者责任保险的保险责任自保险工程在工地动工或用于保险工程的材料、设备运抵工地之时起始，至工程所有人对部分或全部工程签发完工验收证书或验收合格，或工程所有人实际占有或使用或接收该部分或全部工程之时终止，以先发生者为准。但在任何情况下，建筑期保险期限的起始或终止不得超出保险单明细表中列明的建筑期保险生效日或终止日。

2. 安装工程一切险

安装工程一切险的投保人与被保险人、责任范围、第三者责任险和赔偿金额要求与建筑工程一切险的规定基本相同，此部分仅就不同规定处进行阐述。

（1）概念

安装工程一切险是指各种设备、装置的安装工程中可能出现的自然灾害、意外事故等导致的一切物质损失，以及被保险人因疏忽或过失造成第三方财产损失或人身伤亡时，依法应负的赔偿责任。设备、装置的安装工程包括电气、通风、给排水以及设备和工业设备及管道等工程，安装各种工厂用的机器、设备、储油罐、钢结构、起重机、吊车以及包含机械工程因素的各种工程建设。

（2）除外责任

保险人对除外责任不负责赔偿，属于除外责任的情况通常有以下几种：

1）因设计错误、铸造或原材料缺陷或工艺不善引起的保险财产本身的损失，以及为换置、修理或矫正这些缺点错误所支付的费用。

2）由于超负荷、超电压、碰线、电弧、漏电、短路、大气放电及其他电气原因造成电气设备或电气用具本身的损失。

3）施工用机具、设备、机械装置失灵造成的本身损失。

4）自然磨损、内在或潜在缺陷、物质本身变化、自燃、自热、氧化、锈蚀、渗漏、鼠咬、虫蛀、大气（气候或气温）变化、正常水位变化或其他渐变原因造成的被保险财产自身的损失和费用。

5）维修保养或正常检修的费用。

6）档案、文件、账簿、票据、现金、各种有价证券、图表资料及包装物料的损失。

7）盘点时发现的短缺。

8）领有公共运输行驶执照的，或已由其他保险予以保障的车辆、船舶和飞机的损失。

9）除非另有约定，在被保险工程开始以前已经存在或形成的位于工地范围内或其周围的属于被保险人的财产的损失。

10）除非另有约定，在保险单保险期限终止以前，保险财产中已由工程所有人签发完工验收证书或验收合格或实际占有或使用或接收的部分。

（3）保险期限

安装工程一切险与建筑工程一切险关于保险期限的规定基本一致。但安装工程一切险的保险期内，一般应包括一个试车考核期。试车考核期的长短，一般根据安装工程合同中的约定进行确定，但不得超出安装工程保险单明细表中列明的试车和考核期限。安装工程一切险对考核期的保险责任一般不超过3个月，若超过3个月，应另行加收保险费。安装工程一切险对于旧机器设备不负考核期的保险责任，也不承担其维修期的保险责任。

3. 建筑职工意外伤害险

（1）概念

建筑职工意外伤害险是指建设工程相关人员在建设施工区域内施工、检查工作等活动中，因遭受意外伤害而造成伤残、死亡等安全事故，保险人在保险期限与保险责任范围内负责支出医疗费用、伤残保证金、死亡保证金赔付的安全生产保险。

《中华人民共和国建筑法》（以下简称《建筑法》）第四十八条规定，建筑施工企业应当依法为职工缴纳工伤保险费。鼓励企业为从事危险作业的职工办理意外伤害保险，支付保险费。

《建设工程安全生产管理条例》第三十八条进一步规定，施工单位应当为施工现场从事危险作业的人员办理意外伤害保险。意外伤害保险费由施工单位支付。实行施工总承包的，由总承包单位支付意外伤害保险费。意外伤害保险期限自建设工程开工之日起至竣工验收合格止。

（2）投保人与被保险人

建筑职工意外伤害险的投保人为施工单位。投保方式包括按工程造价不记名投保、按建筑面积不记名投保和按施工人员记名投保三种方式。

被保险人包括建设工程所有人；工程承包人与施工人员；建设单位聘请的建筑师、设计师及其他顾问人员等工程技术人员；贷款银行或其他债权人等其他工程相关人员。

（3）保险期限

建筑职工意外伤害险的保险期限与工程期限相同，保障期间自施工工程项目被批准正式开工之日，且交费后的次日（或约定起保日）零时起，到工程竣工之日 24 时止。提前竣工的，保险责任自行终止。因延长工期的，须办理保险顺延手续。

（4）保费和费率

施工企业不得向职工摊派建筑职工意外伤害险保费。保费有两种计价方式：第一种保费为工程造价与费率的乘积；第二种保费为工程总建筑面积与每平方价格的成绩。费率采取差别费率与浮动费率。差别费率会依据工程项目的不同类型、风险程度等因素差别制定，而浮动费率则考量企业的过往工程业绩、安全管理等方面的系数，不同级别上下浮动费率。

4. 机器设备损坏险

机器设备损坏险是在传统财产保险的基础上发展起来的，专门承保各种工厂、矿山等安装完毕并已转入运行的机器设备，在运行过程中因与其特性相关的人为的、意外的或物理原因造成突然发生的、不可预见的机器设备损失。

机器设备损坏险属于企业财产保险的附加险种。保险人通常只对电力、矿山、船舶行业有重大价值的机器投保。例如，发电机、变压器、锅炉、电梯等。

机器设备损坏险保险责任范围包括保险机械设备需予修理或重置之赔偿责任：设计不当；材料、材质或尺度之缺陷；制造、装配或安装之缺陷；操作不良、疏忽或怠工；物理性爆炸、电气短路、电弧或因离心作用所造成之撕裂；除外责任以外的其他原因。

保险金额应为该机器设备的重置价值，即重新换置同一厂牌或相类似的型号、规格、性能的新机器设备的价格。

三、工程保险索赔

当投保的工程项目、财产遭受损失或职工出现意外伤害时，投保人可以向保险公司提出索赔，要求保险公司按照保险合同的规定进行赔偿或补偿。

工程保险索赔程序如下：

1. 通知保险人

投保人、被保险人或者受益人知道保险事故发生后，应当及时通知保险人。不同的保险产品在索赔程序和要求上可能会有所不同，投保人需要仔细阅读保险合同中的条款和条件，了解保险公司的理赔流程和要求，以便在需要时能够正确地提出索赔申请并获得相应的赔偿或补偿。

2. 提供证明材料

在提出索赔时，投保人需要提供相关的证明文件和资料，以证明损失或损害的事实、保险公司的赔偿或补偿的合理性。索赔的证据一般包括保单、建设工程合同、事故照片、鉴定报告以及保单中规定的证明文件。

3. 计算损失大小

如果投保的财产或工程项目遭受的损失小于或等于其保险金额，保险公司将赔偿损失金额，以弥补投保人的损失。如果投保的财产或工程项目遭受的损失大于其保险金额，保险公司将以保险金额为上限进行赔偿，而不会增加赔偿金额。如果财产虽然没有全部损毁或者灭失，但其损坏程度已达到无法修理，或者虽然能够修理但修理费将超过赔偿金额，也应当按照全损进行索赔。如果一个建设项目由多家保险公司联合承保的，应按照约定比例分别向不同保险公司索赔。

第十节　建筑市场信用管理体系建设

健全的建筑市场信用体系是提高建筑市场管理水平的重要前提，也是保障建筑市场良性发展的必要手段，可以对企业的经营行为形成有力制约，促使企业建立良好的企业信誉和企业形象，进而保障建筑产品的安全与质量。

为加快推进建筑市场信用体系建设，规范建筑市场秩序，营造公平竞争、诚信守法的市场环境，住房和城乡建设部构建了全国建筑市场诚信信息平台（四库一平台）并发布了《建筑市场信用管理暂行办法》（以下简称《暂行办法》）。

一、信用信息分类

《暂行办法》第四条规定，信用信息由基本信息、优良信用信息、不良信用信息构成。

基本信息是指注册登记信息、资质信息、工程项目信息、注册执业人员信息等。

优良信用信息是指建筑市场各方主体在工程建设活动中获得的县级以上行政机关或群团组织表彰奖励等信息。

不良信用信息是指建筑市场各方主体在工程建设活动中违反有关法律、法规、规章或工程建设强制性标准等，受到县级以上住房城乡建设主管部门行政处罚的信息，以及经有关部门认定的其他不良信用信息。

二、施工单位的不良行为记录认定标准

《全国建筑市场各方主体不良行为记录认定标准》对施工单位的不良行为制定了具体的认定标准。

1. 资质不良行为认定标准

未取得资质证书承揽工程的，或超越本单位资质等级承揽工程的；以欺骗手段取得资质证书承揽工程的；允许其他单位或个人以本单位名义承揽工程的；未在规定期限内办理资质变更手续的；涂改、伪造、出借、转让"建筑业企业资质证书"的；按照国家规定需要持证上岗的技术工种的作业人员未经培训、考核，未取得证书上岗，情节严重的，以上情形均认定为资质不良行为。

2. 承揽业务不良行为认定标准

利用向发包单位及其工作人员行贿、提供回扣或者给予其他好处等不正当手段承揽业务的；相互串通投标或与招标人串通投标的，以向招标人或评标委员会成员行贿的手段谋取中标的；以他人名义投标或以其他方式弄虚作假，骗取中标的；不按照与招标人订立的合同履行义务，情节严重的；将承包的工程转包或违法分包的，以上情形均认定为承揽业务不良行为。

3. 质量不良行为认定标准

在施工中偷工减料的，使用不合格建筑材料、建筑构配件和设备的，或者有不按照工程设计图纸或施工技术标准施工的其他行为的；未按照节能设计进行施工的；未对建筑材料、建筑构配件、设备和商品混凝土进行检测，或未对涉及结构安全的试块、试件以及有关材料取样检测的；工程竣工验收后，不向建设单位出具质量保修书的，或质量保修的内容、期限违反规定的；不履行保修义务或者拖延履行保修义务的，以上情形均认定为质量不良行为。

4. 安全不良行为认定标准

在本单位发生重大生产安全事故时，主要负责人不立即组织抢救或在事故调查处理期间擅离职守或逃匿的，主要负责人对生产安全事故隐瞒不报、谎报或拖延不报的；对建筑安全事故隐患不采取措施予以消除的；不设立安全生产管理机构、配备专职安全生产管理人员或分部分项工程施工时无专职安全生产管理人员现场监督的；主要负责人、项目负责人、专职安全生产管理人员、作业人员或特种作业人员，未经安全教育培训或经考核不合格即从事相关工作的；未在施工现场的危险部位设置明显的安全警示标志，或未按照国家有关规定在施工现场设置消防通道、消防水源，配备消防设施和灭火器材的；未向作业人员提供安全防护用具和安全防护服装的；未按照规定在施工起重机械和整体提升脚手架、模板等自升式架设设施验收合格后登记的；使用国家明令淘汰、禁止使用的危及施工安全的工艺、设备、材料的；违法挪用列入建设工程概算的安全生产作业环境及安全施工措施所需费用的；施工前未对有关安全施工的技术要求作出详细说明的；未根据不同施工阶段和周围环境及季节、气候的变化，在施工现场采取相应的安全施工措施，或在城市市区内的建设工程的施工现场未实行封闭围挡的；在尚未竣工的建筑物内设置员工集体宿舍的；施工现场临时搭建的建筑物不符合安全使用要求的；未对因建设工程施工可能造成损害的毗邻建筑物、构筑物和地下管线等采取专项防护措施的；安全防护用具、机械设备、施工机具及配件在进入施工现场前未经查验或查验不合格即投入使用的；使用未经验收或验收不合格的施工起重机械和整体提升脚手架、模板等自升式架设设施的；委托不具有相应资质的单位承担施工现场安装、拆卸施工起重机械和整体提升脚手架、模板等自升式架设设施的；在施工组织设计中未编制安全技术措施、施工现场临时用电方案或专项施工方案的；主要负责人、项目负责人未履行安全生产管理职责的，或不服管理、违反规章制度和操作规程冒险作业的；施工单位取得资质证书后，降低安全生产条件的，或经整改仍未达到与其资质等级相适应的安全生产条件的；取得安全生产许可证，发生重大安全事故的；未取得安全生产许可证擅自进行生产的；安全生产许可证有效期满未办理延期手续，继续进行生产的，或逾期不办理延期手续，继续进行生产的；转让安全生产许可证的，接受转让的，冒用或使用伪造的安全生产许可证的。以上情形均认定为安全不良行为。

5. 拖欠工程款或工人工资不良行为认定标准

恶意拖欠或克扣劳动者工资的行为认定为拖欠工程款或工人工资不良行为。

三、全国建筑市场诚信信息平台

全国建筑市场诚信信息平台又称为"四库一平台"。"四库"指的是企业数据库基本信息库、注册人员数据库基本信息库、工程项目数据库基本信息库、诚信信息数据库基本信息库，"一平台"是指一体化工作平台。

"四库"互联互通，"平台"的主要功能是运用现代化的网络手段，采集各地诚信信息数据，发布建筑市场各方主体诚信行为记录，重点对失信行为进行曝光，并方便社会各界查询；整合表彰奖励、资质资格等方面的信息资源，为信用良好的企业和人员提供展示平台；普及和传播信用常识，及时发布行业最新的信用资讯、政策法规和工作动态，为工程建设行业提供信用信息交流平台；推动完善行政监管和社会监督相结合的诚信激励和失信惩戒机制，营造全国建筑市场诚实守信的良好环境。

四、建筑市场诚信行为的公布

《暂行办法》第七条规定，各级住房城乡建设主管部门应当建立健全信息推送机制，自优良信用信息和不良信用信息产生之日起7个工作日内，通过省级建筑市场监管一体化工作平台依法对社会公开，并推送至全国建筑市场监管公共服务平台。

地方各级住房城乡建设主管部门应当通过省级建筑市场监管一体化工作平台办理信用信息变更，并及时推送至全国建筑市场监管公共服务平台。

1. 公布时限

《暂行办法》第十条规定，建筑市场各方主体的信用信息公开期限为：

（1）基本信息长期公开；

（2）优良信用信息公开期限一般为3年；

（3）不良信用信息公开期限一般为6个月至3年，并不得低于相关行政处罚期限。具体公开期限由不良信用信息的认定部门确定。

《建筑市场诚信行为信息管理办法》第十一条第二款规定，省、自治区和直辖市建设行政主管部门负责审查整改结果，对整改确有实效的，由企业提出申请，经批准，可缩短其不良行为记录信息公布期限，但公布期限最短不得少于3个月，同时将整改结果列于相应不良行为记录后，供有关部门和社会公众查询；对于拒不整改或整改不力的单位，信息发布部门可延长其不良行为记录信息公布期限。

2. 公布范围和变更

《建筑市场诚信行为信息管理办法》第十条第三至五款规定，属于《全国建筑市场各方主体不良行为记录认定标准》范围的不良行为记录除在当地发布外，还将由建设部统一在全国公布，公布期限与地方确定的公布期限相同，法律、法规另有规定的从其规定。各省、自治区、直辖市建设行政主管部门将确认的不良行为记录在当地发布之日起7日内报建设部。通过与工商、税务、纪检、监察、司法、银行等部门建立的信息共享机制，获取的有关建筑市场各方主体不良行为记录的信息，省、自治区、直辖市建设行政主管部门也应参照本规定在本地区统一公布。各地建筑市场综合监管信息系统，要逐步与全国建筑市场诚信信息平台实现网络互联、信息共享和实时发布。

公告的信息是有误的，由发布该信息的省、自治区和直辖市建设行政主管部门进行修正，根据被曝光单位对不良行为的整改情况，调整其信息的公布期限，保证信息的准确和有效。

行政处罚决定经行政复议、行政诉讼以及行政执法监督被变更或被撤销，应及时变更或删除该不良记录，并在相应诚信信息平台上予以公布，同时应依法妥善处理相关事宜。

五、招标投标违法行为记录公告的规定

招标投标违法行为记录公告期限为6个月。依法限制招标投标资质资格的行政处理决定，所认定的限制期限长于6个月的，公告期限从其决定。

招标投标违法行为记录公告不得公开涉及国家秘密、商业秘密、个人隐私的记录。但是，经权利人同意公开或者行政机关认为不公开可能对公共利益造成重大影响的涉及商业秘密、个人隐私的违法行为记录，可以公开。

行政处理决定在被行政复议或行政诉讼期间，公告部门依法不停止对违法行为记录的公告，但行政处理决定被依法停止执行的除外。

第十一节　工程案例分析

➤ **案例 1-1**

关联知识点：建设工程法律体系、行政法

【背景】

2017 年 6 月，某供电局与某工贸公司签订了《供用电合同（高压）》。2020 年 3 月，某工贸公司向某供电局申请销户，某供电局于 2020 年 7 月准予其销户。2020 年 4 月，某工贸公司与当地综合行政执法局（以下简称县综执局）签订了《关于垃圾中转站用电线路使用权和所有权转让协议》。2021 年 8 月 22 日，胡某某在原某工贸公司废旧钢球厂内捡拾废铁时触碰到断落的高压电线，导致触电伤害。2021 年 8 月 28 日，当地县人民政府（以下简称县政府）决定成立"8·22"触电伤人事故调查组（以下简称调查组），某供电局、当地县住房和城乡建设局（以下简称县住建局）、县综执局等单位系调查组成员，当地县应急管理局为调查牵头单位。2021 年 9 月，调查组形成《"8·22"触电伤人事故调查处理报告》（以下简称《报告》），并向县政府呈报《关于审定"8·22"触电伤人事故调查处理报告的请示》。《报告》认定某供电局负事故主要责任，胡某某负事故次要责任。同月，县政府作出《某县人民政府关于"8·22"触电伤人事故调查处理报告的批复》（以下简称《批复》）并通过政务网发送某供电局，某供电局提起行政诉讼。一审法院判决驳回某供电局的诉讼请求。某供电局不服一审判决提出上诉。

【问题】

二审法院是否应该支持某供电局的诉讼请求？

【分析】

二审法院认为，某供电局、胡某某、某工贸公司、县综执局、县住建局等均可能与事故发生存在一定关联性，但《报告》仅对某供电局、胡某某作出事故责任认定，县政府据以作出《批复》的主要证据不足。调查组成员包括可能与最终调查处理结果有直接利害关系的某供电局、县住建局、县综执局等成员，违反回避原则，且《报告》无调查组成员签名，程序违法。

本案涉及生产安全事故调查处理程序问题。行政机关应当规范生产安全事故调查处理程序，如与事故调查存在利害关系的行政机关应依法回避，确保调查程序的客观公正，还应当全面查明相关事实，落实生产安全事故责任追究制度，切实通过调查处理程序防止和减少生产安全事故的发生，保障人民群众生命财产安全。

【处理结果】

二审法院判决撤销一审判决及《批复》，由县政府对事故重新调查处理。

➤ **案例 1-2**

关联知识点：代理制度

【背景】

某公司甲项目部同乙商贸有限公司签订了混凝土供应合同，约定由乙商贸有限公司在施工处建立混凝土自拌站，并由乙商贸有限公司负责人武某作为混凝土自拌站的负责人。武某为完成合同，便同田某订立了混凝土原料砂石供应的口头协议，由田某完成砂石供应。田某供应砂石后，并未及时收到货款，遂向武某催要，武某以个人名义向田某出具欠条，并委托某公司代付砂石款，但田某仍未收到货款。田某为追回货款，诉至法院，并指出混凝土自拌站系某公司建立的，自己是基于对某公司的信任，认为武某和乙商贸有限公司是某公司的代理人，才愿意送砂石去自拌站。田某要求法院认定乙商贸有限公司与某公司之间构成表见代理，某公司应对乙商贸有限公司所欠货款承担连带责任。

【问题】

乙商贸有限公司与某公司之间是否构成表见代理？

【分析】

本案重要证据：①证明欠条一份，虽然以武某个人名义出具的，但实质上是替乙商贸有限公司出具的，武某为担保人；②委托付款函，武某替乙商贸有限公司委托某公司代付砂石款、田某与项目部经理田某某短信的截屏，截屏显示项目部经理田某某多次表态要偿还田某的石料款。

根据田某的当庭陈述、提交的证据材料，以及被告某公司代理人的辩解意见，可以认定乙商贸有限公司是欠田某货款的主体。虽然某公司中标承建了工程，并设立了该工程项目部。但无证据证明混凝土自拌站系被告某公司依法设立，或是该公司的内设机构、武某是该公司的员工。因此，某公司与某商贸有限公司之间不构成表见代理关系。

【处理结果】

法院认定田某与乙商贸有限公司（其法定代表人系武某）之间构成买卖合同关系，与某公司之间不构成买卖合同关系。某公司与乙商贸有限公司之间不构成表见代理关系，该纠纷与某公司无关，某公司不是被代理人，无需承担赔偿责任。

➤ **案例 1-3**

关联知识点：知识产权制度、侵权制度

【背景】

2007 年 5 月 29 日，甲环保公司向国家知识产权局提出了一种名称为"三维排水联结扣装置"的专利申请，后获得授权，授权公告日为 2010 年 5 月 26 日，该专利一直处于有效状态。

2015 年 3 月，甲环保公司在某路段的路基工地发现，乙施工单位和丙园林公司在该处施工中使用了大量涉嫌侵害其发明专利权的产品"三维排水联结扣"装置。遂请求法院判令："①两被告停止侵犯原告专利权的行为（未使用的停止使用，已使用的客观上不能拆除，应赔偿原告的损失）；②两被告赔偿原告经济损失；③两被告承担原告为制止被告侵权行为所支付的合理开支费用；④两被告承担本案全部诉讼及维权费用"。该案经中级人民法院一审审理并于 2015 年 10 月做出民事判决："①对于侵犯甲环保公司的三维排水联结扣产品，丙园林公司及乙施工单位尚未安装使用的，立即停止使用。已经安装使用于工程建设的，丙园林公司及乙施工单位可以继续使用，但应于本判决生效之日起 5 日内支付甲环保公司专利使用费及维权合理费用共计人民币 5 万元；②驳回甲环保公司的其他诉讼请求。"

2016 年 8 月，经甲环保公司申请，某市公证处对某地高铁某站南边一处斜坡上联结扣装置的使用情况进行了证据保全公证。该公证书保全地址是乙施工单位、丙园林公司的施工区域，其中所附照片显示在上述路段有联结扣装置被使用过的痕迹。甲环保公司不服，二审提出上诉请求："①撤销一审判决，改判支持上诉人甲环保公司一审全部诉讼请求；②判令被上诉人乙施工单位、丙园林公司承担本案一审、二审全部诉讼费用。被上诉人乙施工单位和丙园林公司口头辩称，一审判决认定事实清楚，适用法律正确，请求二审法院维持"。

【问题】

1. 乙施工单位和丙园林公司的行为是否构成侵权？

2. 乙施工单位和丙园林公司是否应当承担赔偿责任？

3. 乙施工单位和丙园林公司是否应当停止侵犯专利权的行为？

【分析】

1. 关于乙施工单位和丙园林公司的行为是否构成侵权的问题

根据《中华人民共和国专利法》第十一条规定，发明和实用新型专利权被授予后，除本法另有规定的以外，任何单位或者个人未经专利权人许可，都不得实施其权利，即不得为生产经营目的制造、使用、许诺销售、销售、进口其专利产品，或者使用其专利方法以及使用、许诺销售、销售、进口依照该专利方法直接获得的产品。

丙园林公司提交的货款催收单和出仓单，能够证明其向案外人某科技有限公司购进被控侵权产品。作为上述侵权产品的直接购买、安装、使用者，且其行为未经专利权人许可，丙园林公司构成侵权；乙施工单位将涉案的三维生态护坡工程分包给丙园林公司，在客观上亦系侵权产品的使用人，属于为生产经营目的使用侵权产品，同样构成侵权。

2. 关于乙施工单位和丙园林公司是否应当承担赔偿责任的问题

根据《中华人民共和国专利法》第七十条规定，为生产经营目的的使用、许诺销售或者销售不知道是未经专利权人许可而制造并售出的专利侵权产品，能够证明该产品合法来源的，不承担赔偿责任。

甲环保公司2015年4月向乙施工单位送达了要求立即停止侵权赔偿损失的律师函，乙施工单位在收到律师函或者得知权利人已经向人民法院提起侵权诉讼后，应当审查使用的涉案产品是否侵权，或停止使用涉案产品以维护权利人的合法权益。乙施工单位和丙园林公司在明知涉案产品可能侵犯他人专利权的情况下，仍继续使用涉案产品，不能免除赔偿责任。

3. 关于乙施工单位和丙园林公司是否应当停止侵犯专利权行为的问题

由于涉案的三维生态护坡工程目前已经竣工，对于已经安装使用于工程建设的侵权产品，一旦停止使用将浪费较多的社会资源，亦可能对公共交通安全造成影响。因此，甲环保公司要求判令乙施工单位和丙园林公司停止侵犯涉案专利权的诉讼请求不予支持。但根据《最高人民法院关于审理侵犯专利权纠纷案件应用法律若干问题的解释（二）》第二十六条的规定，基于国家利益、公共利益的考量，不停止使用被控的侵权产品的应当就判令支付相应的合理费用。因此，乙施工单位和丙园林公司除承担赔偿责任外还应支付甲环保公司不停止使用被控侵权产品的合理费用和甲环保公司因制止其在本案例中的侵权行为所支付合理的维权费用。

【处理结果】

本判决为终审判决，二审法院判决结果如下：

1. 被告乙施工单位和被告丙园林公司于本判决生效之日起五日内向原告甲环保公司支付合理的维权费用。

2. 撤销原一审民事判决"①被告乙施工单位和被告丙园林公司于本判决生效之日起五日内向原告甲环保公司支付合理费用人民币5万元"。

3. 驳回原告甲环保公司的其他诉讼请求。

4. 被上诉人乙施工单位和丙园林公司于本判决生效之日起五日内连带赔偿上诉人甲环保公司损失和不停止被诉行为的合理费用人民币 30 万元。

➢ **案例 1-4**

关联知识点：不当得利

【背景】

王某某系某电力工程有限公司（简称电力公司）已竣工某项目的施工队负责人。2021 年 8 月 11 日，电力公司工作人员误将转给另一施工队的 148660.00 元转账至王某某账户，经与王某某联系，王某某同意返还，并于 2021 年 8 月 16 日以现金方式返还电力公司 15000.00 元，称余款将于次日通过银行柜台办理后返还。电力公司次日办理该项业务时发现王某某银行卡被冻结，电力公司主张至今王某某仍未返还余款。久催未果，电力公司诉至法院，提出诉讼请求如下："①判决被告立即返还不当得利款 133660.00 元；②判令被告承担本案诉讼财产保全保险费；③判令被告承担本案诉讼费用"。

【问题】

王某某欠款不还的行为是否构成不当得利？

【分析】

本案中，电力公司提供的证据如下：①银行单位客户专用回单一份，拟证明 2021 年 8 月 11 日，原告工作人员因错误操作将 148660.00 元转入被告账户；②收据一份，拟证明 2021 年 8 月 16 日，经原告向被告催要，被告返还原告 15000.00 元不当得利款的事实。

《民法典》第九百八十五条规定，得利人没有法律根据取得不当利益的，受损失的人可以请求得利人返还取得的利益。

王某某作为得利人没有法律根据取得不当利益，电力公司可以请求得利人返还取得的利益。

【处理结果】

依照《民法典》第九百八十五条，《中华人民共和国民事诉讼法》第一百四十七条的规定，某区人民法院判决如下：①根据电力公司提供的证据，结合其当庭陈述，能够认定王某某对案涉 133660.00 元构成不当得利，王某某应于判决生效之日起十日内返还电力公司不当得利款。如果未按判决指定的期间履行给付金钱义务，应当依照《中华人民共和国民事诉讼法》第二百六十条规定，加倍支付迟延履行期间的债务利息。②案件受理费用，由被告王某某负担。③判决生效后，负有履行义务的当事人应及时足额履行生效法律文书确定的义务。逾期未履行的，应自觉主动前往法院申报经常居住地及财产情况，并不得有转移、隐匿、毁损财产及高消费等妨害或逃避执行的行为。执行法院可按照法律文书载明的送达地址送达相关法律文书，并可依法对相关当事人采取列入失信名单、限制消费、罚款、拘留等强制措施，构成犯罪的，依法追究刑事责任。

➢ **案例 1-5**

关联知识点：诉讼时效制度

【背景】

甲工程公司与乙旅游开发公司签订了《施工临时用电工程变配电工程施工合同》，约定由甲工程公司承包 10kV 配电工程。在工程施工时，双方又签订了《补充协议》，对合同的价款、付款方式和付款时间等内容进行了约定。

甲工程公司按照合同约定完成了全部的施工任务，3 年后双方对该工程进行了结算，但乙旅游开发公司始终没有支付全部的工程款。甲工程公司多次催促无果，遂向法院提起诉讼，请求判令乙旅游开发公司支付所欠的工程款并承担违约金。乙旅游开发公司辩称，其与甲工程公司约定了结清全部工程款的时间，但截止到起诉之日，距约定时间已有 6 年，已超过了 3 年的诉讼时效，遂不应再支付工程款。

【问题】

1. 该工程案例中诉讼时效是否超期。

2. 乙旅游开发公司是否应支付甲工程公司违约金。

【分析】

1. 关于诉讼时效是否超期问题

甲工程公司与乙旅游开发公司在《补充协议》中确实约定了结清全部工程款的时间，但双方实际是在这个时间点之后又过了 3 年多才对涉案工程款进行了结算，到这一时点，双方的权利义务才算明确。在这之前，由于工程款金额无法确定，因此不能将双方在《补充协议》中约定的时间作为本案诉讼时效的起算点，其起算点应为双方实际进行结算的日期。从该时间节点起算到甲工程公司提起诉讼，并未超过 3 年诉讼时效期间的规定，故甲工程公司主张乙旅游开发公司支付工程款的事实清楚，应予以支持。

2. 关于乙旅游开发公司是否应支付违约金的问题

乙旅游开发公司并未在约定日前结清全部工程款，且至今仍未按合同约定履行自己的付款义务，其行为已构成违约。甲工程公司与乙旅游开发公司双方在《补充协议》中约定了甲方未按合同条款付款时的违约金计算方式，甲工程公司要求以此方式计算违约金并无不当，乙旅游开发公司认为该约定的违约金过高，但又未提供证据证明，法院不予支持。

【处理结果】

法院裁判乙旅游开发公司限期支付拖欠甲工程公司的工程款，并按照《补充协议》的约定，从双方办理结算之日起，向甲工程公司支付违约金。

➢ **案例 1-6**

关联知识点：担保制度

【背景】

2021 年初甲电力公司与乙科技公司在江苏省淮安市有工程合作项目，甲电力公司为其提供劳务服务，乙科技公司支付甲电力公司在场人员工资等费用。2021 年 4 月 26 日，甲电力公司同乙科技公司和丙新能公司签订了《欠农民工工资承诺协议》，约定乙科技公司拖欠的劳务款 68 万元应于 2021 年 5 月 30 日前一次性支付给甲电力公司，若乙科技公司逾期不付款，则加付违约金。自 2021 年 6 月 1 日起每天按 68 万元的 20% 支付违约金给甲电力公司，同时可要求担保方代付剩余欠款及违约金。丙新能公司在上述承诺协议上作为担保方进行了担保。事后，甲电力公司要求担保方丙新能公司代付剩余欠款及违约金，但乙科技公司和丙新能公司一直未付款，为维护自身合法权益，甲电力公司向法院提出如下诉讼请求：①判令乙科技公司立即给付拖欠款项 68 万元及违约金 5451 元（以 68 万元为基数，自 2021 年 6 月 1 日起，按同期全国银行间同业拆借中心公布的贷款市场报价利率计算，暂计算至 2021 年 8 月 15 日，应计至实际清偿之日），以上暂共计 685451 元，丙新能公司承担连带保证责任。②本案诉讼费用由乙科技公司和丙新能公司承担。乙科技公司辩称，对甲电力公司提出的金额无异议，但是目前经济困难，故请求调解分期进行支付。担保方丙新能公司未做答辩。

【问题】

1.《欠农民工工资承诺协议》是否具有法律效力。

2. 乙科技公司是否应承担给付尾款及违约金法律责任。

3. 担保人丙新能公司是否应对乙科技公司的债务承担连带保证责任。

【分析】

1. 关于《欠农民工工资承诺协议》的法律效力问题

《欠农民工工资承诺协议》系甲电力公司、乙科技公司和丙新能公司真实的意思表示，且不违反法律法规禁止性规定，协议中关于违约金的约定虽过高，但不影响整体协议的效力，故《欠农民工工资承诺协议》除违约金约定部分内容外的其他内容均合法有效。

2. 关于乙科技公司是否应承担给付尾款及违约金法律责任的问题

乙科技公司对所欠尾款金额未持异议，仅表示因公司经营困难，希望分期给付，故乙科技公司应及时足额给付欠下的尾款；甲电力公司主张的违约金按 LPR 利率计算逾期给付利息，计算依据合理合法。

3. 关于担保人丙新能公司是否应对乙科技公司的债务承担连带保证责任的问题

《欠农民工工资承诺协议》上担保方加盖的为"丙新能公司 60MW 风电项目部"印章且有项目经理许某某签字。担保人丙新能公司对《欠农民工工资承诺协议》上载明的尾款 68 万元提供担保是知情且同意的，可以认定许某某在《欠农民工工资承诺协议》加盖丙新能公司项目部印章的行为代表丙新能公司，故担保人丙新能公司应对乙科技公司的债务承担连带保证责任。丙新能公司未到庭参加诉讼，应视为其放弃自身抗辩权。

【处理结果】

1. 乙科技公司于判决生效之日起五日内给付甲电力公司尾款 68 万元及违约金（以 68 万元为基数，自 2021 年 6 月 1 日起至实际给付之日止，按同期全国银行间同业拆借中心公布的贷款市场报价利率计算的逾期给付利息）。

2. 丙新能公司对乙科技公司上述债务承担连带清偿责任。

3. 如果未按判决指定的期间履行给付金钱义务，应当依照《中华人民共和国民事诉讼法》第二百六十条的规定，加倍支付迟延履行期间的债务利息。

4. 案件受理费用，保全费用，由乙科技公司和丙新能公司共同承担。

➢ **案例 1-7**

关联知识点：物权制度

【背景】

2002 年 10 月 24 日，某省送变电工程公司与某人民政府签订《塔基占地补偿协议书》一份，对 500kV 某输电线路工程途经某镇需立铁塔 20 基所占用土地的面积、补偿费用等事项作了约定。2004 年 10 月 15 日，甲方某省电力公司超高压建设分公司与乙方某省送变电工程公司签订了《500 千伏某线回输电线路工程施工发承包合同》一份，该合同约定施工期间的塔基永久性占地、低压电力线路和通信线的拆迁及补偿、旧有设施（包括房屋、工厂、石矿及附属设施）的拆迁、附着物赔偿由甲方负责，另行委托。该合同载明运营单位为某电业局，建设规模为线路路径长 252.967km。此后，某省送变电工程公司陆续向某人民政府支付了各项补偿款。2004 年 10 月 28 日，某省送变电工程公司建造某线 082 号塔基，塔基内公告显示该线路为 500kV 输电线路，管理单位为某电业局，该塔基在尚某某承包土地 0.16 亩范围内。

尚某某的一审起诉请求如下："某电业局立即停止侵权，拆除安装在尚某某承包地里的电力塔架，恢复承包地原状"。一审法院认为，某电业局及某省送变电工程公司在建造塔基及输电线路过程中，委托某人民政府进行建造塔基占用土地补偿工作，并支付了各项补偿款。尚某某未阻止某省送变电工程公司在涉案土地上建造塔基，且明确表示有补偿款可领取，虽然尚某某未领取该补偿款，但某省送变电工程公司已支付了相应补偿款是客观事实。由此可以推定，尚某某认可某省送变电工程公司在涉案土地中建造塔基及输电线路，现塔基及输电线路已建造完成并投入使用，形成客观事实，且该事实具有不可逆性。尚某某的诉讼请求缺乏法律依据，一审法院不予支持。某电业局认为其并非涉案输电线路施工合同的主体，提出主体不适格意见。一审法院认为其系涉案输电线路及塔基的运营、管理单位，故其主体适格。

尚某某一审不服提起上诉并请求："撤销一审判决，改判支持其一审诉请。事实和理由：某电业局未经尚某某同意，在尚某某的承包地上安装电力塔架，属于非法侵占承包地，损害了尚某某的土地承包经营权，某电业局对此应承担法律责任。一审以某电业局委托某人民政府进行占地补偿工作，并支付了各项补偿款推定尚某某认可建造塔基的行为无事实和法律依据。某电业局如需占用承包地，应与尚某某签订土地补偿协议，并支付合理的补偿款，其向某人民政府支付补偿款与尚某某无关，尚某某也未收到过补偿款"。

某电业局辩称，涉案电力线路是某省政府的重点工程项目，涉及地区的供电问题，关系到社会公共利益。该项目的施工方也已将补偿款支付给了某人民政府及尚某某所在村集体。电力塔架已运行十余年，拆除塔架、恢复原状已不具有现实可能性。请求二审法院驳回上诉，维持原判。

【问题】

尚某某的诉求能否得到二审法院的支持。

【分析】

集体所有的土地所有权在法律上也受到一定的限制。《民法典》第二百四十三条规定，为了公共利益的需要，依照法律规定的权限和程序可以征收集体所有的土地和组织、个人的房屋以及其他不动产。征收集体所有的土地，应当依法及时足额支付土地补偿费、安置补助费以及农村村民住宅、其他地上附着物和青苗等的补偿费用，并安排被征地农民的社会保障费用，保障被征地农民的生活，维护被征地农民的合法权益。征收组织、个人的房屋以及其他不动产，应当依法给予征收补偿，维护被征收人的合法权益；征收个人住宅的，还应当保障被征收人的居住条件。任何组织或者个人不得贪污、挪用、私分、截留、拖欠征收补偿费等费用。

根据双方当事人在一审中提供的证据及一审法院所调取的证据，2002 年某省电力公司超高压建设分公司与某省送变电工程公司签订协议，将 500 千伏桐柏配套送出输变电工程发包给某省送变电工程公司施工，涉案的电力塔架属于 500 千伏某线回输电线路工程，运行单位是某电业局。2002 年某省送变电工程公司与某人民政府签订《塔基占地补偿协议书》，委托后者办理塔基占地补偿及善后事宜，并已支付补偿款。尚某某在一审中也表示有补偿款可领取。考虑到涉案电力工程是省重点工程建设项目，涉及较大的社会公共利益，目前已运行十余年，如直接移除电力塔架，将涉案土地恢复原状，可能造成对社会的重大损害，恢复原状的成本已远远超过尚某某的损失，恢复原状已不具有实际意义。一审法院对尚某某要求拆除电力塔架、恢复土地原状的诉请未予支持，并无不当。

【处理结果】

尚某某的上诉请求，理由不成立，法院不予支持。驳回尚某某上诉，维持一审原判。二审案件受理费用，由上诉人尚某某负担，二审判决为终审判决。

➤ **案例 1-8**

关联知识点：工程保险制度

【背景】

2020 年 11 月 20 日下午，某地 220 千伏 1 号主变压器，型号为 SFSZ10-120000/220kVⅠ突然出现故障，造成当地大面积停电，事故发生后，已经投保机器设备损坏险的被保险人某电力公司随即向某财险公司报案，接到报案后，电力公司会同财险理赔中心工作人员进行现场查勘。因出险变压器体积巨大，电力公司联系了变压器生产厂家进行检测，推断变压器因为内部短路导致损坏，建议返厂维修。

【问题】

电力公司保险能否索赔成功。

【分析】

本案例中的投保人和被保险人为电力公司，保险人为某财险公司，投保险种为机器设备损坏险。机器损坏保险是专门承保各种工厂、矿山等安装完毕并已转入运行的机器设备，在运行过程中因与其特性相关的人为的、意外的或物理原因造成突然发生的、不可预见的机器设备损失。机器损坏保险承保对象及标的物为各种正式使用的原动机械设备、生产制造设备或工具机械设备及附属机械设备等，如发电机、变压器、冷冻空调设备等。

本案例中的短路事故属于机器设备损坏险中常见承保风险，变压器被拉运至维修厂家后，相关工作人员对拆卸下来的变压器进行检测，确定这台 SFSZ10-120000/220kVⅠ型变压器因内部短路导致损坏，案件情况属实。根据保单条款约定，机器设备因电路异常造成机器本身受损事故，属于保险责任。

【处理结果】

电力公司保险索赔成功，经过协商，某财险公司就大型变压器受损给付赔款 306.56万元。

➤ **案例 1-9**

关联知识点：建筑市场信用管理体系建设

【背景】

2021 年 11 月 2 日，海南省住房和城乡建设厅工作人员在对海南某工程质量检测有限公司开展检查过程中发现，该公司出具的报告编号为 112AQ1602002100023 的电线电缆检验报告检测数据与检测原始数据无法对应，有出具虚假检测报告的嫌疑。经查，电线电缆检验报告中外径的检验结果为 3.2mm，但是报告所对应的原始记录中外径的检测数据一栏却没有检测数据，且海南某工程质量检测有限公司及工作人员均无法提供该试验的外径检测的证明。

【问题】

请为海南某工程质量检测有限公司存在的不良行为定性。

【分析】

根据《房屋建筑和市政基础设施工程质量检测技术管理规范》（GB 50618—2011）中检测管理要求，未经检测就出具的检测报告应判定为虚假检测报告。依据《建设工程质量检测管理办法》第三十条第六项的规定，检测机构不得出具虚假的检测数据或者检测报告。本案例中，海南某工程质量检测有限公司提供虚假报告的行为符合质量不良行为的认定标准，应给予行政处罚。

【处理结果】

2022 年 1 月 14 日海南省住房和城乡建设厅对海南某工程质量检测有限公司上述违法行为给予警告，并处 3 万元罚款。同时，根据《海南省建筑市场诚信评价管理办法（试行）》规定，给予海南某工程质量检测有限公司记企业不良行为一次，扣除企业诚信分 4 分，有效期为 3 年。依据《建设工程质量检测管理办法》第三十二条的规定，对海南某工程质量检测有限公司法定代表人符某某和总经理郑某某均给予 3 千元罚款。

思 政 小 结

建设法规是指导参建单位和从业人员行为的准则，可以评价其合法性，并预测行为后果。它是维护建设领域秩序、保障工程质量和安全的重要手段，能够促使从业人员合法经营、诚实守信，推动建筑市场的可持续发展和进步，同时也为保护公众利益、维护社会稳定提供了强有力的法律支持。

建设工程法律体系和建设工程相关的民事法律法规，为建设企业提供了法律指引，引导其依法经营，为整个建设行业的可持续发展提供坚实的法律保障；有助于从业人员形成法治思维，理解法律的本质和作用，将法律视为引导行为的规范和保障权益的工具；引导从业人员遵循宪法确定的法律框架，树立依法治国的理念，增强对我国法律体系的自信。信用是社会交往的基础，对于工程建设行业来说尤为重要。建筑市场信用管理涉及建筑企业、项目管理者以及从业人员的信用记录和诚信评价。通过理解建筑市场信用管理的相关内容，可以加强对诚实守信的态度的认识，引导从业人员形成良好的信誉意识。

本章体现的思政元素如下：

1. 宪法至上

宪法具有最高的法律地位和权威，在思想政治教育中，引导学生认识到宪法与我们的生活密不可分，进而产生学习宪法的愿望，培养学生具备宪法意识和法治精神，使其尊崇宪法，增强宪法至上的观念。

2. 法治思维

在思想政治教育中，强调形成法治思维，培养学生尊重法律，养成从法律角度分析问题的习惯，形成科学理性的思考方式，提升个人法律素养。

3. 诚实守信

在思想政治教育中，强调诚实守信的重要性，培养学生具备正确的道德观念和信守承诺的品质，树立正确的价值观，形成诚实守信的品质。

4. 四个自信

在思想政治教育中，强调道路自信、理论自信、制度自信、文化自信，培养学生对中国特色社会主义制度的理解和认同，增强他们对国家法律体系的自信心和法治建设的责任感，有利于社会主义核心价值观的传承。

思 考 题

1. 简述法的效力层级，并对法律法规之间的冲突提出解决路径。
2. 建设工程法律关系客体的类型有哪些并举例说明。
3. 表见代理的构成要件有哪些？
4. 知识产权的特征有哪些？
5. 债的发生根据有哪些？
6. 当事人对保证方式没有约定或者约定不明确的，应按照哪种方式承担保证责任？
7. 物权请求权包括哪些？
8. 诉讼时效的种类有哪些？
9. 简述建筑工程一切险的责任范围。
10. 简述建筑市场诚信行为的分类及相应的公布时间。

第二章 建设工程施工许可及水工程相关法律制度

✦ 学习目标

（1）施工许可证的申请主体和法定批准条件；
（2）建设工程从业单位的资质类别和等级规定；
（3）建设工程专业技术人员执业资格的种类；
（4）水资源利用的基本制度和水工程的保护规定；
（5）施工现场水污染的防治规定；
（6）城乡建设规划和城镇给水排水规定。

第一节 建设工程施工许可法律制度

我国实行建筑工程施工许可制度，有利于确保建筑工程在开工前符合法定条件，进而为其开工后顺利实施奠定基础，同时也有利于有关行政主管部门全面掌握建筑工程的基本情况，依法及时有效地实施监督和指导，保证建筑工程活动依法进行。

《建筑法》第七条规定，建筑工程开工前，建设单位应当按照国家有关规定向工程所在地县级以上人民政府建设行政主管部门申请领取施工许可证；但是，国务院建设行政主管部门确定的限额以下的小型工程除外。按照国务院规定的权限和程序批准开工报告的建筑工程，不再领取施工许可证。

《建筑工程施工许可管理办法》第二条第一款进一步规定，在中华人民共和国境内从事各类房屋建筑及其附属设施的建造、装修装饰和与其配套的线路、管道、设备的安装，以及城镇市政基础设施工程的施工，建设单位在开工前应当按照本办法的规定，向工程所在地县级以上地方人民政府住房和城乡建设主管部门申请领取施工许可证。

由上述条款可见，目前我国对建设工程开工条件的审批，存在颁发施工许可证和批准开工报告两种形式。

一、施工许可证

1. 申请主体

施工许可证的申请领取由建设单位负责，施工许可证是建设单位进行工程开工的法律凭证。

2. 申请条件和程序

《建筑工程施工许可管理办法》第四条规定，建设单位申请领取施工许可证，应当具备下列条件，并提交相应的证明文件：

（1）依法应当办理用地批准手续的，已经办理该建筑工程用地批准手续。
（2）依法应当办理建设工程规划许可证的，已经取得建设工程规划许可证。
（3）施工场地已经基本具备施工条件，需要征收房屋的，其进度符合施工要求。
（4）已经确定施工企业。按照规定应当招标的工程没有招标，应当公开招标的工程没有公开招标，或者肢解发包工程，以及将工程发包给不具备相应资质条件的企业的，所确定的施工企业无效。

（5）有满足施工需要的资金安排、施工图纸及技术资料，建设单位应当提供建设资金已经落实承诺书，施工图设计文件已按规定审查合格。

（6）有保证工程质量和安全的具体措施。施工企业编制的施工组织设计中有根据建筑工程特点制定的相应质量、安全技术措施。

县级以上地方人民政府住房城乡建设主管部门不得违反法律法规规定，增设办理施工许可证的其他条件。

《建筑法》第八条规定，建设行政主管部门应当自收到申请之日起 7 日内，对符合条件的申请颁发施工许可证。

《建筑工程施工许可管理办法》第五条进一步规定，申请办理施工许可证，应当按照下列程序进行：

（1）建设单位向发证机关领取"建筑工程施工许可证申请表"。

（2）建设单位持加盖单位及法定代表人印鉴的"建筑工程施工许可证申请表"，并附本办法第四条规定的证明文件，向发证机关提出申请。

（3）发证机关在收到建设单位报送的"建筑工程施工许可证申请表"和所附证明文件后，对于符合条件的，应当自收到申请之日起 7 日内颁发施工许可证；对于证明文件不齐全或者失效的，应当当场或者 5 日内一次告知建设单位需要补正的全部内容，审批时间可以自证明文件补正齐全后作相应顺延；对于不符合条件的，应当自收到申请之日起 7 日内书面通知建设单位，并说明理由。

建筑工程在施工过程中，建设单位或者施工单位发生变更的，应当重新申请领取施工许可证。

3. 延期的规定

建设单位应当自领取施工许可证之日起 3 个月内开工。因故不能按期开工的，应当向发证机关申请延期；延期以两次为限，每次不超过 3 个月。既不开工又不申请延期或者超过延期时限的，施工许可证自行废止。

4. 施工中止的规定

在建的建筑工程因故中止施工的，建设单位应当自中止施工之日起 1 个月内，向发证机关报告，并按照规定做好建筑工程的维护管理工作。

建筑工程恢复施工时，应当向发证机关报告；中止施工满 1 年的工程恢复施工前，建设单位应当报发证机关核验施工许可证。

5. 不需要办理的建设工程

（1）限额以下的小型工程

《建筑工程施工许可管理办法》第二条第二款规定，工程投资额在 30 万元以下或建筑面积在 300m^2 以下的建筑工程，可以不申请办理施工许可证。省、自治区、直辖市人民政府住房城乡建设主管部门可以根据当地的实际情况，对限额进行调整，并报国务院住房城乡建设主管部门备案。

（2）特殊规定的建设工程

《建筑法》第八十三条第三款规定，抢险救灾及其他临时性房屋建筑和农民自建低层住宅的建筑活动，不适用本法。

《建筑法》第八十四条规定，军用房屋建筑工程建筑活动的具体管理办法，由国务院、中央军事委员会依据本法制定。

（3）实行开工报告的建设工程。

二、开工报告

开工报告适用于政府直接投资的重大项目，具体审批权限和程序，由国务院规定。

为避免出现不同的行政主管部门对同一建设工程的开工重复审批，按照国务院规定的权限和程序批准开工报告的建设工程，不再领取施工许可证。

《建筑法》第十一条规定，按照国务院有关规定批准开工报告的建筑工程，因故不能按期开工或者中止施工的，应当及时向批准机关报告情况。因故不能按期开工超过 6 个月的，应当重新办理开工报告的批准手续。

第二节　建设工程从业单位资格许可制度

《建筑法》第十二条规定，从事建筑活动的建筑施工企业、勘察单位、设计单位和工程监理单位应当具备一定的条件：①有符合国家规定的注册资本；②有与其从事的建筑活动相适应的具有法定执业资格的专业技术人员；③有从事相关建筑活动所应有的技术装备；④法律、行政法规规定的其他条件。

从事建筑活动的建筑施工企业、勘察单位、设计单位和工程监理单位，按照其拥有的条件划分为不同的资质等级，经资质审查合格，取得相应等级的资质证书后，方可在其资质等级许可的范围内从事建筑活动。

一、从业单位的资质类别和等级规定

根据《建设工程企业资质管理制度改革方案》规定，从业单位的资质类别和等级规定如下：

1. 建筑施工企业

施工资质分为施工综合资质、施工总承包资质、专业承包资质和专业作业资质。

（1）施工综合资质，可承担各行业、各等级施工承包业务，不设等级。

（2）施工总承包资质分为建筑工程施工总承包、电力工程施工总承包、水电工程施工总承包、市政公用工程施工总承包等 13 个类型。每个类型设为甲、乙两个等级，其中甲级资质在本行业内承揽业务规模不受限制。

（3）专业承包资质分为地基基础工程专业承包、起重设备安装工程专业承包、输变电工程专业承包、核工程专业承包等 18 个类型。部分类型设为甲、乙两个级别，部分专业承包资质不设等级。

（4）专业作业资质是施工劳务企业资质改革后的新名称，专业作业资质不设等级。

2. 勘察单位

工程勘察资质分为工程勘察综合资质和专业资质。

拥有工程勘察综合资质的企业可以承接各专业（海洋工程勘察除外）、各等级的工程勘察业务。

专业资质包括岩土工程、工程测量和勘探测试，每个专业设甲级、乙级。拥有专业资质的企业可以承接相应等级相应专业的工程勘察业务。

3. 设计单位

工程设计资质分为综合资质、行业资质、专业和事务所资质。

拥有工程设计综合资质的企业可以承接各行业、各等级的建设工程设计业务,综合资质不设等级。

设计行业包括建筑行业、市政行业和电力行业等 14 个类别,除了公路行业资质仅设为甲级,其他行业设计资质设为甲级和乙级。

专业和事务所包括建筑行业建筑工程专业、电力行业火力发电工程专业、电力行业水力发电工程专业、电力行业新能源发电工程专业、建筑设计事务所、结构设计事务所等 70 个类别。事务所不设等级,除个别专业资质仅设为甲级,大部分设计资质设为甲级和乙级。

4. 工程监理单位

工程监理资质分为综合资质和专业资质。

拥有工程监理综合资质的单位可以承接所有专业建设工程项目的工程监理业务。

专业资质包括建筑工程专业、市政公用工程专业、电力工程专业等 10 个类别,每个专业均设为甲级和乙级。

二、资质申请、延续和变更的规定

1. 资质申请

根据《建筑业企业资质管理规定》第八条规定,企业可以申请一项或多项建筑业企业资质。企业首次申请或增项申请资质,应当申请最低等级资质。

2. 资质延续

根据《建筑业企业资质管理规定》第十七条和第十八条规定,资质证书有效期是 5 年。建筑业企业资质证书有效期届满,企业继续从事建筑施工活动的,应当于资质证书有效期届满 3 个月前,向原资质许可机关提出延续申请。资质许可机关应当在建筑业企业资质证书有效期届满前做出是否准予延续的决定;逾期未做出决定的,视为准予延续。

3. 资质变更

《建筑业企业资质管理规定》第十九条和第二十一条规定,企业在建筑业企业资质证书有效期内名称、地址、注册资本、法定代表人等发生变更的,应当在工商部门办理变更手续后 1 个月内办理资质证书变更手续。

企业发生合并、分立、重组以及改制等事项,需承继原建筑业企业资质的,应当申请重新核定建筑业企业资质等级。

三、不批准企业资质升级和增项申请的规定

《建筑业企业资质管理规定》第二十三条规定,企业申请建筑业企业资质升级、资质增项,在申请之日起前 1 年至资质许可决定作出前,有下列情形之一的,资质许可机关不予批准其建筑业企业资质升级申请和增项申请:

(1)超越本企业资质等级或以其他企业的名义承揽工程,或允许其他企业或个人以本企业的名义承揽工程的;

(2)与建设单位或企业之间相互串通投标,或以行贿等不正当手段谋取中标的;

(3)未取得施工许可证擅自施工的;

(4)将承包的工程转包或违法分包的;

(5)违反国家工程建设强制性标准施工的;

（6）恶意拖欠分包企业工程款或者劳务人员工资的；

（7）隐瞒或谎报、拖延报告工程质量安全事故，破坏事故现场、阻碍对事故调查的；

（8）按照国家法律、法规和标准规定需要持证上岗的现场管理人员和技术工种作业人员未取得证书上岗的；

（9）未依法履行工程质量保修义务或拖延履行保修义务的；

（10）伪造、变造、倒卖、出租、出借或者以其他形式非法转让建筑业企业资质证书的；

（11）发生过较大以上质量安全事故或者发生过两起以上一般质量安全事故的；

（12）其他违反法律、法规的行为。

四、资质证书的撤回、撤销和注销

根据《建筑业企业资质管理规定》第二十八条至第三十条规定，建筑业企业资质证书的撤回、撤销和注销具体规定如下：

1. 撤回

取得建筑业企业资质证书的企业，应当保持资产、主要人员、技术装备等方面满足相应建筑业企业资质标准要求的条件。

企业不再符合相应建筑业企业资质标准要求条件的，县级以上地方人民政府住房城乡建设主管部门、其他有关部门，应当责令其限期改正并向社会公告，整改期限最长不超过3个月；企业整改期间不得申请建筑业企业资质的升级、增项，不能承揽新的工程；逾期仍未达到建筑业企业资质标准要求条件的，资质许可机关可以撤回其建筑业企业资质证书。

被撤回建筑业企业资质证书的企业，可以在资质被撤回后3个月内，向资质许可机关提出核定低于原等级同类别资质的申请。

2. 撤销

有下列情形之一的，资质许可机关应当撤销建筑业企业资质：

（1）资质许可机关工作人员滥用职权、玩忽职守准予资质许可的；

（2）超越法定职权准予资质许可的；

（3）违反法定程序准予资质许可的；

（4）对不符合资质标准条件的申请企业准予资质许可的；

（5）依法可以撤销资质许可的其他情形。

以欺骗、贿赂等不正当手段取得资质许可的，应当予以撤销。

3. 注销

有下列情形之一的，资质许可机关应当依法注销建筑业企业资质，并向社会公布其建筑业企业资质证书作废，企业应当及时将建筑业企业资质证书交回资质许可机关：

（1）资质证书有效期届满，未依法申请延续的；

（2）企业依法终止的；

（3）资质证书依法被撤回、撤销或吊销的；

（4）企业提出注销申请的；

（5）法律、法规规定的应当注销建筑业企业资质的其他情形。

第三节　建设工程执业资格制度

《建筑法》第十四条规定，从事建筑活动的专业技术人员，应当依法取得相应的执业资格证书，并在执业资格证书许可的范围内从事建筑活动。

一、含义

建筑业专业人员执业资格制度是指我国的建筑业专业人员在各自的专业范围内参加全国或行业组织的统一考试，获得相应的执业资格证书，经注册后在资格许可范围内执业的制度。建筑业专业人员执业资格制度是我国强化从业人员能力的准入制度，也是提高项目管理水平的重要举措。

二、种类

目前，我国在建筑业实行执业资格制度的专业技术人员包括注册建筑师、注册结构工程师、注册建造师、注册造价工程师、注册监理工程师、注册公用设备工程师等。

1. 注册建筑师

注册建筑师是指经考试、特许、考核认定取得中华人民共和国注册建筑师执业资格证书，或者经资格互认方式取得建筑师互认资格证书，并注册取得中华人民共和国注册建筑师注册证书和中华人民共和国注册建筑师执业印章，从事建筑设计及相关业务活动的专业技术人员。

取得资格证书的人员，应当受聘于中华人民共和国境内的一个建设工程勘察、设计、施工、监理、招标代理、造价咨询、施工图审查、城乡规划编制等单位，经注册后方可从事相应的执业活动。从事建筑工程设计执业活动的，应当受聘并注册于一个具有工程设计资质的单位。

注册建筑师的执业范围包括建筑设计，建筑设计技术咨询，建筑物调查与鉴定，对本人主持设计的项目进行施工指导和监督，国务院建设主管部门规定的其他业务。

注册建筑师分为一级注册建筑师和二级注册建筑师。一级注册建筑师的执业范围不受工程项目规模和工程复杂程度的限制。二级注册建筑师的执业范围只限于承担工程设计资质标准中建设项目设计规模划分表中规定的小型规模的项目。

一级注册建筑师考试合格有效期为八年，考试科目包括设计前期与场地设计、建筑设计、建筑结构、建筑物理与设备、建筑材料与构造、建筑经济、施工及设计业务管理、建筑方案设计（作图）、建筑技术设计（作图）、场地设计（作图）。二级建筑师执业资格科目考试合格有效期为四年，考试科目包括场地与建筑设计（作图）、建筑构造与详图（作图）和建筑结构与设备、法律、法规、经济与施工。

2. 注册结构工程师

注册结构工程师是指取得中华人民共和国注册结构工程师执业资格证书和注册证书，从事房屋结构、桥梁结构及塔架结构等工程设计及相关业务的专业技术人员。

注册结构工程师的执业范围包括结构工程设计，结构工程设计技术咨询，建筑物、构筑物、工程设施等的调查和鉴定，对本人主持设计的项目进行施工指导和监督，住房和城乡建设部及国务院有关部门规定的其他业务。

结构工程师设计的主要文件中，除应注明设计单位资格和加盖单位公章外，还必须在结构设计图的右下角由主持该项设计的注册结构工程师签字并加盖其执业专用章，方为有效。否则设计审查部门不予审查，建设单位不得报建，施工单位不准施工。

注册结构工程师分为一级注册结构工程师和二级注册结构工程师。一级注册结构工程师的执业范围不受工程规模和工程复杂程度的限制，二级注册结构工程师的执业范围只限于承担国家规定的民用建筑工程等级分级标准三级项目。

一级注册结构工程师包括基础考试和专业考试两部分，基础考试包括公共基础和专业基础。公共基础的内容包括高等数学、普通物理、普通化学、理论力学、材料力学、流体力学、计算机应用基础、电工电子技术、工程经济、信号与信息技术和法律法规。专业基础的内容包括土木工程材料、工程测量、职业法规、土木工程施工与管理、结构设计、结构力学、结构试验和土力学与地基基础。专业考试的内容包括钢筋混凝土结构、钢结构、砌体结构与木结构、地基与基础、桥梁结构和高层建筑、高耸结构与横向作用。二级注册结构工程师只考专业课，科目为钢筋混凝土结构、钢结构、砌体结构与木结构、地基与基础和高层建筑、高耸结构与横向作用。

报考注册结构工程师资格考试人员需满足专业、学历或职称、工作时间和职业实践要求。

3. 注册建造师

注册建造师是指通过考核认定或考试合格取得中华人民共和国建造师资格证书，并按照规定注册，取得中华人民共和国建造师注册证书和执业印章，担任施工单位项目负责人及从事相关活动的专业技术人员。

取得资格证书的人员应受聘于一个具有建设工程勘察、设计、施工、监理、招标代理、造价咨询等一项或多项资质的单位，经注册后方可从事相应的执业活动。

注册建造师不得同时在两个及两个以上的建设工程项目上担任施工单位项目负责人。发生下列情形之一的除外：同一工程相邻分段发包或分期施工的；合同约定的工程验收合格的；因非承包方原因致使工程项目停工超过 120 天（含），经建设单位同意的。

担任施工单位的项目负责人的，应受聘并注册于一个具有施工资质的企业。注册建造师担任施工项目负责人期间原则上不得更换。如发生下列情形之一的，应当办理书面交接手续后更换施工项目负责人：①发包方与注册建造师受聘企业已解除承包合同的；②发包方同意更换项目负责人的；③因不可抗力等特殊情况必须更换项目负责人的。

注册建造师分为一级注册建造师和二级注册建造师。大型项目必须由一级注册建造师担任项目经理，二级注册建造师可以在中小型施工项目中担任项目经理。

一级建造师职业资格考试包含建设工程经济、建设工程项目管理、建设工程法规及相关知识和专业工程管理与实务四个科目。其中，专业工程管理与实务包含公路工程、铁路工程、民航机场工程、港口与航道工程、水利水电工程、市政公用工程、通信与广电工程、建筑工程、矿业工程、机电工程十个专业类别。考试成绩实行 2 年为一个周期的滚动管理办法，参加全部 4 个科目考试的人员必须在连续的两个考试年度内通过全部科目。

二级建造师职业资格考试包含建设工程施工管理、建设工程法规及相关知识和专业工程管理与实务三个科目。其中，专业工程管理与实务包含建筑工程、公路工程、水利水电工程、矿业工程、市政公用工程、机电工程六个专业类别。考试成绩实行两年为一个周期的滚动管理办法，参加全部 3 个科目考试的人员必须在连续的两个考试年度内通过全部应试科目。

一级建造师考试报考人员需符合下列条件之一：①取得工程类或工程经济类专业大学专科学历，从事建设工程项目施工管理工作满 4 年；②取得工学门类、管理科学与工程类专业大学本科学历，从事建设工程项目施工管理工作满 3 年；③取得工学门类、管理科学与工程类专业硕士学位，从事建设工程项目施工管理工作满 2 年；④取得工学门类、管理科学与工程类专业博士学位，从事建设工程项目施工管理工作满 1 年。

二级建造师考试报考人员需符合下列条件之一：①取得工程类或工程经济类中专以上学历，并从事建设工程项目施工管理工作满 2 年；②取得非工程类或非工程经济类中专以上学历，并从事建设工程项目施工管理工作满 2 年，受聘担任工程或工程经济类专业技术职务的人员。

4. 注册造价工程师

注册造价工程师是指通过全国造价工程师执业资格统一考试或资格认定、资格互认，取得中华人民共和国造价工程师执业资格，并按照《注册造价工程师管理办法》取得中华人民共和国造价工程师注册执业证书和执业印章的人员，从事工程造价活动的专业人员。

注册造价工程师的执业范围包括建设项目建议书、可行性研究投资估算的编制和审核，项目经济评价，工程概、预、结算、竣工结（决）算的编制和审核；工程量清单、标底（或者控制价）、投标报价的编制和审核，工程合同价款的签订及变更、调整、工程款支付与工程索赔费用的计算；建设项目管理过程中设计方案的优化、限额设计等工程造价分析与控制，工程保险理赔的核查；工程经济纠纷的鉴定。

注册造价工程师分为注册一级造价工程师和注册二级造价工程师。注册一级造价工程师的执业范围包括建设项目全过程的工程造价管理与咨询，注册二级造价工程师主要以协助注册一级造价工程师开展相关工作为主，注册二级造价工程师可以在本人工程造价咨询成果文件上签章，但还应由注册一级造价师审核和加盖执业印章。

一级造价工程师职业资格考试包含四个科目。其中，建设工程造价管理和建设工程计价为基础科目，建设工程技术与计量和建设工程造价案例分析为专业科目。二级造价工程师职业资格考试包含两个科目。其中，建设工程造价管理基础知识为基础科目，建设工程计量与计价实务为专业科目。一级、二级造价工程师考试专业科目分为土木建筑工程、交通运输工程、水利工程和安装工程四个专业类别。一级造价工程师职业资格考试成绩实行滚动管理，滚动周期为 4 年，参加全部科目考试的人员，须在连续 4 个考试年度内通过全部科目的考试方可获得职业资格证书。二级造价工程师职业资格考试成绩实行 2 年为一个周期的滚动管理办法，参加全部 2 个科目考试的人员必须在连续 2 个考试年度内通过全部科目，方可取得二级造价工程师职业资格证书。

5. 注册监理工程师

注册监理工程师是指经考试取得中华人民共和国监理工程师资格证书，并按照规定注册，取得中华人民共和国注册监理工程师注册执业证书和执业印章，从事工程监理及相关业务活动的专业技术人员。

注册监理工程师可以从事工程监理、工程经济与技术咨询、工程招标与采购咨询、工程项目管理服务以及国务院有关部门规定的其他业务。

注册监理工程师考试共包含四个科目。其中，建设工程监理基本理论与相关法规和建设工程合同管理为基础科目，建设工程目标控制和建设工程监理案例分析为专业科目。专业科目分为土木建筑工程、交通运输工程、水利工程三个专业类别。

参加全部 4 个科目考试的人员须在连续四个考试年度内通过全部科目；参加 2 个科目考试的人员必须在一个考试年度内通过应试科目。已取得监理工程师一种专业职业资格证书的人员，报名参加其他专业科目考试的，可免考基础科目。考试合格后，核发人力资源社会保障部门统一印制的相应专业考试合格证明。该证明作为注册时增加执业专业类别的依据。免考基础科目和增加专业类别的人员，专业科目成绩按照两年为一个周期滚动管理。

6. 注册公用设备工程师

注册公用设备工程师是指取得中华人民共和国注册公用设备工程师资格证书，并按照规定注册，取得中华人民共和国注册公用设备工程师执业证书，从事公用设备专业性工程设计活动的专业技术人员。例如，从事暖通空调、给水排水、动力等专业工程设计及相关业务活动的高级专业技术人员。

注册公用设备工程师的执业范围包括根据施工发展或项目需要，协同上级制订新设备采购、投资计划，组织公用设备的选型和采购；负责各类公用设备运行情况的检查、记录以及日常维护保养管理工作，保证规范、安全、低成本运行；编制公用设备安全操作规程，对操作人员进行技术操作考核；负责验收，保证涉及公用系统的改、扩建项目符合国家及公司的规范和规定；协助上级领导处理重大的公用设备事故，参加事故的分析，提出处理意见，并按时准确填报有关统计报表。

注册公用设备工程师考试包含基础部分和专业部分，基础部分又包含公共基础和专业基础两部分。其中，公共基础的内容主要包含数学、物理、化学、理论力学、材料力学、流体力学、计算机应用基础、电气与信息、法律法规、工程经济；专业基础的内容主要包含热工学（工程热力学、传热学）、工程流体力学及泵与风机、自动控制、热工测试技术、机械基础、职业法规；专业考试主要包含总则、采暖（含小区供热设备和热网）、通风、空气调节、制冷技术、空气洁净技术、民用建筑房屋卫生设备。

三、证书挂靠

1. 定义

实际工作单位与证书注册单位不一致，即为证书挂靠。主管部门通过网上查询注册申请人社保缴纳情况，推断申请人是否涉嫌证书挂靠。

2. 不认定为"证书挂靠"的情形

对实际工作单位与注册单位一致，但社会保险缴纳单位与注册单位不一致的人员，以下六种情况，原则上不认定证书挂靠：

（1）达到法定退休年龄正式退休和依法提前退休的；

（2）因事业单位改制等原因保留事业单位身份，实际工作单位为所在事业单位下属企业，社会保险由该事业单位缴纳的；

（3）属于大专院校所属勘察设计、工程监理、工程造价单位聘请的本校在职教师或科研人员，社会保险由所在院校缴纳的；

（4）属于军队自主择业人员的；

（5）因企业改制、征地拆迁等买断社会保险的；

（6）有法律法规、国家政策依据的其他情形。

3. 处罚

根据"关于开展工程建设领域专业技术人员违规'挂证'行为专项治理的通知"规定，针对挂靠人员，撤销其注册许可；3年内不得再次申请注册；记入不良行为记录并列入建筑市场主体"黑名单"。针对国家机关和事业单位人员，撤销其注册许可；3年内不得再次申请注册；记入不良行为记录并列入建筑市场主体"黑名单"；通报其实际工作单位和有关国家监察机关。针对挂靠企业，予以通报；记入不良行为记录，并列入建筑市场主体"黑名单"，向社会公布。针对中介等机构，吊销人力资源服务许可证。

第四节　水资源利用的法律制度

随着社会经济的发展，水资源的需求不断增加，许多地方出现了供水水源不足、水质污染和生态环境恶化等问题。这些问题不仅影响了人民的日常生活和健康，也对经济发展和社会稳定产生了不利影响。我国重视水法律的规定，通过制定和完善相关法律法规，加强对水资源的保护和管理。

水资源，包括地表水和地下水。《中华人民共和国水法》（以下简称《水法》）规定了水资源的管理、保护和利用等方面的内容，明确了各级政府和相关部门在水资源管理中的职责和权利。

一、水资源利用的基本制度

1. 权属制度

《水法》第三条规定，水资源属于国家所有。水资源的所有权由国务院代表国家行使。农村集体经济组织的水塘和由农村集体经济组织修建管理的水库中的水，归该农村集体经济组织使用。

水资源的使用权主体十分广泛，几乎任何单位和个人都可以成为水资源使用权的主体。水资源的使用权受到其所有权和自然规律的制约，不能无限制使用。这是因为水资源是有限的，其分布和利用受到地理、气候、环境等多种因素的影响。因此，为了保障水资源的可持续利用，必须对其使用权进行合理的限制和管理。

2. 取水许可制度和有偿使用制度

《水法》第七条规定，国家对水资源依法实行取水许可制度和有偿使用制度。但是，农村集体经济组织及其成员使用本集体经济组织的水塘、水库中的水的除外。国务院水行政主管部门负责全国取水许可制度和水资源有偿使用制度的组织实施。

《水法》第四十八条规定，直接从江河、湖泊或者地下取用水资源的单位和个人，应当按照国家取水许可制度和水资源有偿使用制度的规定，向水行政主管部门或者流域管理机构申请领取取水许可证，并缴纳水资源费，取得取水权。但是，家庭生活和零星散养、圈养畜禽饮用等少量取水的除外。实施取水许可制度和征收管理水资源费的具体办法，由国务院规定。

实施水许可制度，政府可以掌握和控制水资源的开发利用情况，避免过度开采和浪费，确保水资源的合理分配和可持续利用。实施有偿使用制度，政府可以通过收取水资源费等方式，引导企业和个人合理利用水资源，促进水资源的优化配置、高效利用和有效保护。

3. 节约用水制度

水资源紧缺已经成为我国国民经济和社会发展的重要障碍之一。随着我国经济的快速增长和城市化进程的加速，水资源需求不断增加，而水资源的供给却面临着日益严峻的挑战。实现水资源可持续利用是我国经济社会发展的战略问题。

《水法》第八条规定，国家厉行节约用水，大力推行节约用水措施，推广节约用水新技术、新工艺，发展节水型工业、农业和服务业，建立节水型社会。各级人民政府应当采取措施，加强对节约用水的管理，建立节约用水技术开发推广体系，培育和发展节约用水产业。单位和个人有节约用水的义务。

4. 保护制度

《水法》第九条至十一条规定，国家保护水资源，采取有效措施，保护植被，植树种草，水源涵养，防治水土流失和水体污染，改善生态环境。

国家鼓励和支持开发、利用、节约、保护、管理水资源和防治水害的先进科学技术的研究、推广和应用。在开发、利用、节约、保护、管理水资源和防治水害等方面成绩显著的单位和个人，由人民政府给予奖励。

二、水资源管理

《水法》第十二条规定，国家对水资源实行流域管理与行政区域管理相结合的管理体制。国务院水行政主管部门负责全国水资源的统一管理和监督工作。国务院水行政主管部门在国家确定的重要江河、湖泊设立流域管理机构，在所管辖的范围内行使法律、行政法规规定的和国务院水行政主管部门授予的水资源管理和监督职责。县级以上地方人民政府水行政主管部门按照规定的权限，负责本行政区域内水资源的统一管理和监督工作。

水资源以流域为自然单元，实行流域统一管理符合水资源的自然特性。《水法》在强调水资源统一管理的同时，还突出了水资源流域管理的重要性，确立了流域机构在水资源管理上的法律地位。流域管理能够统筹协调流域内各地区、各部门之间的关系，促进流域内各地区的共同发展，实现水资源的可持续利用。

三、水资源规划

1. 全国水资源战略规划的规定

《水法》第十四条规定，国家制定全国水资源战略规划。开发、利用、节约、保护水资源和防治水害，应当按照流域、区域统一制定规划。规划分为流域规划和区域规划。流域规划包括流域综合规划和流域专业规划；区域规划包括区域综合规划和区域专业规划。

综合规划，是指根据经济社会发展需要和水资源开发利用现状编制的开发、利用、节约、保护水资源和防治水害的总体部署。专业规划，是指防洪、治涝、灌溉、航运、供水、水力发电、竹木流放、渔业、水资源保护、水土保持、防沙治沙、节约用水等规划。

2. 区域规划服从流域规划，专业规划服从综合规划的规定

《水法》第十五条规定，流域范围内的区域规划应当服从流域规划，专业规划应当服从综合规划。

流域综合规划和区域综合规划以及与土地利用关系密切的专业规划，应当与国民经济和社会发展规划以及土地利用总体规划、城市总体规划和环境保护规划相协调，兼顾各地区、各行业的需要。

3. 水资源综合科学考察和调查评价的规定

《水法》第十六条第一款规定，制定规划，必须进行水资源综合科学考察和调查评价。水资源综合科学考察和调查评价，由县级以上人民政府水行政主管部门会同同级有关部门组织进行。

4. 流域综合规划和区域综合规划的编制及审批规定

《水法》第十七条规定，国家确定的重要江河、湖泊的流域综合规划，由国务院水行政主管部门会同国务院有关部门和有关省、自治区、直辖市人民政府编制，报国务院批准。跨

省、自治区、直辖市的其他江河、湖泊的流域综合规划和区域综合规划，由有关流域管理机构会同江河、湖泊所在地的省、自治区、直辖市人民政府水行政主管部门和有关部门编制，分别经有关省、自治区、直辖市人民政府审查提出意见后，报国务院水行政主管部门审核；国务院水行政主管部门征求国务院有关部门意见后，报国务院或者其授权的部门批准。前款规定以外的其他江河、湖泊的流域综合规划和区域综合规划，由县级以上地方人民政府水行政主管部门会同同级有关部门和有关地方人民政府编制，报本级人民政府或者其授权的部门批准，并报上一级水行政主管部门备案。

专业规划由县级以上人民政府有关部门编制，征求同级其他有关部门意见后，报本级人民政府批准。其中，防洪规划、水土保持规划的编制、批准，依照《中华人民共和国防洪法》（以下简称《防洪法》）、《中华人民共和国水土保持法》的有关规定执行。

《水法》第十八条规定，规划一经批准，必须严格执行。经批准的规划需要修改时，必须按照规划编制程序经原批准机关批准。

5. 水工程建设的规定

《水法》第十九条规定，建设水工程，必须符合流域综合规划。在国家确定的重要江河、湖泊和跨省、自治区、直辖市的江河、湖泊上建设水工程，未取得有关流域管理机构签署的符合流域综合规划要求的规划同意书的，建设单位不得开工建设；在其他江河、湖泊上建设水工程，未取得县级以上地方人民政府水行政主管部门按照管理权限签署的符合流域综合规划要求的规划同意书的，建设单位不得开工建设。水工程建设涉及防洪的，依照《防洪法》的有关规定执行；涉及其他地区和行业的，建设单位应当事先征求有关地区和部门的意见。

四、水资源开发利用

为了保障水资源的合理开发和有效利用，以满足人民生活和国家发展的需求，同时保护生态环境，实现水资源的可持续发展，《水法》在第三章中对水资源的开发利用进行了详细的规定。具体要求如下：

1. 兴利除害和统筹兼顾

《水法》第二十条至二十二条规定，开发、利用水资源，应当坚持兴利与除害相结合，兼顾上下游、左右岸和有关地区之间的利益，充分发挥水资源的综合效益，并服从防洪的总体安排。

开发、利用水资源，应当首先满足城乡居民生活用水，并兼顾农业、工业、生态环境用水以及航运等需要。在干旱和半干旱地区开发、利用水资源，应当充分考虑生态环境用水需要。

跨流域调水，应当进行全面规划和科学论证，统筹兼顾调出和调入流域的用水需要，防止对生态环境造成破坏。

2. 统一调度和开源节流

《水法》对跨流域调水，地表水和地下水统一调度，鼓励利用雨水、微咸水和海水，鼓励开发利用水能、水运资源进行了阐述。

《水法》第二十三条至第二十五条规定，地方各级人民政府应当结合本地区水资源的实际情况，按照地表水与地下水统一调度开发、开源与节流相结合、节流优先和污水处理再利用的原则，合理组织开发、综合利用水资源。国民经济和社会发展规划以及城市总体规划的编制、重大建设项目的布局，应当与当地水资源条件和防洪要求相适应，并进行科学论证；

在水资源不足的地区，应当对城市规模和建设耗水量大的工业、农业和服务业项目加以限制。在水资源短缺的地区，国家鼓励对雨水和微咸水的收集、开发、利用和对海水的利用、淡化。

地方各级人民政府应当加强对灌溉、排涝、水土保持工作的领导，促进农业生产发展；在容易发生盐碱化和渍害的地区，应当采取措施，控制和降低地下水的水位。农村集体经济组织或者其成员依法在本集体经济组织所有的集体土地或者承包土地上投资兴建水工程设施的，按照谁投资建设谁管理和谁受益的原则，对水工程设施及其蓄水进行管理和合理使用。农村集体经济组织修建水库应当经县级以上地方人民政府水行政主管部门批准。

3. 开发性移民和维护权益

《水法》第二十八条和第二十九条规定，任何单位和个人引水、截（蓄）水、排水，不得损害公共利益和他人的合法权益。

国家对水工程建设移民实行开发性移民的方针，按照前期补偿、补助与后期扶持相结合的原则，妥善安排移民的生产和生活，保护移民的合法权益。

移民安置应当与工程建设同步进行。建设单位应当根据安置地区的环境容量和可持续发展的原则，因地制宜，编制移民安置规划，经依法批准后，由有关地方人民政府组织实施。所需移民经费列入工程建设投资计划。

五、水资源和水工程的保护

1. 保护水量

《水法》第三十条和第三十一条规定，县级以上人民政府水行政主管部门、流域管理机构以及其他有关部门在制定水资源开发、利用规划和调度水资源时，应当注意维持江河的合理流量和湖泊、水库以及地下水的合理水位，维护水体的自然净化能力。

从事水资源开发、利用、节约、保护和防治水害等水事活动，应当遵守经批准的规划；因违反规划造成江河和湖泊水域使用功能降低、地下水超采、地面沉降、水体污染的，应当承担治理责任。

开采矿藏或者建设地下工程，因疏干排水导致地下水水位下降、水源枯竭或者地面塌陷，采矿单位或者建设单位应当采取补救措施；对他人生活和生产造成损失的，依法给予补偿。

2. 保护饮用水资源

《水法》第三十三条规定，国家建立饮用水水源保护区制度。省、自治区、直辖市人民政府应当划定饮用水水源保护区，并采取措施，防止水源枯竭和水体污染，保证城乡居民饮用水安全。

3. 保护灌溉用水和地下水

《水法》第三十五条和三十六条规定，从事工程建设，占用农业灌溉水源、灌排工程设施，或者对原有灌溉用水、供水水源有不利影响的，建设单位应当采取相应的补救措施；造成损失的，依法给予补偿。

在地下水超采地区，县级以上地方人民政府应当采取措施，严格控制开采地下水。在地下水严重超采地区，经省、自治区、直辖市人民政府批准，可以划定地下水禁止开采或者限制开采区。在沿海地区开采地下水，应当经过科学论证，并采取措施，防止地面沉降和海水入侵。

4. 保护水工程

《水法》第四十一条和第四十三条第四款规定，单位和个人有保护水工程的义务，不得侵占及毁坏堤防、护岸、防汛、水文监测、水文地质监测等工程设施。

在水工程保护范围内，禁止从事影响水工程运行和危害水工程安全的爆破、打井、采石、取土等活动。

《水法》第三十七条第二款和第三十八条规定，禁止在河道管理范围内建设妨碍行洪的建筑物、构筑物以及从事影响河势稳定、危害河岸堤防安全和其他妨碍河道行洪的活动。在河道管理范围内建设桥梁、码头和其他拦河、跨河、临河建筑物、构筑物，铺设跨河管道、电缆，应当符合国家规定的防洪标准和其他有关的技术要求，工程建设方案应当依照《防洪法》的有关规定报经有关水行政主管部门审查同意。

因建设前款工程设施，需要扩建、改建、拆除或者损坏原有水工程设施的，建设单位应当负担扩建、改建的费用和损失补偿。但是，原有工程设施属于违法工程的除外。

六、提高水的再生利用率

《水法》第五十一条至第五十三条规定，工业用水应当采用先进技术、工艺和设备，增加循环用水次数，提高水的重复利用率。

国家逐步淘汰落后的、耗水量高的工艺、设备和产品，具体名录由国务院经济综合主管部门会同国务院水行政主管部门和有关部门制定并公布。生产者、销售者或者生产经营中的使用者应当在规定的时间内停止生产、销售或者使用列入名录的工艺、设备和产品。城市人民政府应当因地制宜采取有效措施，推广节水型生活用水器具，降低城市供水管网漏失率，提高生活用水效率；加强城市污水集中处理，鼓励使用再生水，提高污水再生利用率。

新建、扩建、改建建设项目，应当制订节水措施方案，配套建设节水设施。节水设施应当与主体工程同时设计、同时施工、同时投产。供水企业和自建供水设施的单位应当加强供水设施的维护管理，减少水的漏失。

第五节　水污染防治的法律制度

水污染是指水体因某种物质的介入，导致了水体化学、物理、生物或者放射性等方面特性的改变，造成水质恶化，从而影响水体功能，危害人体健康或者破坏生态环境的现象。

《中华人民共和国水污染防治法》（以下简称《水污染防治法》）第二条和第三条规定，本法适用于中华人民共和国领域内的江河、湖泊、运河、渠道、水库等地表水体以及地下水体的污染防治。海洋污染防治适用《中华人民共和国海洋环境保护法》。

水污染防治应当坚持预防为主、防治结合、综合治理的原则，优先保护饮用水水源，严格控制工业污染、城镇生活污染，防治农业面源污染，积极推进生态治理工程建设，预防、控制和减少水环境污染和生态破坏。

一、施工现场水污染的防治规定

《水污染防治法》第十条和第十一条规定，排放水污染物，不得超过国家或者地方规定的水污染物排放标准和重点水污染物排放总量控制指标。

任何单位和个人都有义务保护水环境，并有权对污染损害水环境的行为进行检举。县级以上人民政府及其有关主管部门对在水污染防治工作中做出显著成绩的单位和个人给予表彰和奖励。

1. 水污染物禁止排放的规定

《水污染防治法》第三十三条和第三十四条规定，禁止向水体排放油类、酸液、碱液或者剧毒废液。禁止在水体清洗装储过油类或者有毒污染物的车辆和容器。禁止向水体排放、倾倒放射性固体废物或者含有高放射性和中放射性物质的废水。向水体排放含低放射性物质的废水，应当符合国家有关放射性污染防治的规定和标准。

《水污染防治法》第三十七条和第三十九条规定，禁止向水体排放、倾倒工业废渣、城镇垃圾和其他废弃物。禁止将含有汞、镉、砷、铬、铅、氰化物、黄磷等的可溶性剧毒废渣向水体排放、倾倒或者直接埋入地下。存放可溶性剧毒废渣的场所，应当采取防水、防渗漏、防流失的措施。

禁止在江河、湖泊、运河、渠道、水库最高水位线以下的滩地和岸坡堆放、存储固体废弃物和其他污染物。

禁止利用渗井、渗坑、裂隙、溶洞，私设暗管，篡改、伪造监测数据，或者不正常运行水污染防治设施等逃避监管的方式排放水污染物。

2. 地下水污染防治的规定

《水污染防治法》第四十一条至第四十三条规定，多层地下水的含水层水质差异大的，应当分层开采；对已受污染的潜水和承压水，不得混合开采。

兴建地下工程设施或者进行地下勘探、采矿等活动，应当采取防护性措施，防止地下水污染。报废矿井、钻井或者取水井等，应当实施封井或者回填。人工回灌补给地下水，不得恶化地下水质。

3. 城镇排水与污水处理的规定

《城镇排水与污水处理条例》第十四条第二款和第十五条规定，建设单位应当按照排水设计方案建设连接管网等设施；未建设连接管网等设施的，不得投入使用。城镇排水主管部门或者其委托的专门机构应当加强指导和监督。

城镇排水与污水处理设施建设工程竣工后，建设单位应当依法组织竣工验收。竣工验收合格的，方可交付使用，并自竣工验收合格之日起15日内，将竣工验收报告及相关资料报城镇排水主管部门备案。

《城镇排水与污水处理条例》第二十一条规定，从事工业、建筑、餐饮、医疗等活动的企业事业单位、个体工商户（以下称排水户）向城镇排水设施排放污水的，应当向城镇排水主管部门申请领取污水排入排水管网许可证。城镇排水主管部门应当按照国家有关标准，重点对影响城镇排水与污水处理设施安全运行的事项进行审查。排水户应当按照污水排入排水管网许可证的要求排放污水。

《城镇污水排入排水管网许可管理办法》第十三条至第十五条进一步规定，排水户应当按照排水许可证确定的排水类别、总量、时限、排放口位置和数量、排放的主要污染物项目和浓度等要求排放污水。

排水户不得有下列危及城镇排水设施安全的活动：①向城镇排水设施排放、倾倒剧毒、易燃易爆、腐蚀性废液和废渣；②向城镇排水设施排放有害气体和烹饪油烟；③堵塞城镇排水设施或者向城镇排水设施内排放、倾倒垃圾、渣土、施工泥浆、油脂、污泥等易堵塞物；④擅自拆卸、移动、穿凿和接入城镇排水设施；⑤擅自向城镇排水设施加压排放污水；⑥其他危及城镇排水与污水处理设施安全的活动。

排水户因发生事故或者其他突发事件，排放的污水可能危及城镇排水与污水处理设施安全运行的，应当立即暂停排放，采取措施消除危害，并按规定及时向城镇排水主管部门等有关部门报告。

根据《城镇污水排入排水管网许可管理办法》第十八条和第十九条的规定，城镇排水主管部门实施监督检查时，有权采取下列措施：①进入现场开展检查、监测；②要求被监督检查的排水户出示排水许可证；③查阅、复制有关文件和材料；④要求被监督检查的单位和个人就有关问题作出说明；⑤依法采取禁止排水户向城镇排水设施排放污水等措施，纠正违反有关法律、法规和本办法规定的行为。被监督检查的单位和个人应当予以配合，不得妨碍和阻挠依法进行的监督检查活动。城镇排水主管部门委托的专门机构，可以开展排水许可审查、档案管理、监督指导排水户排水行为等工作，并协助城镇排水主管部门对排水许可实施监督管理。

4. 排水许可证的有关规定

《城镇污水排入排水管网许可管理办法》第十条和第十一条规定，排水许可证的有效期为5年。因施工作业需要向城镇排水设施排水的，排水许可证的有效期，由城镇排水主管部门根据排水状况确定，但不得超过施工期限。

排水许可证有效期满需要继续排放污水的，排水户应当在有效期届满30日前，向城镇排水主管部门提出申请。城镇排水主管部门应当在有效期届满前作出是否准予延续的决定。准予延续的，有效期延续5年。

排水户在排水许可证有效期内，严格按照许可内容排放污水，且未发生违反本办法规定行为的，有效期届满30日前，排水户可提出延期申请，经原许可机关同意，不再进行审查，排水许可证有效期延期5年。

二、饮用水水源保护区的规定

《水污染防治法》第六十四条至六十七条规定，在饮用水水源保护区内，禁止设置排污口。

《水法》第三十四条进一步规定，禁止在饮用水水源保护区内设置排污口。在江河、湖泊新建、改建或者扩大排污口，应当经过有管辖权的水行政主管部门或者流域管理机构同意，由环境保护行政主管部门负责对该建设项目的环境影响报告书进行审批。

《水污染防治法》第六十五条至六十七条规定，禁止在饮用水水源一级保护区内新建、改建、扩建与供水设施和保护水源无关的建设项目；已建成的与供水设施和保护水源无关的建设项目，由县级以上人民政府责令拆除或者关闭。

禁止在饮用水水源二级保护区内新建、改建、扩建排放污染物的建设项目；已建成的排放污染物的建设项目，由县级以上人民政府责令拆除或者关闭。

禁止在饮用水水源准保护区内新建、扩建对水体污染严重的建设项目；改建建设项目，不得增加排污量。

三、发生事故或其他突发性事件的规定

《水污染防治法》第七十七条和第七十八条第一款规定，可能发生水污染事故的企业事业单位，应当制定有关水污染事故的应急方案，做好应急准备，并定期进行演练。

生产、储存危险化学品的企业事业单位，应当采取措施，防止在处理安全生产事故过程

中产生的可能严重污染水体的消防废水、废液直接排入水体。

企业事业单位发生事故或者其他突发性事件，造成或者可能造成水污染事故的，应当立即启动本单位的应急方案，采取隔离等应急措施，防止水污染物进入水体，并向事故发生地的县级以上地方人民政府或者环境保护主管部门报告。环境保护主管部门接到报告后，应当及时向本级人民政府报告，并抄送有关部门。

第六节　城乡规划和水工程规划法律制度

一、城乡建设规划的规定

1. 城乡规划概念

城乡规划是以促进城乡经济社会全面协调可持续发展为根本任务、促进土地科学使用为基础、促进人居环境根本改善为目的，涵盖城乡居民点的空间布局规划。

城乡规划包括城镇体系规划、城市规划、镇规划、乡规划和村庄规划。城市规划、镇规划分为总体规划和详细规划。详细规划分为控制性详细规划和修建性详细规划。

2. 城乡规划的内容

《中华人民共和国城乡规划法》（以下简称《城乡规划法》）第四条规定，制定和实施城乡规划，应当遵循城乡统筹、合理布局、节约土地、集约发展和先规划后建设的原则，改善生态环境，促进资源、能源节约和综合利用，保护耕地等自然资源和历史文化遗产，保持地方特色、民族特色和传统风貌，防止污染和其他公害，并符合区域人口发展、国防建设、防灾减灾和公共卫生、公共安全的需要。

在规划区内进行建设活动，应当遵守土地管理、自然资源和环境保护等法律、法规的规定。

县级以上地方人民政府应当根据当地经济社会发展的实际，在城市总体规划、镇总体规划中合理确定城市、镇的发展规模、步骤和建设标准。

《城乡规划法》第十七条和第十八条规定，城市总体规划、镇总体规划的内容应当包括：城市、镇的发展布局，功能分区，用地布局，综合交通体系，禁止、限制和适宜建设的地域范围，各类专项规划等。

规划区范围、规划区内建设用地规模、基础设施和公共服务设施用地、水源地和水系、基本农田和绿化用地、环境保护、自然与历史文化遗产保护以及防灾减灾等内容，应当作为城市总体规划、镇总体规划的强制性内容。

城市总体规划、镇总体规划的规划期限一般为20年。城市总体规划还应当对城市更长远的发展作出预测性安排。

乡规划、村庄规划应当从农村实际出发，尊重村民意愿，体现地方和农村特色。乡规划、村庄规划的内容应当包括：规划区范围，住宅、道路、供水、排水、供电、垃圾收集、畜禽养殖场所等农村生产、生活服务设施、公益事业等各项建设的用地布局、建设要求，以及对耕地等自然资源和历史文化遗产保护、防灾减灾等的具体安排。乡规划还应当包括本行政区域内的村庄发展布局。

3. 城乡规划的实施

（1）城乡建设和发展的原则

根据《城乡规划法》第二十九条的规定，城乡建设和发展的原则包括的内容如下：

1）城市建设和发展的原则。城市的建设和发展，应当优先安排基础设施以及公共服务设施的建设，妥善处理新区开发与旧区改建的关系，统筹兼顾进城务工人员生活和周边农村经济社会发展、村民生产与生活的需要。

2）镇建设和发展的原则。镇的建设和发展，应当结合农村经济社会发展和产业结构调整，优先安排供水、排水、供电、供气、道路、通信、广播电视等基础设施和学校、卫生院、文化站、幼儿园、福利院等公共服务设施的建设，为周边农村提供服务。

3）乡、村庄建设和发展的原则。乡、村庄的建设和发展，应当因地制宜、节约用地，发挥村民自治组织的作用，引导村民合理进行建设，改善农村生产、生活条件。

（2）城乡建设和发展的具体要求

根据《城乡规划法》第三十条至第三十三条和第三十五条的规定，城乡建设和发展的具体要求包括以下内容：

1）城市新区开发和建设的要求。城市新区的开发和建设，应当合理确定建设规模和时序，充分利用现有市政基础设施和公共服务设施，严格保护自然资源和生态环境，体现地方特色。在城市总体规划、镇总体规划确定的建设用地范围以外，不得设立各类开发区和城市新区。

2）旧城区改建的要求。旧城区的改建，应当保护历史文化遗产和传统风貌，合理确定拆迁和建设规模，有计划地对危房集中、基础设施落后等地段进行改建。

历史文化名城、名镇、名村的保护以及受保护建筑物的维护和使用，应当遵守有关法律、行政法规和国务院的规定。

3）风景名胜资源利用的要求。城乡建设和发展，应当依法保护和合理利用风景名胜资源，统筹安排风景名胜区及周边乡、镇、村庄的建设。风景名胜区的规划、建设和管理，应当遵守有关法律、行政法规和国务院的规定。

4）城市地下空间开发和利用的要求。城市地下空间的开发和利用，应当与经济和技术发展水平相适应，遵循统筹安排、综合开发、合理利用的原则，充分考虑防灾减灾、人民防空和通信等需要，并符合城市规划，履行规划审批手续。

5）禁止改变用地用途的要求。城乡规划确定的铁路、公路、港口、机场、道路、绿地、输配电设施及输电线路走廊、通信设施、广播电视设施、管道设施、河道、水库、水源地、自然保护区、防汛通道、消防通道、核电站、垃圾填埋场及焚烧厂、污水处理厂和公共服务设施的用地以及其他需要依法保护的用地，禁止擅自改变用途。

4. 建设项目用地规划许可

获得建设项目用地规划许可和建设工程规划许可是申请施工许可证的前提条件。

（1）以划拨方式取得土地使用权的建设项目

《城乡规划法》第三十六条和第三十七条规定，按照国家规定需要有关部门批准或者核准的建设项目，以划拨方式提供国有土地使用权的，建设单位在报送有关部门批准或者核准前，应当向城乡规划主管部门申请核发选址意见书。前款规定以外的建设项目不需要申请选址意见书。

在城市、镇规划区内以划拨方式提供国有土地使用权的建设项目，经有关部门批准、核准、备案后，建设单位应当向城市、县人民政府城乡规划主管部门提出建设用地规划许可申请，由城市、县人民政府城乡规划主管部门依据控制性详细规划核定建设用地的位置、面积、允许建设的范围，核发建设用地规划许可证。

建设单位在取得建设用地规划许可证后，方可向县级以上地方人民政府土地主管部门申请用地，经县级以上人民政府审批后，由土地主管部门划拨土地。

（2）以出让方式取得国有土地使用权的建设项目

《城乡规划法》第三十八条和第三十九条规定，在城市、镇规划区内以出让方式提供国有土地使用权的，在国有土地使用权出让前，城市、县人民政府城乡规划主管部门应当依据控制性详细规划，提出出让地块的位置、使用性质、开发强度等规划条件，作为国有土地使用权出让合同的组成部分。未确定规划条件的地块，不得出让国有土地使用权。以出让方式取得国有土地使用权的建设项目，在签订国有土地使用权出让合同后，建设单位应当持建设项目的批准、核准、备案文件和国有土地使用权出让合同，向城市、县人民政府城乡规划主管部门领取建设用地规划许可证。

城市、县人民政府城乡规划主管部门不得在建设用地规划许可证中，擅自改变作为国有土地使用权出让合同组成部分的规划条件。

规划条件未纳入国有土地使用权出让合同的，该国有土地使用权出让合同无效；对未取得建设用地规划许可证的建设单位批准用地的，由县级以上人民政府撤销有关批准文件；占用土地的，应当及时退回；给当事人造成损失的，应当依法给予赔偿。

5. 建设工程规划许可

（1）城市、镇规划区内的建设工程规划许可

根据《城乡规划法》第四十条规定，在城市、镇规划区内进行建筑物、构筑物、道路、管线和其他工程建设的，建设单位或者个人应当向城市、县人民政府城乡规划主管部门或者省、自治区、直辖市人民政府确定的镇人民政府申请办理建设工程规划许可证。

申请办理建设工程规划许可证，应当提交使用土地的有关证明文件、建设工程设计方案等材料。需要建设单位编制修建性详细规划的建设项目，还应当提交修建性详细规划。

城市、县人民政府城乡规划主管部门或者省、自治区、直辖市人民政府确定的镇人民政府应当依法将经审定的修建性详细规划、建设工程设计方案的总平面图予以公布。

（2）乡村规划区内的建设工程规划许可

《城乡规划法》第四十一条规定，在乡、村庄规划区内进行乡镇企业、乡村公共设施和公益事业建设的，建设单位或者个人应当向乡、镇人民政府提出申请，由乡、镇人民政府报城市、县人民政府城乡规划主管部门核发乡村建设规划许可证。

在乡、村庄规划区内使用原有宅基地进行农村村民住宅建设的规划管理办法，由省、自治区、直辖市制定。

在乡、村庄规划区内进行乡镇企业、乡村公共设施和公益事业建设以及农村村民住宅建设，不得占用农用地；确需占用农用地的，应当依照《中华人民共和国土地管理法》有关规定办理农用地转用审批手续后，由城市、县人民政府城乡规划主管部门核发乡村建设规划许可证。

建设单位或者个人在取得乡村建设规划许可证后，方可办理用地审批手续。

（3）规划许可的变更

《城乡规划法》第四十二条和第四十三条规定，城乡规划主管部门不得在城乡规划确定的建设用地范围以外作出规划许可。

建设单位应当按照规划条件进行建设；确需变更的，必须向城市、县人民政府城乡规划主管部门提出申请。变更内容不符合控制性详细规划的，城乡规划主管部门不得批准。城市、县人民政府城乡规划主管部门应当及时将依法变更后的规划条件通报同级土地主管部门并公示。

建设单位应当及时将依法变更后的规划条件报有关人民政府土地主管部门备案。

（4）规划条件的核实

《城乡规划法》第四十五条规定，县级以上地方人民政府城乡规划主管部门按照国务院规定对建设工程是否符合规划条件予以核实。未经核实或者经核实不符合规划条件的，建设单位不得组织竣工验收。

建设单位应当在竣工验收后 6 个月内向城乡规划主管部门报送有关竣工验收资料。

二、城镇给水工程规划的规定

城镇给水工程规划法规是为了在城镇给水工程规划中贯彻执行《城乡规划法》《水法》和《环境保护法》，提高城镇给水工程规划编制质量，而主要对城镇水资源及城镇用水量、给水范围和规模、给水水质和水压、水源、给水系统、水厂和输配水等方面做出的一系列规定。体现了国家在给水工程中的技术经济政策，保证了城镇给水工程规划的先进性、合理性及经济性。

1. 城镇给水规划的原则

（1）城镇给水工程规划期限应与城镇总体规划期限一致

城镇给水工程规划期限一般为 20 年，城镇给水工程的规划期限应与城镇总体规划的期限相一致。

城镇给水工程规划应重视近期建设规划，且应适应城镇远景发展的需要。在规划水源地、地表水水厂、加压泵站等工程设施用地时，应节约用地，保护耕地。我国人口基数大，可耕地面积少，在规划中可以利用荒地不占用耕地，可以利用劣地不占用好地。

（2）城镇给水工程规划应与城镇排水工程规划相协调

城镇给水工程规划除应符合总体规划的要求外，还应与其他各项规划相协调。协调的内容包括城镇用水量和城镇排水量、水源地和城镇排水受纳体、水厂和污水处理厂厂址、给水管道和排水管道的管位等方面。

2. 城镇给水规划的内容

（1）水源选择

选择城镇给水水源应以水资源勘察或分析研究报告和区域、流域水资源规划及城镇供水水源开发利用规划为依据，并应满足各规划区城镇用水量和水质等方面的要求。在进行总体规划时应对水资源作充分的调查研究，以便尽可能使规划符合实际。确保水源水量和水质符合要求是水资源选择的首要条件，因此必须要有可靠的水源勘察或分析研究报告作为依据。

（2）城镇用水量与水资源量保持平衡

城镇给水工程统一供给的用水量应根据城镇的地理位置、水资源状况、城镇性质和规模、产业结构、国民经济发展和居民生活水平、工业回用水率等因素确定。

城镇水资源和城镇用水量之间应保持平衡，以确保城镇可持续发展。当城镇采用市域内本身的水资源时应编制水资源统筹和利用规划，达到城镇用水的供需平衡。《城市供水条例》第十条规定，编制城市供水水源开发利用规划，应当从城市发展的需要出发，并与水资源统筹规划和水长期供求规划相协调。

根据水资源的供需平衡分析，应提出保持平衡的对策，包括合理确定城镇规模和产业结构，并提出水资源保护措施。在水资源供需平衡的基础上应合理确定城镇规模和城镇产业结构。

（3）给水系统布局的框架

给水系统应在水质、水量和水压三个方面满足城镇的需求并应结合城镇具体情况合理布局。

规划城镇给水系统时，应合理利用城镇已建给水工程设施，进行统一规划。给水工程规划应充分发挥现有给水系统的能力，使新、老给水系统形成一个整体。

根据城镇水源状况、总体规划布局和用户对水质的要求，可采用分质给水系统。将原水分别经过不同处理后供给对水质要求不同的用户；分设城镇生活饮用水和水回用系统，将处理后达到水质要求的再生水供给相应的用户。

（4）给水系统位置与用地确定

给水系统中的工程设施不应设置在易发生滑坡、泥石流、塌陷等不良地质地区及洪水淹没和内涝低洼地区，地表水取水构筑物应设置在河岸及河床稳定的地段。工程设施的防洪及排涝等级不应低于所在城镇设防的相应等级。

地表水水厂的位置应根据给水系统的布局确定，应对水厂位置的确定做多方案的比较，宜选择在交通便捷以及供电安全可靠和水厂处置生产废水方便的地方，并考虑厂址所在地不受洪水威胁，有良好的工程地质条件，卫生环境好，利于设立防护带，少占良田等因素。

三、城镇排水工程规划的规定

城镇排水工程规划法规主要内容包括划定城镇排水范围、预测城镇排水量、确定排水体制、进行排水系统布局、确定处理后污水和污泥出路及处理程度、确定排水枢纽工程规划、建设规模和用地。

1. 城镇排水规划的原则

（1）城镇排水工程规划期限应与城镇总体规划期限一致

城镇排水工程规划期限与城镇总体规划期限应一致，规划目标的实现和提高城镇排水设施普及率及污水处理达标排放率不是一个短时期能解决的问题，需几个规划期才能完成。

（2）重视近期建设规划与远景发展的需要

城镇排水工程规划不仅要重视近期建设规划，还应考虑城镇远景发展的需要。近期建设规划要有一定的超前性，并应注意城镇排水系统的逐步形成，为城镇污水处理厂的建成、使用创造条件。城镇排水系统的布局也应具有弹性，为城镇远景发展留有余地。

（3）全面规划和布局合理

在排水工程规划中应对城镇所有雨、污水系统进行全面规划，合理布局排水设施。在城镇排水工程规划中，应保护城镇集中饮用水源、完善城镇排水系统、结合点源治理与集中治理、强化环境管理、污水资源化、引水冲污、科学排放污水。

（4）城镇排水工程规划与其他专业规划相协调

城镇排水工程规划应与给水工程、环境保护、道路交通、水系、防洪以及其他专业规划相协调。排水工程规划的污水量、污水处理程度和收纳水体及污水出口应与给水工程规划的用水量、再生水的水质、水量和水源地及其卫生防护区相协调。城镇排水工程规划的受纳水体与城镇水系规划，城镇防洪规划相关，应与城镇规划道路的布局和宽度相协调。

2. 城镇排水规划的内容

（1）确定城镇排水规划范围

城镇排水工程规划范围应与城镇总体规划范围一致。凡需要建设排水设施的地区均应进行排水工程规划，其中雨水汇水面积因受地形、分水线以及流域水系出流方向的影响，确定时需与城镇防洪、水系规划相协调，也可超出城镇规划范围。

当城镇污水处理厂或污水排出口设在城镇规划区范围以外时，应将污水处理厂或污水排出口及其连接的排水管渠纳入城镇排水工程规划范围。涉及邻近城镇时，应进行协调，统一规划。此外，位于城镇规划区范围以外的城镇，其污水需要接入规划城镇污水系统时，应进行统一规划。

（2）预测城镇排水量

城镇污水量即城镇全社会污水排放量，包括城镇给水工程统一供水的用户和自备水源供水用户排出的城镇综合生活污水量和工业废水量。像市政、公用设施及其他用水产生的少量污水，因其数量小和排除方式的特殊性无法进行统计，可忽略不计。

城镇雨水量计算要与城镇防洪、排涝系统规划相协调。城镇防洪、排涝系统是防止雨水径流危害城镇安全的主要工程设施，城镇防洪工程是解决外来雨洪对城镇的威胁，城镇排涝工程是解决城镇范围内雨水过多或超标准暴雨以及外来径流注入，城镇雨水工程无法解决而建造的规模较大的排水工程。

（3）确定排水体制与排水系统布局

1）确定排水体制。在城镇排水工程规划中，根据规划城镇的实际情况选择排水体制。

分流制排水系统是指当生活污水、工业废水和雨水、融雪水及其他废水用两个或两个以上的排水管渠来收集和输送时，称为分水制排水系统。经济好的城镇可以采用分流制，经济条件差而自身条件好的可采用部分分流制或部分合流制。分流制排水体制适用于新建城镇、扩建新区、新开发区或旧城改造地区的排水系统。

合流制排水系统在基建投资、维护管理等方面可显示出其优越性，缺点是增大了污水处理厂规模和污水的处理难度。

2）排水系统布局。城镇排水系统应根据城镇总体规划用地布局，结合城镇废水受纳体位置将城镇用地分为若干个分区进行排水系统布局，根据分区规模和废水受纳体分布，一个分区可以是一个排水系统，也可以是几个排水系统。

（4）处理污水和污泥

处理后符合标准的污水可作为工业用水、生活杂用水及河湖环境景观用水和农业灌溉用水等。未被利用的污水应经处理达标后排入城镇废水受纳体，受纳体包括水体和土地。城镇废水受纳体宜在城镇规划区范围内或跨区选择，应根据城镇性质、规模和城镇的地理位置、当地的自然条件，结合城镇的具体情况，经综合分析比较确定。

城镇污水处理厂污泥必须进行处置，综合利用、化害为利或采取其他措施减少对城镇环境的污染。达到《农用污泥污染物控制标准》要求的，可以用作农业肥料，但不宜用于蔬菜地和当年放牧的草地。符合《生活垃圾卫生填埋处理技术规范》要求的，城镇污水处理厂污泥可与城镇生活垃圾合并处置，也可另设填埋场单独处理，应经综合评价后确定。城镇综合生活污水与工业废水排入城镇污水系统的水质均应符合《污水排入城镇下水道水质标准》的要求。

（5）安排排水枢纽工程的位置、规模和用地

城镇排水枢纽工程主要包括排水管渠、排水泵站和污水处理厂。

排水管渠应以重力流为主，宜顺坡敷设，不设或少设排水泵站。当排水管遇有翻越高地、穿越河流、软土地基、长距离输送污水等情况，无法采用重力流或重力流不经济时，可采用压力流。

当排水系统中需要设置排水泵站时，排水泵站建设用地按建设规模、泵站性质确定，用地指标宜按雨水流量和建设规模确定。

污水处理厂位置应根据城镇污水处理厂的规划布局，按城镇的实际情况综合选择确定。城镇污水处理厂位置的选择宜符合下列要求：在城镇水系的下游并应符合供水水源防护要求；在城镇夏季最小频率风向的上风侧；与城镇规划居住、公共设施保持一定的卫生防护距离；靠近污水、污泥的排放和利用地段；应有方便的交通、运输和水电条件。

城镇污水工程规模和污水处理厂规模根据平均日污水量确定，城镇雨水工程规模根据城镇雨水汇水面积和暴雨强度确定。

第七节　工程案例分析

➤ **案例 2-1**
关联知识点：建设工程施工许可法律制度
【背景】

2021年2月4日，某房地产开发有限公司与某建设集团有限公司签订了建设工程施工合同，2021年2月26日取得该工程施工许可证。3月4日，某住建局工作人员踏勘现场时发现该项目14号楼、17号楼已建至第7层，16号楼已建至第4层，现场施工进度与常规施工进度不符，建设工程项目涉嫌在办理施工许可证之前就开工，遂立案调查。

【问题】

是否应对某房地产开发有限公司、某建设集团有限公司和直接责任人员进行处罚？

【分析】

本案例中，建设工程在取得施工许可证之前就开工，违反了《建筑工程施工许可管理办法》第三条第一款规定，应当申请领取施工许可证的建筑工程未取得施工许可证的，一律不得开工。

某房地产开发有限公司与某建设集团有限公司及直接责任人员违反《建筑工程施工许可管理办法》第三条第一款规定，应当承担相应的法律责任。

1. 关于某房地产开发有限公司处罚的法律规定

《中华人民共和国建筑法》第六十四条规定，违反本法规定，未取得施工许可证或者开工报告未经批准擅自施工的，责令改正，对不符合开工条件的责令停止施工，可以处以罚款。

2. 关于某建设集团有限公司处罚的法律规定

《建筑工程施工许可管理办法》第十二条规定，对于未取得施工许可证或者为规避办理施工许可证将工程项目分解后擅自施工的，由有管辖权的发证机关责令停止施工，限期改正，对建设单位处工程合同价款1%以上2%以下罚款；对施工单位处3万元以下罚款。

3. 关于直接责任人员处罚的法律规定

《建筑工程施工许可管理办法》第十五条第一款规定，依照本办法规定，给予单位罚款处罚的，对单位直接负责的主管人员和其他直接责任人员处单位罚款数额 5% 以上 10% 以下罚款。

【处理结果】

1. 根据《中华人民共和国建筑法》第六十四条规定，对建设单位某房地产开发有限公司处以施工合同价 1.5% 的罚款。

2. 根据《建筑工程施工许可管理办法》第十二条规定，对某建设集团有限公司处罚款15000 元。

3. 根据《建筑工程施工许可管理办法》第十五条第一款规定，分别对建设单位项目负责人和施工单位项目经理给予单位罚款数额 7.5% 的罚款。

➢ **案例 2-2**

关联知识点：建设工程从业单位资格许可制度

【背景】

2021 年，某住建局进行建筑业企业资质动态核查时发现，该市的一家施工总承包三级资质企业，在取得资质后，企业中的注册建造师、中级以上职称人员和技术工人等主要工作人员资质和数量不再满足企业资质标准要求条件。某住建局通报要求该企业限期整改三个月，但整改期届满后，该企业中级以上职称人员的专业、人数仍未达到资质标准要求的条件。

【问题】

案例中施工总承包企业的资质应当如何处理？

【分析】

《建筑业企业资质管理规定》（住房和城乡建设部令第 22 号）第二十八条规定，取得建筑业企业资质证书的企业，应当保持资产、主要人员、技术装备等方面满足相应建筑业企业资质标准要求的条件。企业不再符合相应建筑业企业资质标准要求条件的，县级以上地方人民政府住房城乡建设主管部门、其他有关部门，应当责令其限期改正并向社会公告，整改期限最长不超过 3 个月；企业整改期间不得申请建筑业企业资质的升级、增项，不能承揽新的工程；逾期仍未达到建筑业企业资质标准要求条件的，资质许可机关可以撤回其建筑业企业资质证书。

本案例中，施工企业整改期满后仍未达到建筑业企业资质标准要求条件，资质许可机关应该撤回其建筑业企业资质证书。

【处理结果】

某住建局通报资质动态核查不达标企业整改情况并抄送某市行政审批局，某市行政审批局依据通报文件，按照相关法律程序要求，公告撤回了该企业已取得的建筑工程施工总承包三级资质证书。

➢ **案例 2-3**

关联知识点：建设工程施工许可法律制度、建设工程从业单位资格许可制度、建设工程执业资格制度

【背景】

2022 年 1 月 3 日 18 时 55 分许，某在建医院分院培训综合楼边坡支护工程，在施工过程中突然发生山体滑坡，造成 14 名施工作业人员死亡、3 人受伤，直接经济损失达 2856.06

万元。经调查，发生事故的直接原因为边坡开挖改变了斜坡的地表形态和应力分布，降低了山体抗滑力，导致坡体失稳，形成滑坡。经调查建设单位在未申请施工许可证的情况下，组织相关单位进场施工；边坡设计单位存在超资质承接勘察设计业务的行为且该单位技术负责人存在证书挂靠的行为；施工单位施工项目存在多种安全隐患，项目经理工作执行不力。

【问题】

请分析案例中各建设主体存在的违法行为。

【分析】

1. 建设单位的违法行为

工程项目无施工许可证，建设单位组织相关单位进场施工，其行为违反了《建筑法》第七条规定。《建筑法》第七条规定，建筑工程开工前，建设单位应当按照国家有关规定向工程所在地县级以上人民政府建设行政主管部门申请领取施工许可证；但是，国务院建设行政主管部门确定的限额以下的小型工程除外。

建设单位将边坡勘察设计发包给资质不符合要求的单位，未委托有资质的第三方监测单位对边坡进行变形监测等问题，其行为违反了《建筑法》第二十二条规定。《建筑法》第二十二条规定，建筑工程实行招标发包的，发包单位应当将建筑工程发包给依法中标的承包单位。建筑工程实行直接发包的，发包单位应当将建筑工程发包给具有相应资质条件的承包单位。

2. 设计单位及技术负责人的违法行为

边坡设计单位超资质承接勘察设计业务，编制的边坡勘察报告深度不足，其行为违反了《建筑法》第二十六条规定。《建筑法》第二十六条规定，承包建筑工程的单位应当持有依法取得的资质证书，并在其资质等级许可的业务范围内承揽工程。禁止建筑施工企业超越本企业资质等级许可的业务范围或者以任何形式用其他建筑施工企业的名义承揽工程。禁止建筑施工企业以任何形式允许其他单位或者个人使用本企业的资质证书、营业执照，以本企业的名义承揽工程。

设计单位公司技术负责人长期不在公司上班，不履行职责，其行为违反了《建设工程勘察设计管理条例》第十条规定。《建设工程勘察设计管理条例》第十条规定，建设工程勘察、设计注册执业人员和其他专业技术人员只能受聘于一个建设工程勘察、设计单位；未受聘于建设工程勘察、设计单位的，不得从事建设工程的勘察、设计活动。

公司总经理在图纸上代签技术负责人姓名，并加盖技术负责人执业注册印章，技术负责人存在挂证行为等问题，其行为违反了《中华人民共和国安全生产法》（以下简称《安全生产法》）第五条和《建设工程质量管理条例》第十九条第二款的规定。《安全生产法》第五条规定，生产经营单位的主要负责人是本单位安全生产第一责任人，对本单位的安全生产工作全面负责。其他负责人对职责范围内的安全生产工作负责。《建设工程质量管理条例》第十九条第二款规定，注册建筑师、注册结构工程师等注册执业人员应当在设计文件上签字，对设计文件负责。

3. 施工单位的违法行为

培训综合楼建设项目未取得施工许可证的情况下，施工单位擅自施工，其行为违反了《建筑工程施工许可管理办法》第三条第一款的规定。《建筑工程施工许可管理办法》第三条第一款规定，本办法规定应当申请领取施工许可证的建筑工程未取得施工许可证的，一律不得开工。

施工项目存在多种安全隐患，项目经理工作执行不力，根据《建设工程安全生产管理条例》第五十八条规定，应该给予项目经理行政处罚。《建设工程安全生产管理条例》第五十八条规定，注册执业人员未执行法律、法规和工程建设强制性标准的，责令停止执业 3 个月以上 1 年以下；情节严重的，吊销执业资格证书，5 年内不予注册；造成重大安全事故的，终身不予注册；构成犯罪的，依照刑法有关规定追究刑事责任。

【处理结果】

对该市住建局等 11 家责任单位和 27 名相关责任人员进行追责问责。其中，党纪政务处分 22 人，诫勉 1 人、责令书面检查 4 人，移送司法机关审查起诉 3 人。其中闫某作为设计单位员工，给予其吊销注册土木工程师（岩土）证书，终身不予注册的行政处罚。吴某德为项目部项目经理，给予其吊销一级建造师注册证书，终身不予注册的行政处罚。边坡勘察设计单位处以吊销资质证书处罚。

➤ 案例 2-4

关联知识点：挂靠

【背景】

2015 年 7 月，张甲（受张乙委托）代表某承包公司与某发包公司签订《建设工程施工合同》，由某承包公司承揽工程项目。

2015 年 11 月，张甲（受张乙委托）与某承包公司签订合同，约定某承包公司从某发包公司处承揽的工程，由张乙组织施工，并授权张乙以某承包公司名义就工程量、价款等各类问题与某发包公司交涉，由张乙承担该承揽行为的最终盈亏；某承包公司需配合张乙以某承包公司名义对外进行交涉，并进行相应管理；某发包公司拨付的工程款，在到达某承包公司账户之日起，张乙可向某承包公司申请转付，除某承包公司 1% 的管理费及约定提留的税费外，其余款项在某承包公司监管下均拨付给张乙用于工程项目。

2017 年 11 月，在监理单位要求下某承包公司解除了张乙项目负责人的职务，张乙施工班组退场，某承包公司与某发包公司建设工程施工合同同时终止履行。

2018 年 1 月，张乙诉至法院，请求某承包公司、某发包公司向其支付尚欠的工程款及利息。

【问题】

1. 请分析张乙与某承包公司之间是转包还是挂靠行为。
2. 请分析张乙是否有权向某承包公司主张工程折价款。
3. 张乙向某发包公司主张工程款的行为是否会获得法院的支持。

【分析】

1. 关于张乙与某承包公司之间是转包还是挂靠的问题

挂靠和转包外观相似，但其合同目的不同、内容不同、相应的法律后果亦不相同，应当依法区分处理。具体可从发生时间、合同目的以及内部权利义务安排等不同角度加以区分。本案中张乙委托张甲代表某承包公司与某发包公司签订施工合同；张乙与某承包公司约定由张乙实际组织施工并负担盈亏，而某承包公司仅收取固定比例管理费；张乙并非某承包公司职工。应认定二者之间是"借用资质"的挂靠关系，该挂靠合同无效。因无证据证明某发包公司对该挂靠关系明知，故某发包公司的施工合同的相对人仍为某承包公司，该施工合同有效。

2. 关于张乙是否有权向某承包公司主张工程折价款的问题

挂靠合同的合同目的是"借用资质"，而非"承揽工程"。被挂靠人对挂靠人的合同义务是"出借资质"，而非支付"工程款"或者"工程折价款"。在挂靠合同内部，被挂靠人仅收取固定比例挂靠费，从发包人处承揽工程的最终风险、收益均归属挂靠人。此种收益，包括以被挂靠人名义从发包人处取得的工程款，故挂靠人有权要求被挂靠人将其从发包人处收到的工程款转付挂靠人；此种风险，也包括无法从发包人处取得工程款的风险，故在发包人未支付工程款的情况下，挂靠人无权依据挂靠合同，向被挂靠人主张工程折价款。

本案中，某承包公司从某发包公司处取得的案涉工程款尚有部分未转付给张乙，考虑到某承包公司对案涉工程提供了部分施工管理，某承包公司在扣除1‰管理费及约定代缴的税费后，应将剩余工程款转付张乙。某承包公司不是转包人，不负有向张乙支付建设工程折价款的义务。但张乙有权参照二者之间的挂靠协议约定，要求某承包公司将其从某发包公司处收到的工程款转付张乙。

3. 关于张乙是否有权向某发包公司主张工程款的问题

张乙与某发包公司无合同关系，张乙亦不属于《最高人民法院关于审理建设工程施工合同纠纷案件适用法律问题的解释（一）》第四十三条规定的实际施工人，故张乙无权直接向发包人某发包公司主张工程款。

但本案中，某发包公司的不当行为使得施工合同未能履行完毕，进而使得施工合同约定的付款条件不能成就，考虑到工程施工终止已四年有余，张乙施工项目已被某发包公司接收，某承包公司又在诉讼中明确表示同意在扣减管理费后由某发包公司直接向张乙支付未付的工程款。在此情况下，某发包公司就未向某承包公司支付的工程款中应归属张乙的部分，直接向张乙支付。

【处理结果】

法院二审判决某承包公司向张乙支付其从某发包公司已收取但尚未转付张乙的工程款，某发包公司向张乙支付其应向某承包公司支付的工程款中应最终归属张乙的款项。

➤ 　案例 2-5

关联知识点：取水许可制度、有偿使用制度

【背景】

四会市某水电有限公司运营的五间水电站在取水许可证到期时，未及时办理延续取水许可手续，2018 年 3 月 2 日，四会市水利局向该公司发出责令整改通知书。该公司在办理相关延期手续过程时，迟迟未能提供相关水资源论证资料，四会市水利局于 2019 年 6 月 12 日公告注销该公司运营的五间水电站的取水许可证。该公司在未重新办理取水许可证的情况下，至 2020 年 7 月 20 日继续取水发电并卖电给某公司供电局。

【问题】

请分析案例中的某水电有限公司的五间水电站未经批准擅自取水行为违反了哪些法律规定？

【分析】

某水电有限公司的五间水电站未经批准擅自取水行为违反了《水法》第四十八条、《广东省实施〈中华人民共和国水法〉办法》第三条和第二十一条和《取水许可和水资源费征收管理条例》第二条的规定。

《水法》第四十八条规定，直接从江河、湖泊或者地下取用水资源的单位和个人，应当按照国家取水许可制度和水资源有偿使用制度的规定，向水行政主管部门或者流域管理机构申请领取取水许可证，并缴纳水资源费，取得取水权。

《广东省实施〈中华人民共和国水法〉办法》第三条规定，水资源属于国家所有，依法实行取水许可制度和有偿使用制度。

《广东省实施〈中华人民共和国水法〉办法》第二十一条规定，利用取水工程或者设施直接从江河、湖泊、水库或者地下取用水资源的，应当向审批机关申请领取取水许可证。

《取水许可和水资源费征收管理条例》第二条规定，本条例所称取水，是指利用取水工程或者设施直接从江河、湖泊或者地下取用水资源。取用水资源的单位和个人，除本条例第四条规定的情形外，都应当申请领取取水许可证，并缴纳水资源费。

【处理结果】

被注销相关取水许可证后，该公司积极配合调查，采取补救措施办理相关水资源论证，并自觉补缴 2018 年和 2019 年度的水资源费，对社会危害程度轻微。依据《广东省水利厅关于行政处罚自由裁量权的适用规则》第九条的规定，对该公司的违法行为适用行政处罚裁量等次为从轻。根据《水法》第六十九条和《取水许可和水资源费征收管理条例》第四十八条的规定，四会市水利局责令该公司立即停止违法行为，限期 7 天以内采取补救措施，罚款 2万元。

➢ **案例 2-6**

关联知识点：水污染防治法律制度

【背景】

2023 年 2 月，丽水市生态环境局青田分局执法人员在瓯江沿岸开展巡查时，一处呈淡黄色的水域引起了执法人员的注意，且近距离查看时仍然有黄色废水不断排入，执法人员随即开展溯源工作，经摸排发现附近某项目工地正在进行施工作业，施工作业产生的废水穿过某公路下方的雨水涵洞后流经沟渠进入瓯江。执法人员分别对公路雨水涵洞进口、出口、废水流经沟渠与瓯江交汇处进行水质采样，监测结果显示水体中含有高浓度悬浮物。经过后续调查，该工地责任单位为某公司，由于现场施工作业面下移，导致施工废水无法有效收集处理，而公司负责人员疏于管理，麻痹大意，环境保护意识淡薄，未及时采取污染防治措施，任由施工废水排入瓯江污染水体，最终铸成大错被依法调查处理。

【问题】

请分析案例中工地责任单位的排污行为违反了哪些法律规定？

【分析】

该公司的行为违反了《水污染防治法》第三十九条、第八十三条第三款的规定。

《水污染防治法》第三十九条规定，禁止利用渗井、渗坑、裂隙、溶洞，私设暗管，篡改、伪造监测数据，或者不正常运行水污染防治设施等逃避监管的方式排放水污染物。

《水污染防治法》第八十三条第三款规定，违反本法规定，有下列行为之一的，由县级以上人民政府环境保护主管部门责令改正或者责令限制生产、停产整治，并处十万元以上一百万元以下的罚款；情节严重的，报经有批准权的人民政府批准，责令停业、关闭：利用渗井、渗坑、裂隙、溶洞，私设暗管，篡改、伪造监测数据，或者不正常运行水污染防治设施等逃避监管的方式排放水污染物的。

【处理结果】

根据《浙江省生态环境行政处罚裁量基准规定》，因施工时以规避监管方式排放水污染物，该公司被处以罚款16万元。

根据《中华人民共和国环境保护法》第六十三条的规定，企业事业单位和其他生产经营者有下列行为之一，尚不构成犯罪的，除依照有关法律法规规定予以处罚外，由县级以上人民政府环境保护主管部门或者其他有关部门将案件移送公安机关，对其直接负责的主管人员和其他直接责任人员，处十日以上十五日以下拘留；情节较轻的，处五日以上十日以下拘留：通过暗管、渗井、渗坑、灌注或者篡改、伪造监测数据，或者不正常运行防治污染设施等逃避监管的方式违法排放污染物的。因此，该案件将移送公安部门进一步处理。

思 政 小 结

施工许可证制度、工程建设从业单位资格许可制度、建设工程执业资格制度和水工程相关法律制度的实施，对维护和推进建设行业高质量发展发挥着重要作用。

施工许可证制度有助于建筑企业遵守建筑市场的法规和监管要求，有利于工程在安全、质量和环境保护方面达到规定标准，能够有效地防止不合法、不合规的建设施工活动存在。

工程建设从业单位资格许可制度的实施，鼓励建筑企业获得或提升资质等级。在竞争激烈的市场环境中，建筑企业能够展现出更高水平的技术、经验和管理能力，为项目提供更为优质的服务和成果。

建设工程执业资格制度的实施激励从业人员不断地学习专业知识，提升个人文化修养。个人执业资格的获得，使从业人员的职业能力保持着高标准，为行业的健康发展和社会的持续进步贡献力量。个人专业技能的提升有助于确保工程的质量和安全。

水工程相关法律制度的实施是国家加强水工程建设的一项重要措施，能够协调和平衡水资源供求关系，实现水资源永续利用的可靠保证。一方面是要保证政府发挥宏观调控的职能作用，监督规划、用水过程管理，保证用水资源正常供应，防治水污染；另一方面，能够提高全民节水意识，保护环境、降低现有水资源的浪费率。

本章体现的思政元素如下：

1. 法治观念

全面依法治国是中央战略布局四个全面之一。在思想政治教育中，引导学生形成尊重、学习、遵守法律并正确使用法律的意识。培养学生树立法治观念，认识到法律是维护社会秩序、保障公平正义的基石。

2. 环保意识

环境保护是生态文明建设的重要组成部分，通过节约用水，防止污染等措施促进生态系统的健康和稳定。引导学生提高环保意识，采用实际行动保护、热爱环境，形成绿色的生活方式。

3. 终身学习

在思想政治教育中，树立终身学习的意识，培养学生不断学习新知识、更新知识，提升技能，提高竞争力，增强适应社会的能力。

4. 文化修养

文化修养可以影响一个人的行为举止、价值观念和人际交往。在思想政治教育中，拥有较高的文化修养，能够使人更好地理解和尊重他人，遵循社会规范，建立积极的人际关系。引导学生提高文化素养，提升个人的综合素质，增强竞争力。

思 考 题

1. 请阐述施工许可证的申请主体和申请条件。
2. 不需要办理施工许可证的建设工程有哪些？
3. 请阐述建筑业企业资质证书的撤回、撤销和注销有何不同。
4. 简述不认定证书挂靠的六种情形。
5. 请阐述个人毕业后准备考取的注册证书类型。
6. 水资源利用的基本制度有哪些？
7. 请阐述水工程建设的相关规定。
8. 请阐述城镇排水与污水处理的相关规定。

第三章　建设工程发承包法律制度

学习目标

(1) 建设工程发包的方式和违法发包的判定；
(2) 建设工程承包的方式和违法分包、转包及挂靠的判定；
(3) 建设工程招标组织形式、招标方式和招标的程序；
(4) 建设工程投标的程序和联合体投标的规定。

第一节　建设工程发包法律制度

一、定义

建设工程发包是指建设工程的发包方（建设单位或总承包单位）将建设工程任务通过招标发包或直接发包的方式，交付给具有法定从业资格的单位完成，并按照合同约定支付报酬的行为。

二、方式

《建筑法》第十九条规定，建筑工程依法实行招标发包，对不适于招标发包的可以直接发包。

建设工程发包方式分为招标发包和直接发包。

1. 招标发包

建设工程招标发包是指发包方根据《中华人民共和国招标投标法》的规定事先制定招标文件，明确其承包工程的性质、内容、工期、质量等情况和要求，由愿意承包的单位递送标书，再由发包方从中择优选择工程承包方的交易方式。

建筑工程实行招标发包的，发包单位应当将建筑工程发包给依法中标的承包单位。国家发展和改革委员会 2018 年第 16 号令《必须招标的工程项目规定》中规定，必须招标的工程项目包括：

(1) 全部或者部分使用国有资金投资或者国家融资的项目。

1) 使用预算资金 200 万元人民币以上，并且该资金占投资额 10％以上的项目；

2) 使用国有企业事业单位资金，并且该资金占控股或者主导地位的项目。

(2) 使用国际组织或者外国政府贷款、援助资金的项目。

1) 使用世界银行、亚洲开发银行等国际组织贷款、援助资金的项目；

2) 使用外国政府及其机构贷款、援助资金的项目。

(3) 不属于前两项规定情形的大型基础设施、公用事业等关系社会公共利益、公众安全的项目，必须招标的具体范围由国务院发展改革部门会同国务院有关部门按照确有必要、严格限定的原则制订，报国务院批准。

(4) 本规定范围内的项目，其勘察、设计、施工、监理以及与工程建设有关的重要设备、材料等的采购达到下列标准之一的，必须招标：

1）施工单项合同估算价在 400 万元人民币以上；

2）重要设备、材料等货物的采购，单项合同估算价在 200 万元人民币以上；

3）勘察、设计、监理等服务的采购，单项合同估算价在 100 万元人民币以上。

同一项目中可以合并进行的勘察、设计、施工、监理以及与工程建设有关的重要设备、材料等的采购，合同估算价合计达到前款规定标准的，必须招标。

2. 直接发包

建设工程直接发包是指发包方与承包方直接进行协商，以约定工程建设的价格、工期和其他条件的交易方式。

建筑工程实行直接发包的，发包单位应当将建筑工程发包给具有相应资质条件的承包单位。

根据《中华人民共和国招标投标法》（以下简称《招标投标法》）第六十六条和《中华人民共和国招标投标法实施条例》（以下简称《招标投标法实施条例》）第九条规定，可以不进行招投标而直接发包的工程项目包括：

（1）涉及国家安全、国家秘密、抢险救灾或者属于利用扶贫资金实行以工代赈需要使用农民工等特殊情况；

（2）需要采用不可替代的专利或者专有技术；

（3）采购人依法能够自行建设、生产或者提供；

（4）已通过招标方式选定的特许经营项目投资人依法能够自行建设、生产或者提供；

（5）需要向原中标人采购工程、货物或者服务，否则将影响施工或者功能配套要求；

（6）国家规定的其他情形。

政府及其所属部门不得滥用行政权力，限定发包单位将招标发包的建筑工程发包给指定的承包单位。例如，在建工程追加的附属小型工程或主体加层工程，原中标人仍具备承包能力，并且其他人承担将影响施工或者功能配套要求，这种情况可以选用直接发包的方式。

三、违法发包

《建筑工程施工发包与承包违法行为认定查处管理办法》第六条规定，存在下列情形之一的，属于违法发包：

（1）建设单位将工程发包给个人的；

（2）建设单位将工程发包给不具有相应资质的单位的；

（3）依法应当招标未招标或未按照法定招标程序发包的；

（4）建设单位设置不合理的招标投标条件，限制、排斥潜在投标人或者投标人的；

（5）建设单位将一个单位工程的施工分解成若干部分发包给不同的施工总承包或专业承包单位的。

第二节　建设工程承包法律制度

一、定义

建设工程承包是指具有从事建筑活动的法定从业资格的单位，通过投标或其他方式，承揽建设工程任务，并按约定取得报酬的行为。

二、承包方式

建设工程的承包方式，即建筑工程承包与发包双方之间经济关系的形式，包括总承包、联合共同承包、分包等。

1. 总承包

《建筑法》第二十四条规定，提倡对建筑工程实行总承包，禁止将建筑工程肢解发包。建筑工程的发包单位可以将建筑工程的勘察、设计、施工、设备采购一并发包给一个工程总承包单位，也可以将建筑工程勘察、设计、施工、设备采购的一项或者多项发包给一个工程总承包单位；但是，不得将应当由一个承包单位完成的建筑工程肢解成若干部分发包给几个承包单位。

根据《房屋建筑和市政基础设施项目工程总承包管理办法》第三条、第十条和第十一条的规定，工程总承包是指承包单位按照与建设单位签订的合同，对工程设计、采购、施工或者设计等阶段实行总承包，并对工程的质量、安全、工期和造价等全面负责的工程建设组织实施方式。

工程总承包单位应当同时具有与工程规模相适应的工程设计资质和施工资质，或者由具有相应资质的设计单位和施工单位组成联合体。工程总承包单位应当具有相应的项目管理体系和项目管理能力、财务和风险承担能力，以及与发包工程相类似的设计、施工或者工程总承包业绩。

设计单位和施工单位组成联合体的，应当根据项目的特点和复杂程度，合理确定牵头单位，并在联合体协议中明确联合体成员单位的责任和权利。联合体各方应当共同与建设单位签订工程总承包合同，就工程总承包项目承担连带责任。

工程总承包单位不得是工程总承包项目的代建单位、项目管理单位、监理单位、造价咨询单位、招标代理单位。

工程总承包单位应当设立项目管理机构，设置项目经理，配备相应的管理人员，实现对工程总承包项目的有效管理控制。

2. 联合共同承包

《建筑法》第二十七条规定，大型建筑工程或者结构复杂的建筑工程，可以由两个以上的承包单位联合共同承包。共同承包的各方对承包合同的履行承担连带责任。两个以上不同资质等级的单位实行联合共同承包的，应当按照资质等级低的单位的业务许可范围承揽工程。

例如，甲、乙两个单位联合共同承包对外工程，单位甲的施工资质为施工总承包甲级，单位乙的施工资质为施工总承包乙级，该联合体的施工资质应按照施工总承包乙级核定对外承包资质。

联合共同承包是指由两个以上的单位共同组成非法人的联合体，以该联合体的名义承包某项建筑工程的承包形式。

在联合共同承包形式中，由参加联合的各承包单位共同组成的联合体作为一个单一的承包主体，与发包方签订承包合同，承担履行合同义务的全部责任。在联合体内部，则由参加联合体的各方以协议约定各自在联合承包中的权利、义务，包括联合体的管理方式及共同管理机构的产生办法、各方负责承担的工程任务的范围、利益分享与风险分担的办法等。

3. 分包

（1）定义

建设工程分包是指从事工程总承包的单位将所承包的建设工程的一部分依法发包给具有相应资质的承包单位的行为。

根据《建筑法》第二十九条第一款规定，建筑工程总承包单位可以将承包工程中的部分工程发包给具有相应资质条件的分包单位；但是，除总承包合同中约定的分包外，必须经建设单位认可。

《房屋建筑和市政基础设施工程施工分包管理办法》第七条规定，建设单位不能直接指定分包工程承包人。由该条款可知，对建设单位推荐的分包单位，总承包单位有权拒绝或采用。

（2）分类

建设工程分包分为专业工程分包与劳务作业分包。

专业工程分包是指施工总承包单位根据总承包合同的约定或者经建设单位的允许，将承包工程中的专业性较强的专业工程发包给具有相应资质的其他建筑业企业完成的活动。

劳务作业分包是指施工总承包企业或者专业承包企业将其承包工程中的劳务作业发包给劳务分包企业完成的活动。

《建筑法》第二十九条第三款规定，禁止总承包单位将工程分包给不具备相应资质条件的单位。禁止分包单位将其承包的工程再分包。

《房屋建筑和市政基础设施工程施工分包管理办法》第九条规定，专业工程分包除在施工总承包合同中有约定外，必须经建设单位认可。专业分包工程承包人必须自行完成所承包的工程。劳务作业分包由劳务作业发包人与劳务作业承包人通过劳务合同约定。劳务作业承包人必须自行完成所承包的任务。

由上述两个条款可知，专业分包单位不得再进行专业工程分包，专业分包单位可以将劳务作业全部再进行分包。

（3）违法分包

《建设工程质量管理条例》第七十八条规定，违法分包是指下列行为：

1）总承包单位将建设工程分包给不具备相应资质条件的单位的；

2）建设工程总承包合同中未有约定，又未经建设单位认可，承包单位将其承包的部分建设工程交由其他单位完成的；

3）施工总承包单位将建设工程主体结构的施工分包给其他单位的；

4）分包单位将其承包的建设工程再分包的。

（4）责任承担

《建筑法》第二十九条第二款规定，建筑工程总承包单位按照总承包合同的约定对建设单位负责；分包单位按照分包合同的约定对总承包单位负责。总承包单位和分包单位就分包工程对建设单位承担连带责任。

三、转包

承包单位的转包行为可能会导致工程质量下降，安全隐患增加，为确保建设工程的顺利进行和完成，法律明确禁止转包行为。

《建筑法》第二十八条规定，禁止承包单位将其承包的全部建筑工程转包给他人，禁止承包单位将其承包的全部建筑工程肢解以后以分包的名义分别转包给他人。

《建筑工程施工发包与承包违法行为认定查处管理办法》规定，存在下列情形之一的，应当认定为转包，但有证据证明属于挂靠或者其他违法行为的除外：

（1）承包单位将其承包的全部工程转给其他单位（包括母公司承接建筑工程后将所承接工程交由具有独立法人资格的子公司施工的情形）或个人施工的；

（2）承包单位将其承包的全部工程肢解以后，以分包的名义分别转给其他单位或个人施工的；

（3）施工总承包单位或专业承包单位未派驻项目负责人、技术负责人、质量管理负责人、安全管理负责人等主要管理人员，或派驻的项目负责人、技术负责人、质量管理负责人、安全管理负责人中一人及以上与施工单位没有订立劳动合同且没有建立劳动工资和社会养老保险关系，或派驻的项目负责人未对该工程的施工活动进行组织管理，又不能进行合理解释并提供相应证明的；

（4）合同约定由承包单位负责采购的主要建筑材料、构配件及工程设备或租赁的施工机械设备，由其他单位或个人采购、租赁，或施工单位不能提供有关采购、租赁合同及发票等证明，又不能进行合理解释并提供相应证明的；

（5）专业作业承包人承包的范围是承包单位承包的全部工程，专业作业承包人计取的是除上缴给承包单位"管理费"之外的全部工程价款的；

（6）承包单位通过采取合作、联营、个人承包等形式或名义，直接或变相将其承包的全部工程转给其他单位或个人施工的；

（7）专业工程的发包单位不是该工程的施工总承包或专业承包单位的，但建设单位依约作为发包单位的除外；

（8）专业作业的发包单位不是该工程承包单位的；

（9）施工合同主体之间没有工程款收付关系，或者承包单位收到款项后又将款项转拨给其他单位和个人，又不能进行合理解释并提供材料证明的。

两个以上的单位组成联合体承包工程，在联合体分工协议中约定或者在项目实际实施过程中，联合体一方不进行施工也未对施工活动进行组织管理的，并且向联合体其他方收取管理费或者其他类似费用的，视为联合体一方将承包的工程转包给联合体其他方。

四、挂靠

1. 定义

挂靠，是指单位或个人，在未取得相应资质的前提下，借用符合资质的施工企业的名义承揽施工任务并向该资质施工企业交纳相应"管理费"的行为。

《建筑法》第二十六条规定，承包建筑工程的单位应当持有依法取得的资质证书，并在其资质等级许可的业务范围内承揽工程。禁止建筑施工企业超越本企业资质等级许可的业务范围或者以任何形式用其他建筑施工企业的名义承揽工程。禁止建筑施工企业以任何形式允许其他单位或者个人使用本企业的资质证书、营业执照，以本企业的名义承揽工程。

2. 特点

（1）挂靠人没有从事建筑活动的主体资格，或者虽有从事建筑活动的资格，但没有具备与建设项目的要求相适应的资质等级；

（2）被挂靠的施工企业具有与建设项目的要求相适应的资质等级证书，但缺乏承揽该工程项目的实际能力；

（3）挂靠企业或者挂靠人向被挂靠的施工企业交纳一定数额的费用，而该被挂靠的施工企业也只是以企业的名义代为签订合同及办理各项手续，被挂靠的企业收取费用而不实施管理，或者所谓的管理仅仅停留在形式上，不承担技术、质量、经济责任等。

第三节　建设工程招标法律制度

一、定义

建设工程招标是指招标人就拟建的工程发布通告，用法定方式吸引建筑项目的承包单位参加竞争，进而通过法定程序从中选择条件优越者来完成工程建设任务的一种法律行为。

《招标投标法》第六条规定，依法必须进行招标的项目，其招标投标活动不受地区或者部门的限制。任何单位和个人不得违法限制或者排斥本地区、本系统以外的法人或者其他组织参加投标，不得以任何方式非法干涉招标投标活动。

《招标投标法》第八条规定，招标人是依照本法规定提出招标项目、进行招标的法人或者其他组织。

在建设工程中招标人主要是指建设单位、勘察设计单位、施工企业、建筑装饰装修单位、工程材料设备供应（采购）单位、工程总承包单位及工程咨询、监理单位等。

二、组织形式

招标的组织形式包括自行招标和委托招标。

1. 自行招标

自行招标是指招标人自身具有编制招标文件和组织评标能力，依法可以自行办理招标事宜。

根据《招标投标法》第十二条第二、三款规定，任何单位和个人不得强制其委托招标代理机构办理招标事宜。依法必须进行招标的项目，招标人自行办理招标事宜的，应当向有关行政监督部门备案。

2. 委托招标

委托招标是指招标人委托招标代理机构办理招标事宜。招标人不具备自行招标能力，或者不愿自行招标的，应当委托具有相应资格条件的专业招标代理机构，由其代理招标人进行招标。

《招标投标法》第十二条第一款规定，招标人有权自行选择招标代理机构，委托其办理招标事宜。任何单位和个人不得以任何方式为招标人指定招标代理机构。

招标代理机构是依法设立、从事招标代理业务并提供相关服务的社会中介组织。招标代理机构应当具有从事招标代理业务的营业场所和相应资金，还应具有能够编制招标文件和组织评标的相应专业力量。招标代理机构与行政机关和其他国家机关不得存在隶属关系或者其他利益关系。

三、招标方式

《招标投标法》第十条规定，招标分为公开招标和邀请招标。

公开招标，是指招标人以招标公告的方式邀请不特定的法人或者其他组织投标。邀请招标，是指招标人以投标邀请书的方式邀请特定的法人或者其他组织投标。

根据《招标投标法实施条例》第八条规定，有下列情形之一的，可以邀请招标：①技术复杂、有特殊要求或者受自然环境限制，只有少量潜在投标人可供选择；②采用公开招标方式的费用占项目合同金额的比例过大。

四、招标程序

1. 办理项目审批手续

《招标投标法》第九条规定，招标项目按照国家有关规定需要履行项目审批手续的，应当先履行审批手续，取得批准。招标人应当有进行招标项目的相应资金或者资金来源已经落实，并应当在招标文件中如实载明。

2. 准备招标基础工作

发布招标公告或投标邀请书前，招标人需要确定招标的组织形式和招标方式、明确项目划分的标段和工期，编制招标文件、标底并制定评标和定标办法。

《招标投标法》第十九条规定，招标人应当根据招标项目的特点和需要编制招标文件。招标文件应当包括招标项目的技术要求、对投标人资格审查的标准、投标报价要求和评标标准等所有实质性要求和条件以及拟签订合同的主要条款。国家对招标项目的技术、标准有规定的，招标人应当按照其规定在招标文件中提出相应要求。招标项目需要划分标段、确定工期的，招标人应当合理划分标段、确定工期，并在招标文件中载明。

标底的编制是工程招标中重要的环节之一，是评标、定标的重要参考。一个招标项目只能有一个标底，标底必须保密。招标人可以自行决定是否编制标底，标底由招标人自行编制或委托中介机构代理编制。招标项目编制标底的，应根据批准的初步设计、投资概算，依据有关计价办法，参照有关工程定额，结合市场供求状况，综合考虑投资、工期和质量等方面的因素合理确定。招标人设有最高投标限价的，应当在招标文件中明确最高投标限价或者最高投标限价的计算方法。招标人不得规定最低投标限价。

3. 发出招标公告或招标邀请书

（1）公开招标

《招标投标法》第十六条规定，招标人采用公开招标方式的，应当发布招标公告。依法必须进行招标的项目的招标公告，应当通过国家指定的报刊、信息网络或者其他媒介发布。招标公告应当载明招标人的名称和地址、招标项目的性质、数量、实施地点和时间以及获取招标文件的办法等事项。

（2）邀请招标

《招标投标法》第十七条第一款规定，招标人采用邀请招标方式的，应当向三个以上具备承担招标项目的能力、资信良好的特定的法人或者其他组织发出投标邀请书。

4. 审查投标单位资格

《工程建设项目施工招标投标办法》第十七条规定，资格审查分为资格预审和资格后审。资格预审，是指在投标前对潜在投标人进行的资格审查。资格后审，是指在开标后对投标人进行的资格审查。进行资格预审的，一般不再进行资格后审，但招标文件另有规定的除外。

《招标投标法实施条例》第十五条第二款和第十七条进一步规定，招标人采用资格预审办法对潜在投标人进行资格审查的，应当发布资格预审公告、编制资格预审文件。招标人应当合理确定提交资格预审申请文件的时间。依法必须进行招标的项目提交资格预审申请文件的时间，自资格预审文件停止发售之日起不得少于 5 日。

资格预审的程序如下：

（1）发布资格预审通告。

（2）发出资格预审文件。

根据《招标投标法实施条例》第二十二条规定，潜在投标人或者其他利害关系人对资格预审文件有异议的，应当在提交资格预审申请文件截止时间 2 日前提出。

（3）审查和评定潜在投标人的资格。

（4）发出预审合格通知书，通过资格预审的申请人少于 3 个的，应当重新招标。

采取资格后审的，招标人应当在招标文件中载明对投标人资格要求的条件、标准和方法。经资格后审不合格的投标人的投标应予否决。

5. 出售或分发招标文件及其必要的附件

《工程建设项目施工招标投标办法》第十五条规定，招标人应当按招标公告或者投标邀请书规定的时间、地点出售招标文件或资格预审文件。自招标文件或者资格预审文件出售之日起至停止出售之日止，最短不得少于 5 日。

资格审查合格的投标人在收到招标文件后，应认真核对，核对无误后应以书面形式予以确认。投标人购买招标文件的费用，无论中标与否都不予退还。

《工程建设项目施工招标投标办法》第三十一条规定，招标人应当确定投标人编制投标文件所需要的合理时间；但是，依法必须进行招标的项目，自招标文件开始发出之日起至投标人提交投标文件截止之日止，最短不得少于 20 日。

《招标投标法》第二十三条规定，招标人对已发出的招标文件进行必要的澄清或者修改的，应当在招标文件要求提交投标文件截止时间至少 15 日前，以书面形式通知所有招标文件收受人。该澄清或者修改的内容为招标文件的组成部分。

《招标投标法实施条例》第二十二条进一步规定，潜在投标人或者其他利害关系人对招标文件有异议的，应当在投标截止时间 10 日前提出。招标人应当自收到异议之日起 3 日内作出答复；作出答复前，应当暂停招标投标活动。

6. 组织踏勘现场并召开投标预备会

招标人组织投标人进行勘察现场的目的在于了解工程场地和周围环境情况，以获取投标人认为有必要的信息。为便于投标人提出问题并得到解答，勘察现场一般安排在投标预备会的前 1 至 2 天。招标人不得单独或者分别组织任何一个投标人进行现场踏勘。

投标人在勘察现场过程中如有疑问，应在投标预备会前以书面形式向招标人提出，但应给招标人留有解答的时间。

投标人在领取招标文件、图纸和有关技术资料及勘察现场提出的疑问，招标人可通过以下方式进行解答：

（1）收到投标人提出的疑问后，应以书面形式进行解答，并将解答同时送达所有获得招标文件的投标人；

（2）收到提出的疑问后，通过投标预备会进行解答，并以会议记录形式同时送达所有获得招标文件的投标人。

7. 开标并审查投标文件

开标是指在投标人提交投标文件后，招标人依据招标文件规定的时间和地点，开启投标人提交的投标文件，公开宣布投标人的名称、投标价格及其他主要内容的行为。

《招标投标法》第三十四条规定，开标应当在招标文件确定的提交投标文件截止时间的同一时间公开进行；开标地点应当为招标文件中确定的地点。

开标由招标人主持，邀请所有投标人参加，投标文件逾期送达的，招标人应当拒收。投标人少于3个的，不得开标；招标人应当重新招标。开标具体程序如下：

（1）检查投标文件的密封情况

投标人或者其推选的代表检查投标文件的密封情况，投标文件未按招标文件要求密封，招标人应当拒收。招标人签收投标人递交的投标文件，在开标当日且在开标地点递交的投标文件的签收应当填写投标文件报送签收一览表，由招标人专人负责接收投标人递交的投标文件。

（2）拆封审查无误的投标文件

招标人在招标文件要求提交投标文件的截止时间前收到的所有投标文件，开标时工作人员都应当当众予以拆封，不能遗漏，否则就构成对投标人的不公正对待。

（3）宣读投标文件的主要内容

招标人宣读投标人名称、投标价格和投标文件的其他主要内容。开标过程应当记录，并存档备查，以保证开标过程透明和公正，维护投标人的利益。

《招标投标法实施条例》第四十四条第三款规定，投标人对开标有异议的，应当在开标现场提出，招标人应当当场作出答复，并制作记录。

8. 评标

评标是指评标委员会按照规定的评标标准和方法，对各投标人的投标文件进行评价比较和分析，从中选出最佳投标人的过程。招标人应当采取必要的措施，保证评标在严格保密的情况下进行。

《招标投标法》第三十七条规定，依法必须进行招标的项目，其评标委员会由招标人的代表和有关技术、经济等方面的专家组成，成员人数为5人以上单数，其中技术、经济等方面的专家不得少于成员总数的2/3。与投标人有利害关系的人不得进入相关项目的评标委员会；已经进入的应当更换。评标委员会成员的名单在中标结果确定前应当保密。

《招标投标法》第三十九条规定，评标委员会可以要求投标人对投标文件中含义不明确的内容作必要的澄清或者说明，但是澄清或者说明不得超出投标文件的范围或者改变投标文件的实质性内容。

《招标投标法》第四十条第一款规定，评标委员会应当按照招标文件确定的评标标准和方法，对投标文件进行评审和比较；设有标底的，应当参考标底。

评标委员会经评审，认为所有投标都不符合招标文件要求的，可以否决所有投标。依法必须进行招标的项目的所有投标被否决的，招标人应当重新招标。

《工程建设项目施工招标投标办法》第五十条进一步规定，有下列情形之一的，评标委员会应当否决其投标：

（1）投标文件未经投标单位盖章和单位负责人签字；

（2）投标联合体没有提交共同投标协议；

（3）投标人不符合国家或者招标文件规定的资格条件；

（4）同一投标人提交两个以上不同的投标文件或者投标报价，但招标文件要求提交备选投标的除外；

（5）投标报价低于成本或者高于招标文件设定的最高投标限价；

（6）投标文件没有对招标文件的实质性要求和条件作出响应；

（7）投标人有串通投标、弄虚作假、行贿等违法行为。

9. 确定中标人并签订合同

《工程建设项目施工招标投标办法》第五十七条规定，评标委员会推荐的中标候选人应当限定在 1 至 3 人，并标明排列顺序。招标人应当接受评标委员会推荐的中标候选人，不得在评标委员会推荐的中标候选人之外确定中标人。

《招标投标法》第四十条第二款规定，招标人根据评标委员会提出的书面评标报告和推荐的中标候选人确定中标人。招标人也可以授权评标委员会直接确定中标人。

中标人的投标应当符合下列条件之一：

（1）能够最大限度地满足招标文件中规定的各项综合评价标准；

（2）能够满足招标文件的实质性要求，并且经评审的投标价格最低；但是投标价格低于成本的除外。

在确定中标人前，招标人不得与投标人就投标价格、投标方案等实质性内容进行谈判。中标人确定后，招标人应当向中标人发出中标通知书，并同时将中标结果通知所有未中标的投标人。中标通知书对招标人和中标人具有法律效力。中标通知书发出后，招标人改变中标结果的，或者中标人放弃中标项目的，应当依法承担法律责任。

招标人和中标人应当自中标通知书发出之日起 30 日内，按照招标文件和中标人的投标文件订立书面合同。招标人和中标人不得再行订立背离合同实质性内容的其他协议。招标文件要求中标人提交履约保证金的，中标人应当提交。

第四节　建设工程投标法律制度

一、定义

建设工程投标是指经过审查获得投标资格的投标人按照招标文件的要求，在规定的时间内向招标人填报投标书并争取中标的法律行为。

二、投标人

《招标投标法》第二十五条规定，投标人是响应招标、参加投标竞争的法人或者其他组织。

投标人应当具备承担招标项目的能力；国家有关规定对投标人资格条件或者招标文件对投标人资格条件有规定的，投标人应当具备规定的资格条件。

投标人应当具备的资格条件包括与招标文件要求相适应的人力、物力、财力，必须有符合招标文件要求的资质证书和相应的工程经验与业绩证明。

任何单位和个人不得违法限制或者排斥本地区、本系统以外的法人或者其他组织参加投标，不得以任何方式非法干涉招标投标活动。

《招标投标法实施条例》第三十四条进一步规定，与招标人存在利害关系可能影响招标公正性的法人、其他组织或者个人，不得参加投标。

单位负责人为同一人或者存在控股、管理关系的不同单位，不得参加同一标段投标或者未划分标段的同一招标项目投标。

投标人发生合并、分立、破产等重大变化的，应当及时书面告知招标人。投标人不再具备资格预审文件、招标文件规定的资格条件或者其投标影响招标公正性的，其投标无效。

三、投标文件

《招标投标法》第二十七条规定，投标人应当按照招标文件的要求编制投标文件。投标文件应当对招标文件提出的实质性要求和条件作出响应。招标项目属于建设施工的，投标文件的内容应当包括拟派出的项目负责人与主要技术人员的简历、业绩和拟用于完成招标项目的机械设备等。

四、投标程序

建设工程投标的一般程序如下：

1. 向招标人申报资格审查，提供有关文件资料

投标人在获悉招标公告或投标邀请后，应当按照招标公告或投标邀请书中所提出的资格审查要求，向招标人申报资格审查。

公开招标的资格审查一般按照招标人编制的资格预审文件进行。邀请招标一般是招标人对投标人按照投标邀请书的要求提交或出示的有关文件和资料进行验证，确认自己的经验和所掌握的有关投标人的情况是否可靠、有无变化。

2. 购领招标文件和有关资料，缴纳投标保证金

投标人经资格审查合格后，便可向招标人申购招标文件和有关资料，同时要缴纳投标保证金。

投标保证金是指投标人按照招标文件的要求向招标人出具的、以一定金额表示的投标责任担保。其实质是为避免投标人在投标有效期内随意撤回、撤销投标或中标后不能提交履约保证金和签署合同等行为而给招标人造成的损失。

投标人在投标截止时间前书面通知招标人撤回已提交投标文件的，招标人已收取投标保证金的，应当自收到投标人书面撤回通知之日起 5 日内退还。

投标截止后投标人撤销投标文件的，招标人可以不退还投标保证金。

《工程建设项目施工招标投标办法》第三十七条规定，招标人可以在招标文件中要求投标人提交投标保证金。投标保证金除现金外，可以是银行出具的银行保函、保兑支票、银行汇票或现金支票。

投标保证金不得超过项目估算价的 2%，但最高不得超过 80 万元人民币。投标保证金有效期应当与投标有效期一致。

3. 组织投标班子或委托投标代理人

投标班子一般应包括下列四类人员：

（1）经营管理类人员

这类人员是指专门从事工程承包经营管理，制定和贯彻经营方针与规划，负责投标工作全面筹划和具体决策的人员。

（2）专业技术类人员

这类人员是指从事各类专业工程技术的人员，如建筑师、监理工程师、结构工程师、造价工程师等。

（3）商务金融类人员

这类人员是指从事有关金融、贸易、财税、保险、会计、采购、合同、索赔等项工作的

人员。

（4）投标代理人

投标代理人不是必需的，其一般职责主要是向投标人传递并帮助分析招标信息，协助投标人办理、通过招标文件所要求的资格审查。

4. 参加踏勘现场和投标预备会

投标人进行现场踏勘的内容主要包括以下几个方面：①工程的范围、性质以及与其他工程之间的关系；②投标人参与投标的那一部分工程与其他承包商或分包商之间的关系；③现场地貌、地质、水文、气候、交通、电力、水源等情况，有无障碍物等；④进出现场的方式，现场附近有无食宿条件，料场开采条件，其他加工条件，设备维修条件等；⑤现场附近治安情况。

5. 编制投标文件

经过现场踏勘和投标预备会后，投标人可以着手编制投标文件。

《招标投标法》第二十九条规定，投标人在招标文件要求提交投标文件的截止时间前，可以补充、修改或者撤回已提交的投标文件，并书面通知招标人。补充、修改的内容为投标文件的组成部分。

6. 递送投标文件

《招标投标法》第二十八条规定，投标人应当在招标文件要求提交投标文件的截止时间前，将投标文件送达投标地点。招标人收到投标文件后，应当签收保存，不得开启。投标人少于3个的，招标人应当依照本法重新招标。

在招标文件要求提交投标文件的截止时间后送达的投标文件，招标人应当拒收。

7. 接受中标通知书，签订合同

经评标，投标人被确定为中标人后，应接受招标人发出的中标通知书并应在规定的时间和地点与招标人签订合同。

招标人最迟应当在书面合同签订后5日内向中标人和未中标的投标人退还投标保证金及银行同期存款利息。

五、联合体投标

《招标投标法》第三十一条规定，两个以上法人或者其他组织可以组成一个联合体，以一个投标人的身份共同投标。

联合体各方均应当具备承担招标项目的相应能力；国家有关规定或者招标文件对投标人资格条件有规定的，联合体各方均应当具备规定的相应资格条件。由同一专业的单位组成的联合体，按照资质等级较低的单位确定资质等级。

联合体各方应当签订共同投标协议，明确约定各方拟承担的工作和责任，并将共同投标协议连同投标文件一并提交招标人。联合体中标的，联合体各方应当共同与招标人签订合同，就中标项目向招标人承担连带责任。

招标人不得强制投标人组成联合体共同投标，不得限制投标人之间的竞争。

六、关于投标人不正当竞争行为的相关规定

《招标投标法》第三十二条和第三十三条规定，投标人不得相互串通投标报价，不得排挤其他投标人的公平竞争，损害招标人或者其他投标人的合法权益。

投标人不得与招标人串通投标，损害国家利益、社会公共利益或者他人的合法权益。

禁止投标人以向招标人或者评标委员会成员行贿的手段谋取中标。

投标人不得以低于成本的报价竞标，也不得以他人名义投标或者以其他方式弄虚作假，骗取中标。

第五节　工程案例分析

➢ 案例 3-1
关联知识点：转包

【背景】

2017 年 11 月 3 日，某电力集团有限公司将承包的某大道 10kV 及 0.4kV 架空入地及设备安装工程项目转包给了某服务公司。经住建局调查核实，某电力集团有限公司转包行为属实。

【问题】

请分析某电力集团有限公司的转包行为违反了哪些法律规定。

【分析】

《建筑法》第六十七条规定，承包单位将承包的工程转包的，或者违反本法规定进行分包的，责令改正，没收违法所得，并处罚款，可以责令停业整顿，降低资质等级；情节严重的，吊销资质证书。

《建设工程质量管理条例》第六十二条规定，违反本条例规定，承包单位将承包的工程转包或者违法分包的，责令改正，没收违法所得，对勘察、设计单位处合同约定的勘察费、设计费 25％以上 50％以下的罚款；对施工单位处工程合同价款 0.5％以上 1％以下的罚款；可以责令停业整顿，降低资质等级；情节严重的，吊销资质证书。

【处理结果】

住建局根据《建筑法》第六十七条和《建设工程质量管理条例》第六十二条规定，对某电力集团有限公司没收非法所得 31.96 万元，并按合同价 1％罚款 3.196 万元，合计人民币 35.156 万元的行政处罚。对某服务有限公司作出没收非法所得 22.96 万元的行政处罚。

➢ 案例 3-2
关联知识点：建设工程投标法律制度

【背景】

2023 年 3 月 1 日，某公司发布了年度第 2 批关于供应商不良行为处理情况的公告，共有 699 家企业被点名，其中有 672 家企业存在串标行为；10 家企业存在弄虚作假行为；17 家企业存在中标后弃标、不签订合同或不履行合同的行为。

1. 串标不良行为示例

（1）2022 年 12 月，某发电厂大石凹、周塬灰场的安全监测询价项目采购，陕西某测绘有限公司和陕西某地理信息有限公司应答文件作者一致，被认定为串标行为。

（2）2022 年 10 月，某电厂机组技术供水净水装置设备更换项目采购，广西某建设工程有限公司和广西某劳务有限公司报名联系人姓名、联系方式、身份证号码相同，被认定为串标行为。

（3）某公司 2023 年上半年 3 号机组粉煤灰销售及处置项目，某能源科技有限公司和广西某贸易有限公司文件下载 IP、硬盘信息、主板信息、网卡信息、CPU 信息完全一致，被认定为串标行为。

　　2. 弄虚作假不良行为示例

　　(1) 2023 年 1 月，某发电有限责任公司 3 台高厂变检修项目，某特变电工有限公司应答文件提供资质为承装（修、试）电力设施许可证承修类二级，评审小组在国家能源局资质和信用信息系统查询，该单位资质为承装（修、试）电力设施许可证承修类三级，存在资质造假行为。

　　(2) 2022 年 12 月，江苏某发电有限责任公司翻车机外委维护工程（2022-2025）项目，哈尔滨某制造有限公司提供的机电工程施工总承包三级资质，在全国建筑市场监管公共服务平台及地方平台查无此证，存在弄虚作假行为。

　　3. 中标后弃标、不签订合同或不履行合同不良行为示例

　　(1) 2022 年 6 月，某厂 2021 年废旧残料物资处置竞拍项目，某再生资源有限公司中标后拒不签订合同。

　　(2) 2022 年 7 月，某新能源有限公司闪电河风电场一期风机变流器远程监控系统改造项目，宁夏某风电工程技术服务有限公司无正当理由拒绝履行合同。

【问题】

　　请分析案例中供应商的投标不良行为违反了哪些法律规定。

【分析】

　　1. 关于串标不良行为的法律规定

　　《招标投标法》第五十三条规定，投标人相互串通投标或者与招标人串通投标的，投标人以向招标人或者评标委员会成员行贿的手段谋取中标的，中标无效，处中标项目金额千分之五以上千分之十以下的罚款，对单位直接负责的主管人员和其他直接责任人员处单位罚款数额百分之五以上百分之十以下的罚款；有违法所得的，并处没收违法所得；情节严重的，取消其一年至二年内参加依法必须进行招标的项目的投标资格并予以公告，直至由工商行政管理机关吊销营业执照；构成犯罪的，依法追究刑事责任。给他人造成损失的，依法承担赔偿责任。

　　2. 关于弄虚作假不良行为的法律规定

　　《招标投标法》第五十四条规定，投标人以他人名义投标或者以其他方式弄虚作假，骗取中标的，中标无效，给招标人造成损失的，依法承担赔偿责任；构成犯罪的，依法追究刑事责任。

　　3. 关于中标后弃标、不签订合同或不履行合同不良行为的法律规定

　　《招标投标法》第六十条规定，中标人不履行与招标人订立的合同的，履约保证金不予退还，给招标人造成的损失超过履约保证金数额的，还应当对超过部分予以赔偿；没有提交履约保证金的，应当对招标人的损失承担赔偿责任。中标人不按照与招标人订立的合同履行义务，情节严重的，取消其二年至五年内参加依法必须进行招标的项目的投标资格并予以公告，直至由工商行政管理机关吊销营业执照。

【处理结果】

　　1. 对于串标不良行为，某公司决定全系统无限期取消相关企业的采购活动参与资格。

　　2. 对于弄虚作假不良行为，某公司决定全系统取消相关企业的采购活动参与资格 3 年。

3. 对于中标后弃标、不签订合同或不履行合同的不良行为，某公司决定全系统取消相关企业采购活动参与资格 2 年。

➢ **案例 3-3**

关联知识点：评标、中标

【背景】

2022 年 5 月，在某新经济产业园标准厂房和配套工程设计项目招标中，李某请"黄牛掮客"刘某某帮忙运作谋取中标，并提供人民币 15 万元资金。2022 年 6 月，刘某某利用担任其他项目招标人代表的便利进入该项目评标室向评标专家黄某、汤某、许某某打招呼，为李某指定的投标企业打高分，该投标企业最终顺利中标。事后，评标专家黄某收受好处费人民币 3 万元，汤某、许某某各收受好处费人民币 2 万元。开标结束后，监管部门收到举报线索，反映该招标项目评标委员会成员收受他人好处并帮助李某谋取中标。2022 年 10 月，经住房和城乡建设局调查核实，"黄牛掮客"刘某某串通评标专家帮助李某谋取中标行为属实。

【问题】

1. 李某的中标结果是否有效？

2. 请分析案例中评标委员会成员和刘某某违反了哪些法律规定。

【分析】

1. 关于中标结果法律效力的规定

本案例中，刘某某串通评标专家帮助李某谋取中标行为违反了《招标投标法》第六十四条规定，因此李某的中标结果无效。

《招标投标法》第六十四条规定，依法必须进行招标的项目违反本法规定，中标无效的，应当依照本法规定的中标条件从其余投标人中重新确定中标人或者依照本法重新进行招标。

2. 关于评标委员会成员违反的法律规定

本案例中，评标委员会成员收受投标人钱财的行为违反了《招标投标法》第五十六条规定。

《招标投标法》第五十六条规定，评标委员会成员收受投标人的财物或者其他好处的，评标委员会成员或者参加评标的有关工作人员向他人透露对投标文件的评审和比较、中标候选人的推荐以及与评标有关的其他情况的，给予警告，没收收受的财物，可以并处三千元以上五万元以下的罚款，对有所列违法行为的评标委员会成员取消担任评标委员会成员的资格，不得再参加任何依法必须进行招标的项目的评标；构成犯罪的，依法追究刑事责任。

3. 关于刘某某违反的法律规定

本案例中，刘某某的行为违反了《招标投标法》第六十三条规定。

《招标投标法》第六十三条规定，对招标投标活动依法负有行政监督职责的国家机关工作人员徇私舞弊、滥用职权或者玩忽职守，构成犯罪的，依法追究刑事责任；不构成犯罪的，依法给予行政处分。

【处理结果】

1. 2022 年 9 月，该项目招标人依法作出取消中标结果的决定。

2. 2022 年 11 月，住房和城乡建设局依法对评标专家黄某、汤某、许某某各处人民币 3 万元罚款并取消评标专家资格，没收非法所得合计人民币 7 万元。

3. 刘某某因犯非国家工作人员受贿罪被法院判处有期徒刑 2 年零 4 个月。

➤ **案例 3-4**

关联知识点：建设工程招标法律制度

【背景】

2019 年 4 月，某投资有限公司将经济技术开发区农村生活污水整治工程，肢解成 1 号安置地 A 区、1 号安置地 B 区、灯笼桥片区等 15 个子项目，未经招标程序，直接发包给施工单位。经某市经济技术开发区经济发展和科技创新局调查，某投资有限公司存在规避招标的行为。

【问题】

请分析某投资有限公司规避招标的行为违反了哪些法律规定。

【分析】

根据《必须招标的工程项目规定》第二至四条规定，经济技术开发区农村生活污水整治工程属于必须招标的工程项目。本案例属于将必须进行招标的项目以化整为零的方式规避招标。某投资有限公司违反了《招标投标法》第四十九条规定。

《招标投标法》第四十九条规定，违反本法规定，必须进行招标的项目而不招标的，将必须进行招标的项目化整为零或者以其他任何方式规避招标的，责令限期改正，可以处项目合同金额千分之五以上千分之十以下的罚款；对全部或者部分使用国有资金的项目，可以暂停项目执行或者暂停资金拨付；对单位直接负责的主管人员和其他直接责任人员依法给予处分。

【处理结果】

2021 年 7 月，某市经济技术开发区经济发展和科技创新局依法对某投资有限公司处予 35.7 万元罚款。

思 政 小 结

建设工程发承包法律制度和建设工程招标投标法律制度的实施为承包人、发包人和其他相关方提供了法律保障和指导，能够确保发承包行为和程序合规合法，招标投标过程公平公正，有助于防止不正当手段、不公平竞争行为的出现和腐败的产生。

建设工程发承包法律制度和建设工程招标投标法律制度的实施还有利于选取最具有竞争力的承包商和供应商，激励投标人提供更优质的方案和服务，从而提高工程项目的整体质量。通过规范各参与方的行为，降低违规风险，避免不必要的法律纠纷。

本章体现的思政元素如下：

1. 职业道德

树立正确的职业道德观念，培养学生遵守行业内的道德准则和行为准则，在面临职业道德决策时能够正确判断，明辨是非，坚守住职业道德底线。

2. 廉洁自律

在思想政治教育中，强调廉洁自律对于个人和社会的价值，引导学生重视腐败和不正当行为产生的后果，培养学生形成拒腐防变的能力。

3. 公平正义

公平正义是思想政治教育追求的目标导向，体现了社会和谐的本质诉求。引导学生认识到资源分配应公平合理，鼓励他们在个人行为和社会参与中秉持公正的态度，避免偏见和歧视。

4. 竞争意识

在思想政治教育中，鼓励自由竞争，引导学生了解市场经济的运作机制，通过自由竞争激发创新，提高生产效率，提升产品质量和服务，降低成本，满足多样化的消费需求。培养学生创新精神和市场拓展能力。

思 考 题

1. 简述必须招标的工程项目有哪些。
2. 简述违法发包的情形有哪些。
3. 举例说明建设工程转包和挂靠的区别。
4. 简述建设工程招标程序。
5. 简述建设工程投标程序。

第四章　建设工程合同法律制度

⬇ 学习目标

(1) 合同订立的方式、成立和缔约过失责任的规定；

(2) 合同的生效、无效、效力待定和可撤销合同的规定；

(3) 合同履行原则和抗辩权的规定；

(4) 合同变更和转让的规定；

(5) 合同权力义务终止和解除的规定；

(6) 承担合同违约责任的基本形式。

《民法典》合同编规定，本编调整因合同产生的民事关系。合同是民事主体之间设立、变更、终止民事法律关系的协议。

合同具有以下法律特征：①合同是一种民事法律行为；②合同是两个以上法律地位平等的当事人意思表示一致的协议；③合同以产生、变更或终止债权债务关系为目的。

在建设工程领域中，各建设主体之间签订的合同通常属于债权合同，主要包括建设工程勘察合同、建设工程设计合同、建设工程施工合同、建设工程材料和设备供货等合同。这些工程合同适用于《民法典》合同编的相关法律规定。

第一节　合同的订立

合同的订立是指缔约当事人进行意思表示并达成合意而成立合同的过程。合同的订立通常由"订"和"立"两个阶段组成。在"订"阶段，缔约各方进行接触、洽商，并在最终达成协议之前进行整个讨价还价过程，这一阶段主要包括要约和要约邀请等方式。在"立"阶段，缔约双方已经就合同主要条款达成一致意见，各方确定权利和义务内容，这一阶段主要包括承诺等方式。

合同的订立过程是非常重要的，它确保各方之间的权益得到保障，要合法有效的订立合同，双方必须在订立过程中明确、自愿地达成一致意见。

一、合同订立的形式和内容

1. 订立形式

《民法典》第四百六十九条规定，当事人订立合同，可以采用书面形式、口头形式或者其他形式。书面形式是合同书、信件、电报、电传、传真等可以有形地表现所载内容的形式。以电子数据交换、电子邮件等方式能够有形地表现所载内容，并可以随时调取查用的数据电文，视为书面形式。

书面合同能够方便取证、明确约定、强制执行，并便于审查，有助于保障建设工程合同各方的权益，降低纠纷风险，促进合同的顺利履行和工程的顺利进行。由于建设工程类合同周期长、金额多、涉及的工程复杂，而且在执行过程中可能会出现各种问题和纠纷，因此，建设工程合同应当采用书面形式。

2. 合同内容

《民法典》第四百七十条规定，合同的内容由当事人约定，一般包括当事人的姓名或者名称和住所；标的；数量；质量；价款或者报酬；履行期限、地点和方式；违约责任；解决争议的方法等条款。

在建设工程类合同中，除了以上《民法典》第四百七十条规定的合同内容外，还应包括特定于建设工程的内容。例如工程范围；工期和开竣工时间；工程造价；工程质量和安全的要求；工程款的支付和结算要求；双方的权利和义务内容；违约责任和解决争议等内容。

二、合同订立的方式

《民法典》第四百七十一条规定，当事人订立合同，可以采取要约、承诺方式或者其他方式。

1. 要约

（1）定义

要约也称发价。《民法典》第四百七十二条规定，要约是希望与他人订立合同的意思表示，该意思表示应当符合下列条件：①内容具体确定；②表明经受要约人承诺，要约人即受该意思表示约束。

发出要约的人称为要约人，接受要约的人称为受要约人。在建设工程招投标活动中，投标文件属于要约，投标人受到自己作出的与招标人订立合同的意思表示约束。

（2）要约邀请

要约邀请又称为要约引诱。《民法典》第四百七十三条规定，要约邀请是希望他人向自己发出要约的表示。拍卖公告、招标公告、招股说明书、债券募集办法、基金招募说明书、商业广告和宣传、寄送的价目表等为要约邀请。商业广告和宣传的内容符合要约条件的，构成要约。

要约邀请处于合同的准备阶段，没有法律约束力。在建设工程招投标活动中，招标公告属于要约邀请，对招标人不具有合同约束力。

（3）要约生效

要约的生效是指要约产生法律效力，对发出要约的人产生拘束力。要约到达受要约人时生效。

《民法典》第一百三十七条规定，以对话方式作出的意思表示，相对人知道其内容时生效。以非对话方式作出的意思表示，到达相对人时生效。以非对话方式作出的采用数据电文形式的意思表示，相对人指定特定系统接收数据电文的，该数据电文进入该特定系统时生效；未指定特定系统的，相对人知道或者应当知道该数据电文进入其系统时生效。当事人对采用数据电文形式的意思表示的生效时间另有约定的，按照其约定。

（4）要约撤回

要约撤回是指要约在发生法律效力前，要约人欲使其不发生法律效力而取消要约的意思表示。要约的撤回确保要约人有权在要约生效前改变自己的意愿，从而维护其自主性和选择权。

《民法典》第一百四十一条规定，行为人可以撤回意思表示。撤回意思表示的通知应当在意思表示到达相对人前或者与意思表示同时到达相对人。

（5）要约撤销

要约撤销是指要约生效后，要约人欲使其丧失法律效力而取消该要约的意思表示。

《民法典》第四百七十六条规定，要约可以撤销，但是有下列情形之一的除外：①要约人以确定承诺期限或者其他形式明示要约不可撤销；②受要约人有理由认为要约是不可撤销的，并已经为履行合同做了合理准备工作。

《民法典》第四百七十七条规定，撤销要约的意思表示以对话方式作出的，该意思表示的内容应当在受要约人作出承诺之前为受要约人所知道；撤销要约的意思表示以非对话方式作出的，应当在受要约人作出承诺之前到达受要约人。

（6）要约失效

要约失效是指要约在一定条件下或特定情况下失去法律效力，无法再产生合同关系。要约的失效有时可能会导致一方的损失或不便，因此在要约的发出和处理过程中，要注意确保要约的有效性，避免造成不必要的法律问题。

《民法典》第四百七十八条规定，有下列情形之一的，要约失效：①要约被拒绝；②要约被依法撤销；③承诺期限届满，受要约人未作出承诺；④受要约人对要约的内容作出实质性变更。

在受要约人回复时，对要约的内容作出实质性变更的，视为新要约，原要约失效。

2. 承诺

（1）定义

《民法典》第四百七十九条和第四百八十条规定，承诺是受要约人同意要约的意思表示。承诺应当以通知的方式作出；但是，根据交易习惯或者要约表明可以通过行为作出承诺的除外。

（2）构成要件

承诺应当具备以下要件：

1）承诺必须由受要约人作出；

2）承诺必须向要约人作出；

3）承诺的内容必须与要约的内容一致。

根据《民法典》第四百八十八条规定，受要约人对要约的内容作出实质性变更的，为新要约。有关合同标的、数量、质量、价款或者报酬、履行期限、履行地点和方式、违约责任和解决争议方法等的变更，是对要约内容的实质性变更。

例如，甲施工企业要购买一批水泥，乙水泥厂发送了材料价目表给甲施工企业，甲施工企业决定购买。乙水泥厂收到邮件后回复，因材料价格波动，水泥价格上涨5%，其余内容均无异议，如甲施工企业同意新价格，即可签订合同。乙水泥厂回复的邮件更改了水泥价格，要约的内容发生了实质性的变更，因此属于新要约。

承诺对要约的内容作出非实质性变更的，除要约人及时表示反对或者要约表明承诺不得对要约的内容作出任何变更外，该承诺有效，合同的内容以承诺的内容为准。

（3）承诺的到达和生效

《民法典》第四百八十一条规定，承诺应当在要约确定的期限内到达要约人。要约没有确定承诺期限的，承诺应当依照下列规定到达：①要约以对话方式作出的，应当即时作出承诺；②要约以非对话方式作出的，承诺应当在合理期限内到达。

根据《民法典》第四百八十四条规定，以通知方式作出的承诺，生效的时间适用本法第一百三十七条的规定。承诺不需要通知的，根据交易习惯或者要约的要求作出承诺的行为时生效。

可见，承诺生效的时间与要约生效的时间均适用《民法典》第一百三十七条规定，相关法律规定请参见要约生效这一部分内容。

（4）承诺的撤回

《民法典》第四百八十五条规定，承诺可以撤回。

承诺的撤回与要约的撤回均适用《民法典》第一百四十一条的规定，相关法律规定请参见要约撤回这一部分内容。

承诺只可以撤回，不可以撤销。

（5）承诺超期

承诺超期是指受要约人主观上超过承诺期限发出承诺导致承诺迟延到达要约人。

《民法典》第四百八十六条规定，受要约人超过承诺期限发出承诺，或者在承诺期限内发出承诺，按照通常情形不能及时到达要约人的，为新要约；但是，要约人及时通知受要约人该承诺有效的除外。

（6）承诺延误

承诺延误是指受要约人发出的承诺由于外界原因而迟延到达要约人。

《民法典》第四百八十七条规定，受要约人在承诺期限内发出承诺，按照通常情形能够及时到达要约人，但是因其他原因致使承诺到达要约人时超过承诺期限的，除要约人及时通知受要约人因承诺超过期限不接受该承诺外，该承诺有效。

三、合同的成立

《民法典》第五百零二条第一款规定，依法成立的合同，受法律保护。依法成立的合同，仅对当事人具有法律约束力，但是法律另有规定的除外。

1. 成立的时间

《民法典》第四百八十三条规定，承诺生效时合同成立，但是法律另有规定或者当事人另有约定的除外。

《民法典》第四百九十条规定，当事人采用合同书形式订立合同的，自当事人均签名、盖章或者按指印时合同成立。在签名、盖章或者按指印之前，当事人一方已经履行主要义务，对方接受时，该合同成立。法律、行政法规规定或者当事人约定合同应当采用书面形式订立，当事人未采用书面形式但是一方已经履行主要义务，对方接受时，该合同成立。

《民法典》第四百九十一条规定，当事人采用信件、数据电文等形式订立合同要求签订确认书的，签订确认书时合同成立。当事人一方通过互联网等信息网络发布的商品或者服务信息符合要约条件的，对方选择该商品或者服务并提交订单成功时合同成立，但是当事人另有约定的除外。

根据上述规定，一般情况下，承诺生效的时间为合同成立的时间。如果当事人签订书面合同的，自当事人均签名、盖章或者按指印时合同成立。如果是数据、电文合同，一般是自签订确认书时合同成立。

2. 成立的地点

《民法典》第四百九十二条和第四百九十三条规定，承诺生效的地点为合同成立的地点。采用数据电文形式订立合同的，收件人的主营业地为合同成立的地点；没有主营业地的，其住所地为合同成立的地点。当事人另有约定的，按照其约定。当事人采用合同书形式订立合同的，最后签名、盖章或者按指印的地点为合同成立的地点，但是当事人另有约定的除外。

合同中约定的交付地点、付款地点等属于合同履行地点。合同的履行地点与成立地点不一定相同，在合同订立时，合同当事人应当清楚地规定合同成立的地点以及合同履行的地点，以免产生误解或纠纷。

四、格式条款

《民法典》第四百九十六条规定，格式条款是当事人为了重复使用而预先拟定，并在订立合同时未与对方协商的条款。

采用格式条款订立合同的，提供格式条款的一方应当遵循公平原则确定当事人之间的权利和义务，并采取合理的方式提示对方注意免除或者减轻其责任等与对方有重大利害关系的条款，按照对方的要求，对该条款予以说明。提供格式条款的一方未履行提示或者说明义务，致使对方没有注意或者理解与其有重大利害关系的条款的，对方可以主张该条款不成为合同的内容。

格式条款无效的情形分为下列三种：

① 符合民事法律行为无效一般规定的格式条款无效；

② 不合理免除或减轻己方责任、加重对方责任、限制对方主要权利的格式条款无效；

③ 排除对方主要权利的格式条款无效。

《民法典》第四百九十八条规定，对格式条款的理解发生争议的，应当按照通常理解予以解释。对格式条款有两种以上解释的，应当作出不利于提供格式条款一方的解释。格式条款和非格式条款不一致的，应当采用非格式条款。

五、缔约过失责任

缔约过失责任，也称为先契约责任或者缔约过失中的损害赔偿责任，是指在合同订立过程中，一方违背诚实信用原则和法律规定所承担的义务致另一方的信赖利益遭受损失时，应承担损害赔偿责任。

《民法典》第五百条和第五百零一条规定，当事人在订立合同过程中有下列情形之一，造成对方损失的，应当承担赔偿责任：①假借订立合同，恶意进行磋商；②故意隐瞒与订立合同有关的重要事实或者提供虚假情况；③有其他违背诚信原则的行为。

当事人在订立合同过程中知悉的商业秘密或者其他应当保密的信息，无论合同是否成立，不得泄露或者不正当地使用；泄露、不正当地使用该商业秘密或者信息，造成对方损失的，应当承担赔偿责任。

为了避免出现缔约过失责任，缔约双方在签订合同时应提供真实、准确的信息，认真阅读合同条款，明确约定双方权利义务，提供准确信息，诚信合作，保留相关证据，及时协商解决问题。

第二节　合同的效力

一、合同生效

1. 生效时间

合同生效时间是指合同具备法律效力并开始产生约束力的时间点。

《民法典》第五百零二条规定，依法成立的合同，自成立时生效，但是法律另有规定或者当事人另有约定的除外。

2. 生效条件

合同生效一般应具备以下几个条件：

（1）行为人具有相应的民事权利能力和民事行为能力。

（2）意思表示真实。

（3）不违反法律、行政法规的强制性规定，不违背公序良俗。

3. 合同生效与合同成立的区别

（1）合同的成立取决于当事人双方的意志，体现的是合同自由原则，合同能否生效则要取决于是否符合国家法律的要求，体现的是合同守法原则。

（2）合同成立属于合同订立阶段，是要约和承诺阶段的终结，而合同生效是在合同订立终结后，开始实现合同目的，开始履行合同义务，处于履行阶段。

（3）合同的成立责任为缔约过失责任，合同的生效责任为违约责任。

二、无效合同

1. 定义

无效合同是指合同内容或形式违反了法律、行政法规的强制性规定或侵害了社会公共利益，进而不能产生法律约束力，不受法律保护的合同。

2. 免责条款

合同免责条款是指在合同中约定一方或双方在特定情况下免除责任或责任范围的条款。免责条款通常用于规定在一些不可抗力或特定情况下，当事人不承担因此产生的责任或损失。免责条款的目的是降低当事人因特定风险或事件而导致的法律责任，保障其在特殊情况下不会因为无法履行合同或产生损失而被追究责任。

尽管有免责条款的存在，但这并不意味着当事人可以完全逃避责任。免责条款的效力受到法律的约束。因此，在设计和使用免责条款时，应当遵守相关法律规定，并确保其合法合规，以免引发争议或法律纠纷。

《民法典》第五百零六条规定，合同中的下列免责条款无效：①造成对方人身损害的；②因故意或者重大过失造成对方财产损失的。

3. 建设工程合同无效的情形

《最高人民法院关于审理建设工程施工合同纠纷案件适用法律问题的解释（一）》第一条规定，建设工程施工合同具有下列情形之一的，应当依据民法典第一百五十三条第一款的规定，认定无效：①承包人未取得建筑业企业资质或者超越资质等级的；②没有资质的实际施工人借用有资质的建筑施工企业名义的；③建设工程必须进行招标而未招标或者中标无效的。

承包人因转包、违法分包建设工程与他人签订的建设工程施工合同，应当依据《民法典》第一百五十三条第一款及第七百九十一条第二款、第三款的规定，认定无效。

《民法典》第一百五十三条第一款规定，违反法律、行政法规的强制性规定的民事法律行为无效。但是，该强制性规定不导致该民事法律行为无效的除外。

《民法典》第七百九十一条第二款、第三款规定，总承包人或者勘察、设计、施工承包人经发包人同意，可以将自己承包的部分工作交由第三人完成。第三人就其完成的工作成果与总承包人或者勘察、设计、施工承包人向发包人承担连带责任。承包人不得将其承包的全部建设工程转包给第三人或者将其承包的全部建设工程支解以后以分包的名义分别转包给第三人。禁止承包人将工程分包给不具备相应资质条件的单位。禁止分包单位将其承包的工程再分包。建设工程主体结构的施工必须由承包人自行完成。

无效合同不具有法律效力，当事人不能继续履行合同义务，也不能基于无效合同主张权利。为避免出现合同无效的情况，当事人在签订建设工程合同时应当确保合同内容合法合规，遵守法律法规，保障合同的合法性和有效性。

三、效力待定合同

效力待定合同是指合同虽然已经成立，但因其不完全符合有关生效要件的规定而尚未生效，一般须经权利人追认后才能生效的合同。

1. 限制民事行为能力人订立的合同

《民法典》第一百四十五条规定，限制民事行为能力人实施的纯获利益的民事法律行为或者与其年龄、智力、精神健康状况相适应的民事法律行为有效；实施的其他民事法律行为经法定代理人同意或者追认后有效。

2. 无权代理人订立的合同

《民法典》第五百零三条规定，无权代理人以被代理人的名义订立合同，被代理人已经开始履行合同义务或者接受相对人履行的，视为对合同的追认。

3. 法人的法定代表人或者非法人组织的负责人超越权限订立的合同

《民法典》第五百零四条规定，法人的法定代表人或者非法人组织的负责人超越权限订立的合同，除相对人知道或者应当知道其超越权限外，该代表行为有效，订立的合同对法人或者非法人组织发生效力。

四、可撤销合同

1. 定义

可撤销合同是指因欠缺一定的生效要件，有效与否取决于有撤销权的一方当事人是否行使撤销权的合同。

2. 可撤销合同的情形

（1）重大误解

《民法典》第一百四十七条规定，基于重大误解实施的民事法律行为，行为人有权请求人民法院或者仲裁机构予以撤销。

构成要件包括：误解人因为误解作出了意思表示；误解人的误解是重大的；误解是误解人自己的过失造成的；误解不应是误解人故意发生的。

一般行为人对行为的性质，对方当事人，标的物的品种质量等错误认识，使行为的后果与自己意思相悖，并造成较大损失的，可以认定为重大误解。

（2）显失公平

《民法典》第一百五十一条规定，一方利用对方处于危困状态、缺乏判断能力等情形，致使民事法律行为成立时显失公平的，受损害方有权请求人民法院或者仲裁机构予以撤销。

构成要件包括：订立时就显失公平；合同的内容在客观上利益失调；有优势或有经验的当事人在主观上具有利用对方的故意。

（3）欺诈

《民法典》第一百四十八条规定，一方以欺诈手段，使对方在违背真实意思的情况下实施的民事法律行为，受欺诈方有权请求人民法院或者仲裁机构予以撤销。

《民法典》第一百四十九条规定，第三人实施欺诈行为，使一方在违背真实意思的情况下实施的民事法律行为，对方知道或者应当知道该欺诈行为的，受欺诈方有权请求人民法院或者仲裁机构予以撤销。

欺诈构成要件包括：欺诈方故意；实施了具体行为；被欺诈人因欺诈行为陷入了错误认识；被欺诈方基于自己的错误认识而作出了违反其真实意思的意思表示，并签订了合同。

（4）胁迫

《民法典》第一百五十条规定，一方或者第三人以胁迫手段，使对方在违背真实意思的情况下实施的民事法律行为，受胁迫方有权请求人民法院或者仲裁机构予以撤销。

胁迫构成要件包括：胁迫人有胁迫的故意；实施了具体的行为；对方当事人因胁迫行为而产生恐惧；对方当事人因恐惧做出了违背真实意思的表示，并签订了合同。

3. 撤销权消灭

撤销权的消灭是指撤销权利不再存在或失去行使的能力。撤销权可能因为行使期限过期、当事人同意放弃、合同履行完毕和法律规定等原因而消灭。撤销权的消灭并不意味着合同中的其他权利和义务消失，只是指撤销权利本身不再有效。如果撤销权消灭后，当事人认为合同存在问题，可以依据其他法律规定来解决合同纠纷。

根据《民法典》第五百四十一条规定，撤销权自债权人知道或者应当知道撤销事由之日起一年内行使。自债务人的行为发生之日起五年内没有行使撤销权的，该撤销权消灭。

4. 合同无效和被撤销的财产责任

《民法典》第五百零七条规定，合同不生效、无效、被撤销或者终止的，不影响合同中有关解决争议方法的条款的效力。

合同无效或者被撤销后，因该合同取得的财产，应当予以返还；不能返还或者没有必要返还的，应当折价补偿。有过错的一方应当赔偿对方因此所受到的损失，双方都有过错的，应当各自承担相应的责任。

第三节 合同的履行

一、合同履行的原则

履行合同是契约精神的体现。《民法典》第五百零九条规定，当事人应当按照约定全面履行自己的义务。当事人应当遵循诚信原则，根据合同的性质、目的和交易习惯履行通知、协助、保密等义务。当事人在履行合同过程中，应当避免浪费资源、污染环境和破坏生态。

1. 全面履行

全面履行原则是指当事人按合同约定的标的及其质量、数量，合同约定的履行期限、履行地点、适当的履行方式，全面完成合同义务的履行原则。建设工程合同要求当事人必须按照合同约定的所有条款完成工程建设任务，在工期内按约定的质量完成工程项目的建设行为并进行工程款的结算。

2. 诚实信用

当事人应当遵循诚实信用原则，根据合同的性质、目的和交易习惯履行通知、协助、保密等义务。诚实信用原则就是要求人们在市场活动中讲究信用，恪守诺言，诚实不欺，在不损害他人利益和社会利益的前提下追求自己的利益。

二、合同履行的规则

1. 合同内容约定不明的履行规则

合同条款空缺是指所签订的合同中约定的条款存在缺陷或空白点，使得当事人无法按照所签订的合同履约的法律事实。

《民法典》第五百一十条规定，合同生效后，当事人就质量、价款或者报酬、履行地点等内容没有约定或者约定不明确的，可以协议补充；不能达成补充协议的，按照合同相关条款或者交易习惯确定。

《民法典》第五百一十一条规定，当事人就有关合同内容约定不明确，依据前条规定仍不能确定的，适用下列规定：

（1）质量要求不明确的，按照强制性国家标准履行；没有强制性国家标准的，按照推荐性国家标准履行；没有推荐性国家标准的，按照行业标准履行；没有国家标准、行业标准的，按照通常标准或者符合合同目的的特定标准履行。

（2）价款或者报酬不明确的，按照订立合同时履行地的市场价格履行；依法应当执行政府定价或者政府指导价的，依照规定履行。

（3）履行地点不明确，给付货币的，在接受货币一方所在地履行；交付不动产的，在不动产所在地履行；其他标的，在履行义务一方所在地履行。

（4）履行期限不明确的，债务人可以随时履行，债权人也可以随时请求履行，但是应当给对方必要的准备时间。

（5）履行方式不明确的，按照有利于实现合同目的的方式履行。

（6）履行费用的负担不明确的，由履行义务一方负担；因债权人原因增加的履行费用，由债权人负担。

2. 执行政府定价或者政府指导价的履行规则

《民法典》第五百一十三条规定，执行政府定价或者政府指导价的，在合同约定的交付期限内政府价格调整时，按照交付时的价格计价。逾期交付标的物的，遇价格上涨时，按照原价格执行；价格下降时，按照新价格执行。逾期提取标的物或者逾期付款的，遇价格上涨时，按照新价格执行；价格下降时，按照原价格执行。

三、合同履行抗辩权

抗辩权是指在双务合同中，一方当事人在对方不履行或履行不符合要求时，依法对抗对方要求或否认对方权利主张的权利。

抗辩权分为同时履行抗辩权、先履行抗辩权和不安抗辩权。

1．同时履行抗辩权

《民法典》第五百二十五条规定，当事人互负债务，没有先后履行顺序的，应当同时履行。一方在对方履行之前有权拒绝其履行请求。一方在对方履行债务不符合约定时，有权拒绝其相应的履行请求。

同时履行抗辩权有以下成立要件：

（1）由同一双务合同产生互负的债务；

（2）在合同中未约定履行顺序；

（3）当事人另一方未履行债务或履行债务不符合约定；

（4）对方的对待给付是可能履行的义务。

2．先履行抗辩权

《民法典》第五百二十六条规定，当事人互负债务，有先后履行顺序，应当先履行债务一方未履行的，后履行一方有权拒绝其履行请求。先履行一方履行债务不符合约定的，后履行一方有权拒绝其相应的履行请求。

先履行抗辩权有以下成立要件：

（1）双方基于同一双务合同互负债务；

（2）履行债务有先后履行顺序；

（3）有义务先履行债务的一方未履行或履行不符合约定。

3．不安抗辩权

不安抗辩权是指合同当事人互负债务，有先后履行顺序，应当先履行一方有明确证据证明后履行一方丧失履行债务能力时，在对方没有履行或者没有提供担保之前，中止履行合同的权利。

《民法典》第五百二十七条规定，应当先履行债务的当事人，有确切证据证明对方有下列情形之一的，可以中止履行：①经营状况严重恶化；②转移财产、抽逃资金，以逃避债务；③丧失商业信誉；④有丧失或者可能丧失履行债务能力的其他情形。当事人没有确切证据中止履行的，应当承担违约责任。当事人没有确切证据中止履行的，应当承担违约责任。

不安抗辩权有以下成立要件：

（1）双方基于同一双务合同互负债务；

（2）当事人的履行有先后顺序；

（3）后履行合同的一方当事人有丧失或可能丧失履行债务能力的情形。

《民法典》第五百二十八条规定，当事人依据前条规定中止履行的，应当及时通知对方。对方提供适当担保的，应当恢复履行。中止履行后，对方在合理期限内未恢复履行能力且未提供适当担保的，视为以自己的行为表明不履行主要债务，中止履行的一方可以解除合同并可以请求对方承担违约责任。

四、代位权

《民法典》第五百三十五条规定，因债务人怠于行使其债权或者与该债权有关的从权利，影响债权人的到期债权实现的，债权人可以向人民法院请求以自己的名义代位行使债务人对相对人的权利，但是该权利专属于债务人自身的除外。

代位权的行使范围以债权人的到期债权为限。债权人行使代位权的必要费用，由债务人负担。相对人对债务人的抗辩，可以向债权人主张。

第四节 合同的变更和转让

一、合同的变更

《民法典》第五百四十三条和第五百四十四条规定，当事人协商一致，可以变更合同。当事人对合同变更的内容约定不明确的，推定为未变更。

合同成立后，合同的基础条件发生了当事人在订立合同时无法预见的、不属于商业风险的重大变化，继续履行合同对于当事人一方明显不公平的，受不利影响的当事人可以与对方重新协商；在合理期限内协商不成的，当事人可以请求人民法院或者仲裁机构变更或者解除合同。人民法院或者仲裁机构应当结合案件的实际情况，根据公平原则变更或者解除合同。

合同的变更必须经过双方当事人的一致同意，并以书面形式记录或签署变更协议。双方应明确变更的具体内容、生效时间和其他相关事项。在合同变更过程中，应注意遵守法律法规和合同条款，确保变更的合法有效。

二、合同的转让

合同转让包括合同权利转让、合同义务转移和合同权利义务概括转让三种情况。

1. 合同权利转让

合同权利转让是指合同一方将其在合同中所拥有的权利，以及由此产生的权益和利益，通过合法的方式转让给第三方的行为。

在合同权利转让中，债权人被称为"转让人"，接受转让的第三方被称为"受让人"。转让人将自己在合同中的权利以及相关权益转移给受让人，使得受让人成为合同中该权利的新享有者。

《民法典》第五百四十五条至第五百四十八条规定，债权人可以将债权的全部或者部分转让给第三人，但是有下列情形之一的除外：①根据债权性质不得转让；②按照当事人约定不得转让；③依照法律规定不得转让。

债权人转让债权，未通知债务人的，该转让对债务人不发生效力。债权转让的通知不得撤销，但是经受让人同意的除外。

债权人转让债权的，受让人取得与债权有关的从权利，但是该从权利专属于债权人自身的除外。受让人取得从权利不因该从权利未办理转移登记手续或者未转移占有而受到影响。

债务人接到债权转让通知后，债务人对让与人的抗辩，可以向受让人主张。

2. 合同义务转移

合同义务转移是指合同一方将其在合同中所承担的义务、责任或债务，以及由此产生的履行义务的权利，通过合法的方式转移给第三方的行为。合同义务转移通常需要经过原合同当事人的同意或合法授权。

在合同义务转移中，债务人被称为"转让人"，接受转让的第三方被称为"受让人"。转让人将自己在合同中的义务或责任转移给受让人，使得受让人成为合同中该义务或责任的新承担者。

《民法典》第五百五十一条和第五百五十二条规定，债务人将债务的全部或者部分转移给第三人的，应当经债权人同意。债务人或者第三人可以催告债权人在合理期限内予以同意，债权人未作表示的，视为不同意。

第三人与债务人约定加入债务并通知债权人，或者第三人向债权人表示愿意加入债务，债权人未在合理期限内明确拒绝的，债权人可以请求第三人在其愿意承担的债务范围内和债务人承担连带债务。

3. 合同权利义务概括转让

合同权利义务概括转让是指合同当事人将合同中的权利和义务全部或部分一并转让给第三人。权利义务概括转让会导致原合同关系的消灭，第三人取代了转让方的地位，产生出一种新的合同关系。

《民法典》第五百五十六条规定，当事人一方经对方同意，可以将自己在合同中的权利和义务一并转让给第三人。合同的权利和义务一并转让的，适用债权转让、债务转移的有关规定。

第五节　合同的终止和解除

一、合同权利义务的终止

合同权利义务的终止属于债权债务的终止，有下列情形之一的，债权债务终止：

1. 债务已经履行

合同中约定的权利义务在合同履行完毕后终止，当事人完成了合同中规定的所有债务，合同自然终止。

2. 债务相互抵销

《民法典》第五百六十八条和第五百六十九条规定，当事人互负债务，该债务的标的物种类、品质相同的，任何一方可以将自己的债务与对方的到期债务抵销；但是，根据债务性质、按照当事人约定或者依照法律规定不得抵销的除外。当事人主张抵销的，应当通知对方。通知自到达对方时生效。抵销不得附条件或者附期限。

当事人互负债务，标的物种类、品质不相同的，经协商一致，也可以抵销。

3. 标的物提存

《民法典》第五百七十条规定，有下列情形之一，难以履行债务的，债务人可以将标的物提存：

（1）债权人无正当理由拒绝受领；

（2）债权人下落不明；

（3）债权人死亡未确定继承人、遗产管理人，或者丧失民事行为能力未确定监护人；

（4）法律规定的其他情形。

标的物不适于提存或者提存费用过高的，债务人依法可以拍卖或者变卖标的物，提存所得的价款。

债务人将标的物或者将标的物依法拍卖、变卖所得价款交付提存部门时，提存成立。提存成立的，视为债务人在其提存范围内已经交付标的物。

标的物提存后，毁损、灭失的风险由债权人承担。提存期间，标的物的孳息归债权人所有。提存费用由债权人负担。

债权人可以随时领取提存物。但是，债权人对债务人负有到期债务的，在债权人未履行债务或者提供担保之前，提存部门根据债务人的要求应当拒绝其领取提存物。

债权人领取提存物的权利，自提存之日起 5 年内不行使而消灭，提存物扣除提存费用后归国家所有。但是，债权人未履行对债务人的到期债务，或者债权人向提存部门书面表示放弃领取提存物权利的，债务人负担提存费用后有权取回提存物。

4. 债务免除

《民法典》第五百七十五条规定，债权人免除债务人部分或者全部债务的，债权债务部分或者全部终止，但是债务人在合理期限内拒绝的除外。

5. 债权债务同归于一人

《民法典》第五百七十六条规定，债权和债务同归于一人的，债权债务终止，但是损害第三人利益的除外。

6. 其他情形

《民法典》第五百五十九条规定，债权债务终止时，债权的从权利同时消灭，但是法律另有规定或者当事人另有约定的除外。

合同解除的，该合同的权利义务关系终止。

二、合同的解除

合同的解除是指在合同履行过程中，由于一方当事人的违约行为或其他法定情形，经过合法程序或双方协商一致，合同被宣告终止或终止合同的一种情况。解除合同意味着合同不再具有法律效力，双方当事人将不再受合同约束，其权利义务也随之终止。

1. 约定解除

《民法典》第五百六十二条规定，当事人协商一致，可以解除合同。

当事人可以约定一方解除合同的事由。解除合同的事由发生时，解除权人可以解除合同。

2. 法定解除

《民法典》第五百六十三条规定，有下列情形之一的，当事人可以解除合同：

（1）因不可抗力致使不能实现合同目的；

（2）在履行期限届满前，当事人一方明确表示或者以自己的行为表明不履行主要债务；

（3）当事人一方迟延履行主要债务，经催告后在合理期限内仍未履行；

（4）当事人一方迟延履行债务或者有其他违约行为致使不能实现合同目的；

（5）法律规定的其他情形。

以持续履行的债务为内容的不定期合同，当事人可以随时解除合同，但是应当在合理期限之前通知对方。

3. 行使期限

《民法典》第五百六十四条规定，法律规定或者当事人约定解除权行使期限，期限届满当事人不行使的，该权利消灭。法律没有规定或者当事人没有约定解除权行使期限，自解除权人知道或者应当知道解除事由之日起一年内不行使，或者经对方催告后在合理期限内不行使的，该权利消灭。

4. 解除时间

合同解除的时间是指合同解除生效的具体日期。

《民法典》第五百六十五条规定，当事人一方依法主张解除合同的，应当通知对方。合同自通知到达对方时解除；通知载明债务人在一定期限内不履行债务则合同自动解除，债务人在该期限内未履行债务的，合同自通知载明的期限届满时解除。对方对解除合同有异议的，任何一方当事人均可以请求人民法院或者仲裁机构确认解除行为的效力。

当事人一方未通知对方，直接以提起诉讼或者申请仲裁的方式依法主张解除合同，人民法院或者仲裁机构确认该主张的，合同自起诉状副本或者仲裁申请书副本送达对方时解除。

5. 解除后果

合同解除后，尚未履行的，终止履行；已经履行的，根据履行情况和合同性质，当事人可以请求恢复原状或者采取其他补救措施，并有权请求赔偿损失。

合同因违约解除的，解除权人可以请求违约方承担违约责任，但是当事人另有约定的除外。主合同解除后，担保人对债务人应当承担的民事责任仍应当承担担保责任，但是担保合同另有约定的除外。合同的权利义务关系终止，不影响合同中结算和清理条款的效力。

第六节　合　同　的　违　约

违约责任是指合同当事人对其违约行为所应承担的责任，也就是合同当事人一方不履行合同义务或者履行合同义务不符合合同约定应承担的民事责任。

一、构成要件

1. 主观要件

作为合同当事人，在履行合同时无论其主观上是否有过错，只要造成违约的事实，就应承担违约责任。

2. 客观要件

合同当事人一方或者双方未按照法定或约定全面地履行应尽的义务，即出现了客观的违约事实，也应承担违约的法律责任。

二、承担违约责任的基本形式

《民法典》规定，当事人一方不履行合同义务或者履行合同义务不符合约定的，应当承担继续履行、采取补救措施或者赔偿损失等违约责任。

1. 继续履行

《民法典》第五百八十条规定，当事人一方不履行非金钱债务或者履行非金钱债务不符合约定的，对方可以请求履行，但是有下列情形之一的除外：

（1）法律上或者事实上不能履行；

（2）债务的标的不适于强制履行或者履行费用过高；

（3）债权人在合理期限内未请求履行。

有前款规定的除外情形之一，致使不能实现合同目的的，人民法院或者仲裁机构可以根据当事人的请求终止合同权利义务关系，但是不影响违约责任的承担。

2. 采取补救措施

当事人一方违约后，对方应当采取适当措施防止损失的扩大；没有采取适当措施致使损失扩大的，不得就扩大的损失请求赔偿。当事人因防止损失扩大而支出的合理费用，由违约方负担。

3. 赔偿损失

当事人一方不履行合同义务或者履行合同义务不符合约定的，在履行义务或者采取补救措施后，对方还有其他损失的，应当赔偿损失。

当事人一方不履行合同义务或者履行合同义务不符合约定，造成对方损失的，损失赔偿额应当相当于因违约所造成的损失，包括合同履行后可以获得的利益；但是，不得超过违约一方订立合同时预见到或者应当预见到的因违约可能造成的损失。

（1）违约金

当事人可以约定一方违约时应当根据违约情况向对方支付一定数额的违约金，也可以约定因违约产生的损失赔偿额的计算方法。

约定的违约金低于造成的损失的，人民法院或者仲裁机构可以根据当事人的请求予以增加；约定的违约金过分高于造成的损失的，人民法院或者仲裁机构可以根据当事人的请求予以适当减少。

当事人就迟延履行约定违约金的，违约方支付违约金后，还应当履行债务。

（2）定金

当事人既约定违约金，又约定定金的，一方违约时，对方可以选择适用违约金或者定金条款。定金不足以弥补一方违约造成的损失的，对方可以请求赔偿超过定金数额的损失。

三、承担违约责任的特殊情形

1. 先期违约

当事人一方明确表示或者以自己的行为表明不履行合同义务的，对方可以在履行期限届满前请求其承担违约责任。

2. 双方违约

当事人都违反合同的，应当各自承担相应的责任。

当事人一方违约造成对方损失，对方对损失的发生有过错的，可以减少相应的损失赔偿额。

3. 第三人原因违约

当事人一方因第三人的原因造成违约的，应当依法向对方承担违约责任。当事人一方和第三人之间的纠纷，依照法律规定或者按照约定处理。

四、违约责任的免责

1. 约定免责

合同双方当事人在不违反法律法规及强制性标准的情况下可以在合同中约定违约责任的免责事由。

2. 法定免责

《民法典》第五百九十条规定，当事人一方因不可抗力不能履行合同的，根据不可抗力的影响，部分或者全部免除责任，但是法律另有规定的除外。因不可抗力不能履行合同的，应当及时通知对方，以减轻可能给对方造成的损失，并应当在合理期限内提供证明。当事人迟延履行后发生不可抗力的，不免除其违约责任。

第七节　工程案例分析

➢　**案例 4-1**

关联知识点：合同的订立和效力

【背景】

2014 年 11 月 19 日，某投资有限公司（以下简称投资公司）、某交通建设集团有限公司（以下简称交通公司）与某县人民政府（以下简称县政府）签订了《某项目改造工程公路项目合作协议书》（以下简称《合作协议》），就该工程的施工、付款、违约责任等进行了约定。该工程属于必须招标的工程，经过招投标后，投资公司、交通公司与县交通运输局（以下简称县交通局）于2015年8月11日签订了《某公路改扩建工程施工合同》（以下简称《施工合同》），约定付款、违约责任等均按前述《合作协议》执行。且根据投资公司、交通公司的自述以及县交通局的主张，在项目工程招投标前，投资公司和交通公司已对该项目投入了资金并进行了施工，依据《合作协议》，投资公司作为投资方已实际投入资金5000万元用于项目工程拆迁安置等，加上前期承建工程施工垫资款9000余万元，投资资金、施工垫资总计高达1.4亿多元。二审判决支持投资公司、交通公司投资回报请求但不支持违约金诉讼请求。

投资公司、交通公司不服二审判决，申请再审称：①县政府未按合同约定将三宗土地置换交付用于抵偿工程价款是恶意毁约，在将三宗置换土地以高价转拍他人谋取上亿元的巨额利益后，仍然没有按照时间节点约定支付工程进度款，而判决没有支持违约金诉讼请求，属事实认定错误；②县政府是《合作协议》的合同主体，且"某公路改扩建工程施工合同谈判备忘录"第一条明确约定："县交通局为该工程发包方，工程费用由县人民政府承担"。因此，县政府应对合同约定的支付义务承担责任。

县交通局不服二审判决，申请再审称：①二审法院判决支持投资回报的理由是《招标文件》的约定以及《施工合同》专用条款的约定，该理由不能成立。《招标文件》属于要约邀请，对招标人不具有约束力。《投标文件》属于要约，《中标通知书》的送达即视为招标人对《投标文件》的承诺，至此双方就招标项目达成一致意见，中标的《投标文件》对双方产生法律上的约束力，不得随意变更。根据《招标投标法》的规定，双方必须严格按照中标的《投标文件》签订施工合同。②二审法院并未根据《招标投标法》的规定，对双方争议的投资回报约定条款是否属于实质性内容、是否有效等问题进行评价。二审法院仅仅根据《中华人民共和国民事诉讼法》的规定支持投资回报，属于适用法律错误。③二审判决支持投资回报，违背了《招标投标法》的立法目的。《投标文件》中的实质性条款，是投标人根据项目实际情况最终拟定的合同内容，其中标后不得改变。因此严格按照《投标文件》签订施工合同，是招投标人的法定义务。④本案不排除虚假投标的可能性。县政府与投资公司、交通公司在招标投标程序开始前，便签订了《合作协议》，且该协议内容和《招标文件》内容基本相同。县交通局依据《中华人民共和国民事诉讼法》第二百条第二项、第六项的规定申请再审。

【问题】

1. 投资公司、交通公司与县交通局签订的《施工合同》是否具有法律效力？
2. 二审法院支持投资公司、交通公司关于投资回报的诉讼请求是否妥当？
3. 投资公司、交通公司的逾期付款违约金诉讼请求是否会得到再审法院的支持？
4. 县政府是否应对案涉债务承担连带责任？

【分析】

1. 关于《施工合同》是否具有法律效力的问题

《招标投标法》第四十三条规定，在确定中标人前，招标人不得与投标人就投标价格、投标方案等实质性内容进行谈判。

《招标投标法》第五十五条规定，依法必须进行招标的项目，招标人违反本法规定，与投标人就投标价格、投标方案等实质性内容进行谈判的，给予警告，对单位直接负责的主管人员和其他直接责任人员依法给予处分。前款所列行为影响中标结果的，中标无效。

本案例中各方当事人在招投标前已就该工程项目进行了实质性磋商并达成一致意见，还投入资金进场施工，明显违反《招标投标法》的强制性规定，中标无效，涉及的《施工合同》亦应无效。

2. 关于投资回报是否应予以支持的问题

根据《最高人民法院关于审理建设工程施工合同纠纷案件适用法律问题的解释》第二条的规定，建设工程施工合同无效，但建设工程经竣工验收合格，承包人请求参照合同约定支付工程价款的，应予支持。

二审根据查明的事实判决县交通局向投资公司、交通公司支付工程款及利息符合该条规定。至于双方争议的投资回报，因案涉《施工合同》明确约定其属于工程价款的范畴，且该款确有对承包人垫资损失的补偿作用。故二审法院支持投资公司、交通公司关于投资回报的诉讼请求，并无不当。

3. 关于逾期付款违约金是否应予支持的问题

如前所述，本案中涉及的《施工合同》无效，在二审已支持工程款利息及投资回报的情况下，对双方约定的高额违约金不应再予以支持。

4. 关于县政府是否应对案涉债务承担连带责任的问题

本案例属于建设工程施工合同纠纷，各方权利义务均源自《施工合同》的约定，县政府并非该合同当事人，也未承诺对县交通局的案涉债务承担连带责任，仅有"某公路改扩建工程施工合同谈判备忘录"关于"县交通局为该工程发包方，工程费用由县政府承担"的记载，不足以认定县政府应承担连带责任。投资公司、交通公司要求县政府承担连带支付责任无事实和法律依据。

【处理结果】

投资公司、交通公司、县交通局的再审申请均不符合《中华人民共和国民事诉讼法》第二百条第二项、第六项规定的情形。

中华人民共和国最高人民法院驳回投资公司、交通公司、县交通运输局的再审申请。

➤ **案例 4-2**

关联知识点：合同的效力

【背景】

2014 年 8 月 15 日，薛某某以某工程有限责任公司的名义与某机械有限公司签订了《基坑支护工程施工合同》，由薛某某承包某综合生产大楼的基坑支护工程。2015 年 10 月 12 日，某机械有限公司、薛某某和某工程有限责任公司共同签订了《工程确认书》，确定了以下事项：①基坑支护工程已完工并经甲方验收合格；②工程总价为 440 万元，某机械有限公司应及时将该部分工程款支付给薛某某；③工程的实际承包方为薛某某，仅借用某工程有限责任公司名义与某机械有限公司签订《基坑支护工程施工合同》，某机械有限公司不得向某工程有限责任公司支付任何费用。后因某机械有限公司拒不支付薛某某基坑支护工程款，薛某某起诉至法院。

【问题】

1.《基坑支护工程施工合同》是否有效？

2. 某机械有限公司是否应支付薛某某工程款？

【分析】

1. 关于《基坑支护工程施工合同》是否有效的问题

本案中薛某某个人不具备施工资质，借用第三人名义承包工程，根据《最高人民法院关于审理建设工程施工合同纠纷案件适用法律问题的解释（一）》第一条规定，没有资质的实际施工人借用有资质的建筑施工企业名义的建设工程施工合同应当依据《民法典》第一百五十三条第一款规定认定无效。故薛某某借用某工程有限责任公司的资质与某机械有限公司签订的《基坑支护工程施工合同》应确认无效。

2. 关于某机械有限公司是否应支付薛某某工程款的问题

薛某某作为实际施工方，已完成基坑支护工程并经某机械有限公司验收合格，其提出支付工程款的请求应得到支持。《民法典》第七百九十三条第一款规定，建设工程施工合同无效，但是建设工程经验收合格的，可以参照合同关于工程价款的约定折价补偿承包人。注意此处《民法典》并未强调"已竣工工程"经验收合格后，承包人才能请求发包人参照合同约定支付工程价款，因此只要经验收合格，单项工程、阶段性工程的承包人也可以请求发包人支付一定比例的工程价款，防止发包人不当得利。本案例中薛某某已完成某机械有限公司综合办公生产大楼基坑支护工程，并验收合格，某机械有限公司应当及时支付工程款。因此，某工程有限责任公司辩称工程未验收合格、未到付款节点、工程存在质量问题并造成损失等意见不能作为其拒绝支付工程款的理由。

【处理结果】

1. 合同无效。

2. 某工程有限责任公司应该向薛某某及时支付工程款。

➢　**案例 4-3**

关联知识点：抗辩权

【背景】

某建设工程有限公司与某新能材料有限公司就年产 3 万吨的电池级硫酸锰工程项目于 2016 年 5 月 18 日签订了《建设工程施工合同》。某建设工程有限公司依约进场施工并于 2017 年 4 月 5 日完工。某新能材料有限公司在工程完工后，并未组织竣工验收便将工程投入使用。双方于 2017 年 8 月 28 日签订了《协议书》，约定某建设工程有限公司应在 2017 年 12 月 1 日前向某新能材料有限公司提供工程竣工报告相关材料，若某建设工程有限公司逾期未向某新能材料有限公司提供工程竣工报告相关材料，则某建设工程有限公司自愿每天按合同总价款的 0.5% 向新能材料有限公司支付违约金直至工程尾款扣完为止。该协议签订后，某建设工程有限公司因某新能材料有限公司欠付工程价款，于 2017 年 10 月 9 日向法院提出诉讼请求，要求某新能材料有限公司支付施工工程款 4172951.18 元及相应利息。本案经一审、二审法院判决，支持某建设工程有限公司要求某新能材料有限公司支付工程价款及利息的诉讼请求。某新能材料有限公司不服，认为某建设工程有限公司请求支付工程价款的条件尚不具备，原判决认定欠付工程价款数额及利息有误，遂向省高级人民法院申请再审。

【问题】

某新能材料有限公司是否应向某建设工程有限公司支付工程款及相应利息？

【分析】

《民法典》第五百二十六条规定，当事人互负债务，有先后履行顺序，应当先履行债务一方未履行的，后履行一方有权拒绝其履行请求。先履行一方履行债务不符合约定的，后履行一方有权拒绝其相应的履行请求。

本案例中的工程项目于 2017 年 4 月 5 日由某新能材料有限公司实际投入使用，视为已竣工。某建设工程有限公司履行了合同的主要义务，某新能材料有限公司依法应履行支付工程价款的义务。双方于 2017 年 8 月 28 日签订的《协议书》，约定某建设工程有限公司未依约交付竣工资料的违约责任，但并未明确约定交付竣工资料作为支付工程款的前提条件，应当视为双方未就交付竣工资料与支付工程价款是同等义务达成一致意见，故某新能材料有限公司以某建设工程有限公司未交付竣工资料为由，主张行使先履行抗辩权没有事实及法律依据，原判决对其抗辩不予支持并无不当，某新能材料有限公司关于某建设工程有限公司请求支付欠付工程款的条件尚未成就的主张不能成立。

【处理结果】

省高级人民法院裁定提审后，对某新能材料有限公司关于某建设工程有限公司请求支付工程价款的条件尚不具备的抗辩不予支持，但在查明欠付工程价款数额及利息后，认为某新能材料有限公司的再审请求部分成立，遂予以改判。

➤ 案例 4-4

关联知识点：合同的违约

【背景】

2012 年 2 月 11 日，某开发有限公司（建设单位）与某建筑有限责任公司（施工单位）就某服务中心工程签订了《建设工程施工合同》，合同约定了工程建筑面积、工期和合同造价等内容。2017 年 2 月 17 日，该工程项目通过了竣工验收。2017 年 2 月 28 日，施工单位出具了《承诺书》，约定保修期内出现板面开裂由施工方负责修复。2019 年 6 月 24 日，监理单位在保修期内对工程进行检查时发现服务中心的茶室板面已开裂，建设单位与施工单位就板面开裂修复及损失赔偿产生纠纷。建设单位申请人民法院委托广州某房屋安全鉴定有限公司出具了板面开裂影响房屋使用、板面修复费用为 79913.93 元的鉴定意见。随后，建设单位向人民法院起诉施工单位，并提出以下主要诉讼请求：①判令施工单位支付 10 万元违约金。②判决施工单位支付 2017 年 2 月 27 日至 2022 年 3 月 27 日质量瑕疵导致房屋不能使用期间的房屋租金损失。

【问题】

1. 施工单位是否应当承担违约责任？

2. 施工单位是否应赔偿因质量瑕疵导致房屋不能使用期间的租金损失？

【分析】

1. 关于施工单位是否应当承担违约责任的问题

本案例中涉案工程在保险期内出现板面开裂属于施工质量瑕疵，可以修复，并非影响房屋安全性的重大质量问题，达不到赔偿违约金的标准，因此本案例中施工单位不应当承担违约责任。

2. 关于施工单位是否应赔偿因质量瑕疵导致房屋不能使用期间的租金损失的问题

建设单位发现房屋开裂时应当组织施工单位积极进行修复，及时止损，减少损失扩大，但建设单位一直未自行进行修复，也未积极向施工单位主张修复，直至施工单位起诉要求建设单位支付拖欠的工程款时，建设单位才提出主张修复。

根据《民法典》第五百九十一条规定，当事人一方违约后，对方应当采取适当措施防止损失的扩大；没有采取适当措施致使损失扩大的，不得就扩大的损失请求赔偿。因此施工单位不应承担因质量瑕疵导致房屋不能使用期间的租金损失。

【处理结果】

1. 建设单位主张的违约金，法院不予支持。
2. 对建设单位的房屋空置损失扩大的损失，法院不予支持。

思政小结

建设工程合同法律制度的实施，对于维护建设工程领域的秩序具有重要意义。遵循合同订立的相关法律规定，有助于各参与方在签订合同时减少误解和不信任，增强彼此之间的合作意识，提高合作的效率和效果，防止争议和纠纷的产生。在合同履行中，各参与方遵守法律规定，信守承诺，避免出现合同违约和信任危机，维护交易双方的利益，推动项目的顺利实施。在合同变更和出现纠纷时，法律提供保障，各参与方运用辩证思维，平衡各方利益和解决争议，寻求双赢的解决方案，从而降低争议和违约的风险。在合同出现违约时，法律约束责任方履行职责，减少争议和扩大损失。

本章体现的思政元素如下：

1. 合作共赢

在思想政治教育中，鼓励学生树立合作共赢的意识，培养合作和协作能力，让他们在合作中学会倾听和解决冲突。合作的背后是共赢的理念，引导学生认识到只有大家共同进步，才能实现更大的目标。

2. 守信重义

在思想政治教育中，引导学生了解诚实守信和坚持正义对个人、家庭、社会的积极影响，培养学生在面对困难时将诚信和正义作为行为准则。

3. 辩证思维

在思想政治教育中，辩证思维有助于学生形成客观、科学的世界观和价值观，同时也提升了他们对社会问题的敏感性和分析能力。通过培养学生辩证思维的能力，引导他们全面、多角度地思考问题，理解事物的矛盾性和复杂性，形成科学的思维方式。

4. 责任担当

在思想政治教育中，鼓励学生树立责任意识，具备责任担当的品质。培养其社会责任感和积极行动能力，促使他们在个人、职业和社会层面为自己的行为和决策积极地承担责任。

思考题

1. 简述要约的撤回和要约的撤销有何不同。
2. 简述合同的成立和生效有什么区别。
3. 什么是抗辩权？抗辩权有哪些种类。
4. 简述代位权和合同权利转让有什么区别。
5. 权利义务终止的情形有哪些？
6. 承担合同违约责任的基本形式有哪些？

第五章　建设工程质量管理法律制度

➕ **学习目标**

(1) 工程建设标准分类和编号的规定；

(2) 建筑工程五方责任主体项目负责人质量终身责任制度的规定；

(3) 建设单位、施工单位和其他参建单位的质量责任和义务规定；

(4) 建设工程竣工验收的主体和条件；

(5) 建设工程质量最低保修期限、缺陷责任期和质量保证金的规定；

(6) 建设工程质量事故报告制度的规定。

第一节　工　程　建　设　标　准

一、定义

工程建设标准是为在工程领域内获得最佳秩序而制定的共同的、重复使用的技术依据和准则，用于协调和统一建设工程的生产活动，这些生产活动包括勘察、设计、施工、安装、验收、运营维护及管理等事项。

遵守工程建设标准对促进技术进步，保证工程的安全、质量、环境和公众利益，实现最佳社会效益、经济效益、环境效益和最佳效率等，具有直接作用和重要意义。

二、常见形式

1. 标准

当针对产品、方法、符号概念等做出规定时一般采用标准命名，例如《建筑工程施工质量验收统一标准》《节能建筑评价标准》等。

2. 规范

当针对工程勘察、规划、设计、施工等通用的技术事项做出规定时，一般采用规范命名，例如《混凝土结构设计标准》《光伏发电站施工规范》《钢结构工程施工规范》等。

3. 规程

当针对操作工艺、管理等专用技术要求时，一般采用规程命名，例如《建设工程工艺及操作规程》《光伏发电站接入电力系统技术规程》等。

4. 定额

当针对统一和规范物资及劳动力的计量和核算，制定标准化数据时，一般采用定额命名，例如《吉林省建筑工程计价定额》《吉林省建设工程工期定额》等。

三、分类

工程建设标准按照不同的分类方法有不同的分类结果。

1. 根据标准的层级划分

标准按层级划分为国家标准、行业标准、地方标准、企业标准和团体标准。

（1）国家标准

国家标准是指在全国范围内对需要统一的技术要求制定的标准。例如《建筑地基基础工程施工质量验收标准》和《66kV 及以下架空电力线路设计规范》等国家标准。

（2）行业标准

行业标准是对没有国家标准而又需要在全国某个行业范围内统一的技术要求所制定的标准。行业标准不得与国家标准相抵触。相关行业标准之间应保持协调、统一的关系，不得重复。当同一内容的国家标准公布后，则该内容的行业标准即刻废止。

行业标准由国务院有关行政主管部门制定，并报国务院标准化行政主管部门备案。例如，城镇建设行业标准（代号为 CJ）由住房和城乡建设部制定，电力行业标准（代号为DL）由国家发展和改革委员会制定。

行业标准均为推荐性标准，例如，《中华人民共和国电力行业标准》和《混凝土泵送施工技术规程》等行业标准。

（3）地方标准

地方标准是由地方（省、自治区、直辖市）标准化主管机构或专业主管部门批准、发布的，在某一地区范围内统一的标准。

我国地域辽阔，各省、市、自治区和一些跨省市的地理区域，其自然条件、技术水平和经济发展程度差别很大，对某些具有地方特色的建筑材料、只在本地区使用的产品或只在本地区具有的环境要素等，有必要制定地方性标准。制定地方标准一般有利于发挥地区优势，有利于提高地方产品的质量和竞争能力，同时也使标准更符合地方实际，有利于标准的贯彻执行。

例如，吉林省地方标准《建筑基坑工程监测技术规程》、福建省地方标准《10kV 及以下电力用户业扩工程技术规范》等地方标准。

（4）企业标准

企业标准是在企业范围内对需要协调、统一的技术要求、管理要求和工作要求所制定的标准，是企业组织生产、经营活动的依据。

国家鼓励企业自行制定严于国家标准或者行业标准的企业标准。企业标准由企业制定，经企业法定代表人或法定代表人授权的主管领导批准、发布。

例如，《国家电网有限公司电力建设安全工作规程 第 2 部分：线路》和中国华电集团有限公司《电力企业安全监督导则》等企业标准。

（5）团体标准

《中华人民共和国标准化法》（以下简称《标准化法》）第十八条规定，国家鼓励学会、协会、商会、联合会、产业技术联盟等社会团体协调相关市场主体共同制定满足市场和创新需要的团体标准，由本团体成员约定采用或者按照本团体的规定供社会自愿采用。

制定团体标准，应当遵循开放、透明、公平的原则，保证各参与主体获取相关信息，反映各参与主体的共同需求，并应当组织对标准相关事项进行调查分析、实验、论证。国务院标准化行政主管部门会同国务院有关行政主管部门对团体标准的制定进行规范、引导和监督。

国家支持在重要行业、战略性新兴产业、关键共性技术等领域利用自主创新技术制定团体标准。团体标准的技术要求不得低于强制性国家标准的相关技术要求。

例如，北京市建筑业联合会发布的《北京建设行业诚信企业评定及管理办法》和深圳市建筑产业化协会发布的《预制混凝土构件生产企业星级评价标准》等团体标准。

2．根据标准的约束性划分

国家标准分为强制性标准和推荐性标准，推荐性标准还包括行业标准和地方标准、团体标准和企业标准。强制性标准必须执行，否则对造成的恶劣后果和重大损失的单位和个人，要受到经济制裁或承担法律责任，国家鼓励采用推荐性标准。

（1）强制性标准

根据《标准化法》第十条和第十七条的规定，对保障人身健康和生命财产安全、国家安全、生态环境安全以及满足经济社会管理基本需要的技术要求，应当制定强制性国家标准。强制性国家标准由国务院批准发布或者授权批准发布。强制性标准文本应当免费向社会公开。

对工程建设来说，下列标准属于强制性标准：

1）工程建设勘察、规划、设计、施工（包括安装）及验收等通用的综合标准和重要的通用质量标准。例如《钢结构设计规范》《混凝土结构工程施工质量标准》《混凝土结构工程施工质量验收规范》等。

2）工程建设通用的有关安全、卫生和环境保护的标准。例如《建筑施工安全检查标准》《建筑施工现场环境与卫生标准》等。

3）工程建设重要的术语、符号、代号、计量与单位、建筑模数和制图方法标准。例如《建筑模数协调统一标准》《房屋建筑制图统一标准》等。

4）工程建设重要的通用试验、检验和评定等标准；工程建设重要的通用信息技术标准。例如《混凝土强度检验评定标准》《建筑信息模型应用统一标准》等。

（2）推荐性标准

《标准化法》第十一条规定，对满足基础通用与强制性国家标准配套、对各有关行业起引领作用等需要的技术要求，可以制定推荐性国家标准。推荐性国家标准由国务院标准化行政主管部门制定。

推荐性国家标准、行业标准、地方标准、团体标准、企业标准的技术要求不得低于强制性国家标准的相关技术要求。国家鼓励社会团体、企业制定高于推荐性标准相关技术要求的团体标准、企业标准。

四、编号

《工程建设国家标准管理办法》第二十九条规定，国家标准的编号由国家标准代号、发布标准的顺序号和发布标准的年号组成。

"GB"为强制性国家标准的代号，"GB/T"为推荐性国家标准的代号，"50×××"为发布标准的顺序号。例如，《建筑地基基础工程施工质量验收标准》（GB 50202—2018），其中"GB"代表的是强制性国家标准，"50202"为发布标准的顺序号，"2018"为2018年批准发布。

五、复审

《强制性国家标准管理办法》第四十五条规定，组织起草部门应当根据反馈和评估情况，对强制性国家标准进行复审，提出继续有效、修订或者废止的结论，并送国务院标准化行政主管部门。复审周期一般不得超过5年。

随着科学技术的创新发展、工程建设的实际需要以及国家强制性标准的复审、修订和废止，推荐性标准的批准部门也应当及时地进行复审，确认其继续有效或予以修订、废止。复审周期一般不得超过 5 年。

六、工程建设强制性标准实施的监督管理

1. 监督管理机构及分工

《实施工程建设强制性标准监督规定》第六条和第七条规定，建设项目规划审查机关应当对工程建设规划阶段执行强制性标准的情况实施监督。施工图设计文件审查单位应当对工程建设勘察、设计阶段执行强制性标准的情况实施监督。建筑安全监督管理机构应当对工程建设施工阶段执行施工安全强制性标准的情况实施监督。工程质量监督机构应当对工程建设施工、监理、验收等阶段执行强制性标准的情况实施监督。建设项目规划审查机关、施工图设计文件审查单位、建筑安全监督管理机构、工程质量监督机构的技术人员必须熟悉、掌握工程建设强制性标准。

2. 监督检查的内容和方式

《实施工程建设强制性标准监督规定》第十条规定，强制性标准监督检查的内容包括：

（1）有关工程技术人员是否熟悉、掌握强制性标准。

（2）工程项目的规划、勘察、设计、施工、验收等是否符合强制性标准的规定。

（3）工程项目采用的材料、设备是否符合强制性标准的规定。

（4）工程项目的安全、质量是否符合强制性标准的规定。

（5）工程中采用的导则、指南、手册、计算机软件的内容是否符合强制性标准的规定。

工程建设标准批准部门应当定期对建设项目规划审查机关、施工图设计文件审查单位、建筑安全监督管理机构、工程质量监督机构实施强制性标准的监督进行检查，对监督不力的单位和个人，给予通报批评，建议有关部门处理。

工程建设标准批准部门应当对工程项目执行强制性标准情况进行监督检查。监督检查可以采取重点检查、抽查和专项检查的方式。

第二节　建筑工程质量终身责任制度

一、质量终身责任制度含义

《建筑工程五方责任主体项目负责人质量终身责任追究暂行办法》第二条和第三条规定，建筑工程五方责任主体项目负责人是指承担建筑工程项目建设的建设单位项目负责人、勘察单位项目负责人、设计单位项目负责人、施工单位项目经理、监理单位总监理工程师。

开工建设前，建设、勘察、设计、施工、监理单位法定代表人应当签署授权书明确本单位项目负责人。

建筑工程五方责任主体项目负责人质量终身责任，是指参与新建、扩建、改建的建筑工程项目负责人按照国家法律法规和有关规定，在工程设计使用年限内对工程质量承担相应责任。

二、五方负责人承担的责任

建设单位项目负责人对工程质量承担全面责任，不得违法发包、肢解发包，不得以任何理由要求勘察、设计、施工、监理单位违反法律法规和工程建设标准，降低工程质量，其违

法违规或不当行为造成工程质量事故或质量问题应当承担责任。

勘察、设计单位项目负责人应当保证勘察设计文件符合法律法规和工程建设强制性标准的要求，对因勘察、设计导致的工程质量事故或质量问题承担责任。

施工单位项目经理应当按照审查合格的施工图设计文件和施工技术标准进行施工，对因施工导致的工程质量事故或质量问题承担责任。

监理单位总监理工程师应当按照法律法规、有关技术标准、设计文件和工程承包合同进行监理，对施工质量承担监理责任。

三、实行方式

《建筑工程五方责任主体项目负责人质量终身责任追究暂行办法》第七条规定，工程质量终身责任实行书面承诺和竣工后永久性标牌等制度。

项目负责人应当在办理工程质量监督手续前签署工程质量终身责任承诺书，连同法定代表人授权书，报工程质量监督机构备案。项目负责人如有更换的，应当按规定办理变更程序，重新签署工程质量终身责任承诺书，连同法定代表人授权书，报工程质量监督机构备案。

建筑工程竣工验收合格后，建设单位应当在建筑物明显部位设置永久性标牌，载明建设、勘察、设计、施工、监理单位名称和项目负责人姓名。

四、责任追究

国务院住房城乡建设主管部门负责对全国建筑工程项目负责人质量终身责任追究工作进行指导和监督管理。

县级以上地方人民政府住房城乡建设主管部门负责对本行政区域内的建筑工程项目负责人质量终身责任追究工作实施监督管理。

《建筑工程五方责任主体项目负责人质量终身责任追究暂行办法》第六条规定，符合下列情形之一的，县级以上地方人民政府住房城乡建设主管部门应当依法追究项目负责人的质量终身责任：

（1）发生工程质量事故；

（2）发生投诉、举报、群体性事件、媒体报道并造成恶劣社会影响的严重工程质量问题；

（3）由于勘察、设计或施工原因造成尚在设计使用年限内的建筑工程不能正常使用；

（4）存在其他需追究责任的违法违规行为。

第三节　建设工程参建主体的质量责任和义务

一、建设单位的质量责任

1. 依法发包工程

《建设工程质量管理条例》第七条和第八条规定，建设单位应当将工程发包给具有相应资质等级的单位。建设单位不得将建设工程肢解发包。建设单位应当依法对工程建设项目的勘察、设计、施工、监理以及与工程建设有关的重要设备、材料等的采购进行招标。

2. 依法提供原始资料

《建设工程质量管理条例》第九条规定，建设单位必须向有关的勘察、设计、施工、工程监理等单位提供与建设工程有关的原始资料。原始资料必须真实、准确、齐全。

3. 不得干预其他主体单位的正常生产活动

《建筑法》第五十四条规定，建设单位不得以任何理由，要求建筑设计单位或者建筑施工企业在工程设计或者施工作业中，违反法律、行政法规和建筑工程质量、安全标准，降低工程质量。

建筑设计单位和建筑施工企业对建设单位违反前款规定提出的降低工程质量的要求，应当予以拒绝。

《建设工程质量管理条例》第十条进一步规定，建设工程发包单位不得迫使承包方以低于成本的价格竞标，不得任意压缩合理工期。

建设单位不得明示或者暗示设计单位或者施工单位违反工程建设强制性标准，降低建设工程质量。

4. 依法报审施工图设计文件

《建设工程质量管理条例》第十一条第二款规定，施工图设计文件未经审查批准的，不得使用。

2019 年 3 月国务院办公厅《关于全面开展工程建设项目审批制度改革的实施意见》（简称《意见》）提出要进一步精简审批环节，要求"试点地区在加快探索取消施工图审查（或缩小审查范围）、实行告知承诺制和设计人员终身负责制等方面，尽快形成可复制可推广的经验。"《意见》发布后，从提高政府行政审批效率的角度出发，山西省、深圳市、青岛市等地逐渐取消了施工图设计审查制度；上海市规定，清单范围内的项目，实行勘察单位、设计单位书面承诺制，施工图审查合格证书不再作为建设工程施工许可证核发的前置条件。清单以外的项目，仍按本市有关规定严格执行施工图设计文件多图联审制度。虽然施工图审查制度正逐渐呈现被取消的趋势，但是各省市通过实行勘察设计质量承诺、勘察设计终身制或施工图审查抽查等机制仍能严控施工图设计质量。例如，杭州市《关于做好工业企业项目建设工程施工图审查改革工作的通知》规定，取消施工图事前审查，但抽查比例为 100%，20 天内未通过图审的，施工许可证将撤销，并立即停止施工。

5. 依法实行工程监理

《建设工程质量管理条例》第十二条规定，实行监理的建设工程，建设单位应当委托具有相应资质等级的工程监理单位进行监理，也可以委托具有工程监理相应资质等级并与被监理工程的施工承包单位没有隶属关系或者其他利害关系的该工程的设计单位进行监理。

下列建设工程必须实行监理：

（1）国家重点建设工程；

（2）大中型公用事业工程；

（3）成片开发建设的住宅小区工程；

（4）利用外国政府或者国际组织贷款、援助资金的工程；

（5）国家规定必须实行监理的其他工程。

6. 依法办理工程质量监督手续

《建设工程质量管理条例》第十三条规定，建设单位在开工前，应当按照国家有关规定办理工程质量监督手续，工程质量监督手续可以与施工许可证或者开工报告合并办理。

7. 依法保证建筑材料等符合要求

《建设工程质量管理条例》第十四条规定，按照合同约定，由建设单位采购建筑材料、建筑构配件和设备的，建设单位应当保证建筑材料、建筑构配件和设备符合设计文件和合同要求。

建设单位不得明示或者暗示施工单位使用不合格的建筑材料、建筑构配件和设备。

8. 依法进行装修工程

《建设工程质量管理条例》第十五条规定，涉及建筑主体和承重结构变动的装修工程，建设单位应当在施工前委托原设计单位或者具有相应资质等级的设计单位提出设计方案；没有设计方案的，不得施工。

房屋建筑使用者在装修过程中，不得擅自变动房屋建筑主体和承重结构。

二、施工单位的质量责任和义务

1. 依法承揽工程

《建设工程质量管理条例》第二十五条规定，施工单位应当依法取得相应等级的资质证书，并在其资质等级许可的范围内承揽工程。

禁止施工单位超越本单位资质等级许可的业务范围或者以其他施工单位的名义承揽工程。禁止施工单位允许其他单位或者个人以本单位的名义承揽工程。

施工单位不得转包或者违法分包工程。

2. 对施工质量负责

《建筑法》第五十八条第一款规定，建筑施工企业对工程的施工质量负责。

《建设工程质量管理条例》第二十六条进一步规定，施工单位对建设工程的施工质量负责。施工单位应当建立质量责任制，确定工程项目的项目经理、技术负责人和施工管理负责人。

建设工程实行总承包的，总承包单位应当对全部建设工程质量负责；建设工程勘察、设计、施工、设备采购的一项或者多项实行总承包的，总承包单位应当对其承包的建设工程或者采购的设备的质量负责。

总承包单位依法将建设工程分包给其他单位的，分包单位应当按照分包合同的约定对其分包工程的质量向总承包单位负责，总承包单位与分包单位对分包工程的质量承担连带责任。

3. 按照工程设计图纸和施工技术标准施工

《建设工程质量管理条例》第二十八条规定，施工单位必须按照工程设计图纸和施工技术标准施工，不得擅自修改工程设计，不得偷工减料。

施工单位在施工过程中发现设计文件和图纸有差错的，应当及时提出意见和建议。

4. 对建筑材料、设备、试块和试件等进行检验检测

《建设工程质量管理条例》第二十九条和第三十一条规定，施工单位必须按照工程设计要求、施工技术标准和合同约定，对建筑材料、建筑构配件、设备和商品混凝土进行检验，检验应当有书面记录和专人签字；未经检验或者检验不合格的，不得使用。

施工人员对涉及结构安全的试块、试件以及有关材料，应当在建设单位或者工程监理单位监督下现场取样，并送具有相应资质等级的质量检测单位进行检测。

《房屋建筑工程和市政基础设施工程实行见证取样和送检的规定》第六条规定，下列试块、试件和材料必须实施见证取样和送检：

（1）用于承重结构的混凝土试块；

（2）用于承重墙体的砌筑砂浆试块；

（3）用于承重结构的钢筋及连接接头试件；

（4）用于承重墙的砖和混凝土小型砌块；

（5）用于拌制混凝土和砌筑砂浆的水泥；

（6）用于承重结构的混凝土中使用的掺加剂；

（7）地下、屋面、厕浴间使用的防水材料；

（8）国家规定必须实行见证取样和送检的其他试块、试件和材料。

见证人员应由建设单位或该工程的监理单位具备建筑施工试验知识的专业技术人员担任。取样人员应在试样或其包装上作出标识、封志。标识和封志应标明工程名称、取样部位、取样日期、样品名称和样品数量，并由见证人员和取样人员签字。取样人员和见证人员对试样的真实性、代表性负责。

见证取样后，样品应送建设单位委托的有相应检测资质的第三方检测单位检测。送样比例不小于规范规定取样数量的30%。

《建设工程质量检查管理办法》第二十三条至第二十五条规定，任何单位和个人不得明示或者暗示检测机构出具虚假检测报告，不得篡改或者伪造检测报告。

检测机构在检测过程中发现建设、施工、监理单位存在违反有关法律法规规定和工程建设强制性标准等行为，以及检测项目涉及结构安全、主要使用功能检测结果不合格的，应当及时报告建设工程所在地县级以上地方人民政府住房和城乡建设主管部门。

检测结果利害关系人对检测结果存在争议的，可以委托共同认可的检测机构复检。检测机构应当单独建立检测结果不合格项目台账。

5. 对施工质量进行检验

《建设工程质量管理条例》第三十条规定，施工单位必须建立、健全施工质量的检验制度，严格工序管理，做好隐蔽工程的质量检查和记录。隐蔽工程在隐蔽前，施工单位应当通知建设单位和建设工程质量监督机构。

隐蔽工程施工具有不可逆性，对隐蔽工程的验收应当严格按照法律、法规、强制性标准和合同约定进行。《民法典》第七百九十八条规定，隐蔽工程在隐蔽以前，承包人应当通知发包人检查。发包人没有及时检查的，承包人可以顺延工程日期，并有权请求赔偿停工、窝工等损失。

6. 具有建设工程的返修责任

《建设工程质量管理条例》第三十二条规定，施工单位对施工中出现质量问题的建设工程或者竣工验收不合格的建设工程，应当负责返修。

因施工单位原因致使施工质量不符合约定的，建设单位有权要求施工单位无偿修理，返工或改建。对于非施工单位原因造成的质量问题，施工单位也应当负责返修，但由此造成的损失和费用由责任方承担。

《民法典》第八百零一条规定，因施工人的原因致使建设工程质量不符合约定的，发包人有权请求施工人在合理期限内无偿修理或者返工、改建。经过修理或者返工、改建后，造成逾期交付的，施工人应当承担违约责任。

7. 建立健全职工教育培训制度的规定

《建设工程质量管理条例》第三十三条规定，施工单位应当建立、健全教育培训制度，加强对职工的教育培训；未经教育培训或者考核不合格的人员，不得上岗作业。

三、勘察、设计单位的质量责任和义务

1. 依法承揽勘察、设计业务

《建设工程质量管理条例》第十八条规定，从事建设工程勘察、设计的单位应当依法取得相应等级的资质证书，并在其资质等级许可的范围内承揽工程。

禁止勘察、设计单位超越其资质等级许可的范围或者以其他勘察、设计单位的名义承揽工程。禁止勘察、设计单位允许其他单位或者个人以本单位的名义承揽工程。

勘察、设计单位不得转包或者违法分包所承揽的工程。

2. 执行勘察强制性标准

《建设工程质量管理条例》第十九条第一款规定，勘察、设计单位必须按照工程建设强制性标准进行勘察、设计，并对其勘察、设计的质量负责。

3. 提供真实、准确的勘察成果

《建设工程质量管理条例》第二十条规定，勘察单位提供的地质、测量、水文等勘察成果必须真实、准确。

4. 设计依据正确且设计深度符合国家规定

《建设工程质量管理条例》第二十一条规定，设计单位应当根据勘察成果文件进行建设工程设计。设计文件应当符合国家规定的设计深度要求，注明工程合理使用年限。

工程合理使用年限是指工程的地基基础、主体结构能保证在正常情况下安全使用的年限，自竣工验收合格之日起算。

5. 依法规范对建筑材料等的选用

《建设工程质量管理条例》第二十二条规定，设计单位在设计文件中选用的建筑材料、建筑构配件和设备，应当注明规格、型号、性能等技术指标，其质量要求必须符合国家规定的标准。

除有特殊要求的建筑材料、专用设备、工艺生产线等外，设计单位不得指定生产厂、供应商。

6. 解释勘察和设计文件的责任

《建设工程质量管理条例》第二十三条规定，设计单位应当就审查合格的施工图设计文件向施工单位作出详细说明。

《建设工程勘察设计管理条例》第三十条进一步规定，建设工程勘察、设计单位应当在建设工程施工前，向施工单位和监理单位说明建设工程勘察、设计意图，解释建设工程勘察、设计文件。建设工程勘察、设计单位应当及时解决施工中出现的勘察、设计问题。

7. 依法参与建设工程质量事故分析

《建设工程质量管理条例》第二十四条规定，设计单位应当参与建设工程质量事故分析，并对因设计造成的质量事故，提出相应的技术处理方案。

四、监理单位的质量责任和义务

1. 依法承担工程监理业务

《建设工程质量管理条例》第三十四条规定，工程监理单位应当依法取得相应等级的资质证书，并在其资质等级许可的范围内承担工程监理业务。

禁止工程监理单位超越本单位资质等级许可的范围或者以其他工程监理单位的名义承担工程监理业务。禁止工程监理单位允许其他单位或者个人以本单位的名义承担工程监理业

务。工程监理单位不得转让工程监理业务。

2. 独立监理的责任

《建设工程质量管理条例》第三十五条规定，工程监理单位与被监理工程的施工承包单位以及建筑材料、建筑构配件和设备供应单位有隶属关系或者其他利害关系的，不得承担该项建设工程的监理业务。

《建筑法》第三十五条第二款规定，工程监理单位与承包单位串通，为承包单位谋取非法利益，给建设单位造成损失的，应当与承包单位承担连带赔偿责任。

3. 依法实施监理活动

《建设工程质量管理条例》第三十六条规定，工程监理单位应当依照法律、法规以及有关技术标准、设计文件和建设工程承包合同，代表建设单位对施工质量实施监理，并对施工质量承担监理责任。

工程监理单位应当选派具备相应资格的总监理工程师和监理工程师进驻施工现场。

未经监理工程师签字，建筑材料、建筑构配件和设备不得在工程上使用或者安装，施工单位不得进行下一道工序的施工。未经总监理工程师签字，建设单位不拨付工程款，不进行竣工验收。

《建筑法》第三十五条第一款规定，工程监理单位不按照委托监理合同的约定履行监理义务，对应当监督检查的项目不检查或者不按照规定检查，给建设单位造成损失的，应当承担相应的赔偿责任。

第四节　建设工程竣工验收制度

建设工程竣工验收是建设投资成果转入生产或使用的标志，也是全面考核投资效益、检验设计和施工质量的重要环节。

一、竣工验收的主体和条件

1. 主体

根据《建设工程质量管理条例》第十六条规定，建设单位收到建设工程竣工报告后，应当组织设计、施工、工程监理等有关单位进行竣工验收。

2. 条件

建设工程竣工验收应当具备下列条件：

（1）完成建设工程设计和合同约定的各项内容；

（2）有完整的技术档案和施工管理资料；

（3）有工程使用的主要建筑材料、建筑构配件和设备的进场试验报告；

（4）由勘察、设计、施工、工程监理等单位分别签署的质量合格文件；

（5）有施工单位签署的工程保修书。

建设工程经验收合格的，方可交付使用。

二、竣工验收程序

（1）工程完工后，施工单位向建设单位提交工程竣工报告，申请工程竣工验收。

（2）建设单位收到工程竣工报告后，对符合竣工验收要求的工程，组织勘察、设计、施工、监理等单位和其他有关方面的专家组成验收组，制定验收方案。

（3）建设单位应当在工程竣工验收 7 个工作日前将验收的时间、地点及验收组名单书面通知负责监督该工程的工程质量监督机构。

（4）建设单位组织工程竣工验收。

五方主体分别汇报工程合同的履行情况和在工程建设各个环节执行的法律、法规及工程建设强制性标准的情况；审阅五方主体的工程档案资料；实地查验工程质量；验收组人员对工程勘察、设计、施工、设备安装质量和各个管理环节等作出全面评价；验收组人员签署工程竣工意见。如果意见不一致时，应当协商提出解决方法，待意见一致后，建设单位再重新组织各个单位重新竣工验收。

三、竣工验收报告备案的规定

《建设工程质量管理条例》第四十九条规定，建设单位应当自建设工程竣工验收合格之日起 15 日内，将建设工程竣工验收报告和规划、公安消防、环保等部门出具的认可文件或者准许使用文件报工程所在地的县级以上地方人民政府建设行政主管部门或者其他有关部门备案。

建设行政主管部门或者其他有关部门发现建设单位在竣工验收过程中有违反国家有关建设工程质量管理规定行为的，责令停止使用，重新组织竣工验收。

《房屋建筑工程和市政基础设施工程竣工验收备案管理暂行办法》第五条规定，建设单位办理工程竣工验收备案应当提交下列文件：

（1）工程竣工验收备案表。

（2）工程竣工验收报告。

竣工验收报告应当包括工程报建日期，施工许可证号，施工图设计文件审查意见，勘察、设计、施工、工程监理等单位分别签署的质量合格文件及验收人员签署的竣工验收原始文件，市政基础设施的有关质量检测和功能性试验资料以及备案机关认为需要提供的有关资料。

（3）法律、行政法规规定应当由规划、公安消防、环保等部门出具的认可文件或者准许使用文件。

（4）施工单位签署的工程质量保修书。

（5）法规、规章规定必须提供的其他文件。

商品住宅还应当提交"住宅质量保证书"和"住宅使用说明书"。

四、移交建设项目档案的规定

《建设工程质量管理条例》第十七条规定，建设单位应当严格按照国家有关档案管理的规定，及时收集、整理建设项目各环节的文件资料，建立、健全建设项目档案，并在建设工程竣工验收后，及时向建设行政主管部门或者其他有关部门移交建设项目档案。

五、竣工质量争议

《关于审理建设工程施工合同纠纷案件使用法律问题的解释（一）》第十三条规定，发包人有下列情形之一，造成建设工程质量缺陷，应当承担过错责任：

（1）提供的设计有缺陷；

（2）提供或者指定购买的建筑材料、建筑构配件、设备不符合强制性标准；

（3）直接指定分包人分包专业工程。

建设工程未经竣工验收，发包人擅自使用，又以使用部分质量不符合约定为由主张权利的，不予支持；但是承包人应当在建设工程合理使用寿命内对地基基础工程和主体结构质量承担民事责任。

因承包人的原因造成建设工程质量不符合约定，承包人拒绝修理、返工或者改建，发包人请求减少支付工程价款的，应予支持。

第五节 建设工程质量保修制度

建设工程质量保修是指建设工程在竣工验收后的保修期限内出现质量缺陷，由施工单位依照法律规定或合同约定予以修复。其中，质量缺陷是指建设工程的质量不符合工程建设强制性标准以及合同的约定。

建设工程实行质量保修制度是《建筑法》确立的一项基本法律制度。《建设工程质量管理条例》第三十九条对该项制度进一步规定，建设工程实行质量保修制度。

建设工程承包单位在向建设单位提交工程竣工验收报告时，应当向建设单位出具质量保修书。质量保修书中应当明确建设工程的保修范围和最低保修期限、保修责任、缺陷责任期和建设工程质量保证金等。

一、保修范围和最低保修期限

《建设工程质量管理条例》第四十条规定，在正常使用条件下，建设工程的最低保修期限为：

（1）基础设施工程、房屋建筑的地基基础工程和主体结构工程，为设计文件规定的该工程的合理使用年限；

（2）屋面防水工程、有防水要求的卫生间、房间和外墙面的防渗漏，为5年；

（3）供热与供冷系统，为2个采暖期、供冷期；

（4）电气管线、给排水管道、设备安装和装修工程，为2年。

其他项目的保修期限由发包方与承包方约定。建设工程的保修期，自竣工验收合格之日起计算。

建设单位与施工单位签订的合同中，保修期限可以高于法定的最低保修期限，但是不能低于最低保修期限，否则视为无效。

建设工程在超过合理使用年限后需要继续使用的，产权所有人应当委托具有相应资质等级的勘察、设计单位鉴定，并根据鉴定结果采取加固、维修等措施，重新界定使用期。

二、保修责任

《建设工程质量管理条例》第四十一条规定，建设工程在保修范围和保修期限内发生质量问题的，施工单位应当履行保修义务，并对造成的损失承担赔偿责任。

对于保修义务的承担和维修的经济责任承担应当按下述原则处理：

（1）施工、设计或勘察错误等原因使工程出现质量问题属于保修范围，施工单位负责保修，费用由责任方承担。

（2）使用不当、人为损坏或者自然灾害等使工程出现质量问题，则不属于保修范围，施工单位没有保修责任，由工程产权人或者使用人自行维修。

三、缺陷责任期

缺陷责任期是指承包人按照合同约定承担缺陷修复义务，且发包人预留质量保证金的期限。缺陷责任期一般为 6 个月、12 个月或 24 个月，具体可由发承包双方在合同中约定。

《建设工程质量保证金管理办法》第八条规定，缺陷责任期从工程通过竣工验收之日起开始计算。由于承包人原因导致工程无法按规定期限进行竣工验收的，缺陷责任期从实际通过竣工验收之日起计。由于发包人原因导致工程无法按规定进行竣工验收的，在承包人提交竣工验收报告 90 天后，工程自动进入缺陷责任期。

缺陷责任期内，由承包人原因造成的缺陷，承包人应负责维修，并承担鉴定及维修费用。如承包人不维修也不承担费用，发包人可按合同约定从保证金或银行保函中扣除，费用超出保证金额的，发包人可按合同约定向承包人进行索赔。承包人维修并承担相应费用后，不免除对工程的损失赔偿责任。

由他人原因造成的缺陷，发包人负责组织维修，承包人不承担费用，且发包人不得从保证金中扣除费用。

四、建设工程质量保证金

1. 定义

建设工程质量保证金是指发包人与承包人在建设工程承包合同中约定，从应付的工程款中预留，用以保证承包人在缺陷责任期内对建设工程出现的缺陷进行维修的资金。

2. 预留比例及相关要求

《建设工程质量保证金管理办法》规定，发包人应按照合同约定方式预留保证金，保证金总预留比例不得高于工程价款结算总额的 3%。合同约定由承包人以银行保函替代预留保证金的，保函金额不得高于工程价款结算总额的 3%。

合同约定由承包人提交质量保险、质量保函的，发包人不得再预留保证金。承包人已经缴纳履约保证金的，发包人不得同时预留工程质量保证金。

发包人应当在招标文件中明确保证金预留、返还等内容，并与承包人在合同条款中对涉及保证金的下列事项进行约定：

（1）保证金预留、返还方式；

（2）保证金预留比例、期限；

（3）保证金是否计付利息，如计付利息，利息的计算方式；

（4）缺陷责任期的期限及计算方式；

（5）保证金预留、返还及工程维修质量、费用等争议的处理程序；

（6）缺陷责任期内出现缺陷的索赔方式；

（7）逾期返还保证金的违约金支付办法及违约责任。

3. 返还的相关要求

缺陷责任期内，承包人认真履行合同约定的责任，到期后，承包人向发包人申请返还保证金。

发包人在接到承包人返还保证金申请后，应于 14 天内会同承包人按照合同约定的内容进行核实。如无异议，发包人应当按照约定将保证金返还给承包人。对返还期限没有约定或者约定不明确的，发包人应当在核实后 14 天内将保证金返还承包人，逾期未返还的，依法承担违约责任。发包人在接到承包人返还保证金申请后 14 天内不予答复，经催告后 14 天内仍不予答复，视同认可承包人的返还保证金申请。

发包人和承包人对保证金预留、返还以及工程维修质量、费用有争议的，按承包合同约定的争议和纠纷解决程序处理。

第六节　建设工程质量监督管理制度

《建设工程质量管理条例》第四十三条第一款规定，国家实行建设工程质量监督管理制度。

一、含义

建设工程质量监督管理是指主管部门依据有关法律法规和工程建设强制性标准，对工程实体质量和工程建设、勘察、设计、施工、监理单位和质量检测等单位的工程质量行为实施监督。

工程实体质量监督是指主管部门对涉及工程主体结构安全、主要使用功能的工程实体质量情况实施监督。工程质量行为监督是指主管部门对工程质量责任主体和质量检测等单位履行法定质量责任和义务的情况实施监督。

二、主体

对建设工程质量进行监督管理的主体是各级政府的建设行政主管部门和其他有关部门。

根据《建设工程质量管理条例》第四十三条第二、三款规定，国务院建设行政主管部门对全国的建设工程质量实施统一监督管理。国务院铁路、交通、水利等有关部门按照国务院规定的职责分工，负责对全国的有关专业建设工程质量的监督管理。县级以上地方人民政府建设行政主管部门对本行政区域内的建设工程质量实施监督管理。县级以上地方人民政府交通、水利等有关部门在各自的职责范围内，负责对本行政区域内的专业建设工程质量的监督管理。

建设工程质量监督管理，可以由建设行政主管部门或者其他有关部门委托的建设工程质量监督机构具体实施。

从事房屋建筑工程和市政基础设施工程质量监督的机构，必须按照国家有关规定经国务院建设行政主管部门或者省、自治区、直辖市人民政府建设行政主管部门考核；从事专业建设工程质量监督的机构，必须按照国家有关规定经国务院有关部门或者省、自治区、直辖市人民政府有关部门考核。经考核合格后，方可实施质量监督。

三、措施

《建设工程质量管理条例》第四十八条规定，县级以上人民政府建设行政主管部门和其他有关部门履行监督检查职责时，有权采取下列措施：

（1）要求被检查的单位提供有关工程质量的文件和资料；

（2）进入被检查单位的施工现场进行检查；

（3）发现有影响工程质量的问题时，责令改正。

有关单位和个人对县级以上人民政府建设行政主管部门和其他有关部门进行的监督检查应当支持与配合，不得拒绝或者阻碍建设工程质量监督检查人员依法执行职务。

四、工程质量事故报告制度

根据《建设工程质量管理条例》第五十二条和第五十三条的规定，任何单位和个人对建设工程的质量事故、质量缺陷都有权检举、控告、投诉。

建设工程发生质量事故，有关单位应当在 24 小时内向当地建设行政主管部门和其他有关部门报告。对重大质量事故，事故发生地的建设行政主管部门和其他有关部门应当按照事故类别和等级向当地人民政府和上级建设行政主管部门及其他有关部门报告。特别重大质量事故的调查程序按照国务院有关规定办理。

第七节 工程案例分析

➤ 案例 5-1
关联知识点：工程建设标准

【背景】

某市住建局于 2018 年 1 月 29 日对某艺术设计院有限公司未按照工程建设强制性标准进行设计的行为立案调查。经调查，该公司编制的某市某养老服务综合楼项目施工图设计文件未按照工程建设强制性标准进行设计，结构施工图第 3 层结构 A10 轴梁配筋不满足国家标准《建筑抗震设计标准》强制性条文的规定。

【问题】

本案例中，某艺术设计院有限公司违反了工程强制性标准，应当如何处理？

【分析】

某艺术设计院有限公司在编制某市某养老服务综合楼项目施工图设计文件时未按照工程强制性标准进行设计的行为，违反了《建设工程质量管理条例》第十九条第一款规定，勘察、设计单位必须按照工程建设强制性标准进行勘察、设计，并对其勘察、设计的质量负责。

《建设工程质量管理条例》第六十三条规定，违反本条例规定，有下列行为之一的，责令改正，处 10 万元以上 30 万元以下的罚款：①勘察单位未按照工程建设强制性标准进行勘察的；②设计单位未根据勘察成果文件进行工程设计的；③设计单位指定建筑材料、建筑构配件的生产厂、供应商的；④设计单位未按照工程建设强制性标准进行设计的。有前款所列行为，造成工程质量事故的，责令停业整顿，降低资质等级；情节严重的，吊销资质证书；造成损失的，依法承担赔偿责任。

《建设工程质量管理条例》第七十三条规定，依照本条例规定，给予单位罚款处罚的，对单位直接负责的主管人员和其他直接责任人员处单位罚款数额 5％以上、10％以下的罚款。

根据《建设工程质量管理条例》第六十三条和第七十三条的规定，应当给予广东某艺术设计院有限公司相应的行政处罚。

【处理结果】

某市住建局对某艺术设计院有限公司作出如下行政处罚：责令改正，并处罚款 29 万元。对单位直接责任人员处单位罚款数额 10％以下的罚款，罚款金额为 2.8 万元。

➤ 案例 5-2
关联知识点：施工单位的质量责任、违法分包、合同的效力

【背景】

2019 年 6 月某安装公司股东刘某某由于同某劳务公司出现利益纠纷并担心某市地铁 X 号线出现质量事故，于是举报自己称"在项目施工中为了节省耗材，将原本图纸规定的 20

厘米钢筋间距加长为 23 厘米或 25 厘米，不具有原来图纸设计的抗压程度；管廊沟槽用原状土大石头回填，没法夯实，会沉降坍塌；图纸设计电缆垫层厚度不足 20 厘米，实际只有 10 厘米，有些地段直接没有浇筑垫层；电缆保护管的管壁厚度不足"。

该项目总承包方为某电力公司。2018 年 9 月，某电力公司与某捷电力工程有限公司（以下简称某捷公司）签订分包合同，合同金额为 2718.81 万元，主要分包内容为土石方开挖及回填、混凝土浇筑等劳务作业。随后，某捷公司将承揽的工程再次分包给某劳务公司。2019 年 3 月 16 日，某劳务公司又将承揽的工程分包给了刘某某所在的某安装公司，并签订了《电力土建工程施工劳务分包合同》。2019 年 6 月 16 日，某安装公司与某劳务公司双方签订了劳务协议解除合同，同时规定某安装公司在收到双方确认的工程款金额后，不再主张任何费用，保证不上访、不投诉、不举报工程质量问题和违法分包等问题。

发包人某市地铁在调查通报中称，被举报项目为地铁配套的电力排管工程，总长 7.7 公里，目前已施工约 1.5 公里。通过对这 1.5 公里工程的局部挖掘和破拆检查发现，钢筋用量满足设计要求，混凝土垫层均有敷设，但存在钢筋布设疏密不均、混凝土垫层厚薄不均的问题。从发包人调查结果可以看出被举报工程不存在偷工减料，但是施工质量存在一定的缺陷。

某市地铁集团有限公司法律事务部部长称，该项目总承包方某电力公司与某捷公司签订的合同，并没有经过发包人同意。发包人在调查通报中也称，项目总承包方"某电力有限责任公司"存在涉嫌违法分包行为。但该项目总承包方的母公司发布公告表示子企业"某电力公司"不存在违法分包问题，但作为总承包方，存在项目管理不善问题。

【问题】

1. 本工程总承包单位是否存在违法分包行为。
2. 某安装公司与某劳务公司签订的劳务解除协议是否有效。

【分析】

1. 关于总承包单位是否存在违法分包的问题

《建筑法》第二十九条规定，建筑工程总承包单位可以将承包工程中的部分工程发包给具有相应资质条件的分包单位；但是，除总承包合同中约定的分包外，必须经建设单位认可。

《建设工程质量管理条例》第七十八条进一步规定，违法分包是指建设工程总承包合同中未有约定，又未经建设单位认可，承包单位将其承包的部分建设工程交由其他单位完成的。

在本案例中，总承包单位某电力公司在分包时并未经建设单位某市地铁集团同意，由此可见总承包单位存在违法分包行为。

2. 关于某安装公司与某劳务公司签订的劳务解除协议是否有效的问题

《最高人民法院关于审理建设工程施工合同纠纷案件适用法律问题的解释（一）》规定，承包人因转包、违法分包建设工程与他人签订的建设工程施工合同，应当依据《民法典》第一百五十三条第一款及第七百九十一条第二款、第三款的规定，认定无效。

总承包单位存在违法分包行为，因此某安装公司与某劳务公司签订的劳务解除协议无效。

【处理结果】

总承包方为确保万无一失，对已施工的 1.5 公里电力排管工程拆除重建。

总承包方的施工及安装工程项目部班子成员全部停职并接受检查，成立新的临时班子，接管项目部生产经营管理日常工作。

发包人某市地铁集团有限公司研究决定将总承包方列入某市地铁工程建设黑名单。

➤ **案例 5-3**

关联知识点：建筑工程五方责任主体项目负责人质量终身责任制度

【背景】

2006 年，杨某作为某商业广场装饰工程的项目经理，在对商业广场 C 区坡屋面进行施工时，擅自更改了屋面设计施工要求，在未采取其他技术措施的情况下，取消了水泥砂浆卧瓦层钢筋网。2017 年 3 月 3 日，该区域坡屋面发生滑落事故，致使 2 人死亡。经鉴定，杨某擅自更改和取消屋面设计施工要求，在水泥砂浆卧瓦层内未按设计施工图纸要求设置 φ6@500×500 的钢筋网，造成缺少钢筋网的水泥砂浆卧瓦层与层面混凝土板之间没有任何结构性连接，导致水泥砂浆卧瓦层整体滑落。

【问题】

杨某对于坡屋面发生滑落事故是否应当承担法律责任。

【分析】

《建筑工程五方责任主体项目负责人质量终身责任追究暂行办法》第二条第一款规定，建筑工程五方责任主体项目负责人是指承担建筑工程项目建设的建设单位项目负责人、勘察单位项目负责人、设计单位项目负责人、施工单位项目经理、监理单位总监理工程师。

《建筑工程五方责任主体项目负责人质量终身责任追究暂行办法》第三条规定，建筑工程五方责任主体项目负责人质量终身责任，是指参与新建、扩建、改建的建筑工程项目负责人按照国家法律法规和有关规定，在工程设计使用年限内对工程质量承担相应责任。

杨某作为施工单位的项目经理，违反国家法律规定，降低工程质量标准，造成 2 人死亡的重大安全事故，其行为触犯了《中华人民共和国刑法》第一百三十七条之规定，构成工程重大安全事故罪。

【处理结果】

杨某所在单位赔偿被害人陈某家属人民币 170 万元、赔偿被害人黄某家属人民币 155 万元。被告人杨某构成工程重大安全事故罪，但具有自首、自愿认罪认罚情节，判处有期徒刑 2 年 3 个月，缓刑 2 年 6 个月，并处罚金人民币 3 万元。

➤ **案例 5-4**

关联知识点：建设工程竣工验收制度

【背景】

2018 年 10 月，某城市管理局直属二中队巡查发现，某工业区内的一家企业存在疑似未组织竣工验收的情况下，擅自将已竣工的建设工程投入使用。经该局执法人员现场勘查，该企业不能提供建设工程项目相关的竣工验收文件资料，在未组织竣工验收的情况下，将一幢已竣工的二层（局部三层）框架结构建筑物投入使用。该建筑物高度 12.83 米，建筑面积 1790.00 平方米，目前作为生产车间使用。

【问题】

该企业在未组织竣工验收的情况下，擅自将该建筑物投入使用违反了哪些法律规定？

【分析】

该企业在未组织竣工验收的情况下，擅自将该建筑物投入使用，其行为违反了《建设工程质量管理条例》第十六条第一款和第三款的规定，应当按照《建设工程质量管理条例》第五十八条予以处罚。

《建设工程质量管理条例》第十六条第一款规定，建设单位收到建设工程竣工报告后，应当组织设计、施工、工程监理等有关单位进行竣工验收。

《建设工程质量管理条例》第十六条第三款规定，建设工程经验收合格的，方可交付使用。

《建设工程质量管理条例》第五十八条规定，违反本条例规定，建设单位有下列行为之一的，责令改正，处工程合同价款2%以上、4%以下的罚款；造成损失的，依法承担赔偿责任：①未组织竣工验收，擅自交付使用的；②验收不合格，擅自交付使用的；③对不合格的建设工程按照合格工程验收的。

未通过竣工验收而提前使用的建设工程项目可能存在安全隐患，这种违规行为不仅违反法律法规，还可能危及员工和他人的生命和财产安全。这个案例提醒我们，建设工程竣工验收必须遵循规定的程序，确保建筑物的安全和合规使用。

【处理结果】

某城市管理局以当事人未组织竣工验收而擅自将该建筑物投入使用为由，责令该建设工程项目停止投入使用，依法对当事人处以工程合同价款2%的行政处罚。

思 政 小 结

建设工程质量管理法律制度的实施，对于保障工程质量、促进行业健康发展以及保护公众利益具有重要的意义。

工程建设标准明确规定了施工工艺、方法、技术和管理等质量要求。这些标准的实施确保了工程的设计、施工和验收等各个环节都符合科学标准和规范要求，从而减少工程质量问题的发生，提升了建筑工程的可靠性和安全性。

建筑工程五方责任主体项目负责人质量终身责任制度和建设工程参建主体单位的质量责任制度的实施，强化了建设企业和从业人员的社会责任意识，不仅要追求经济效益，还要关注社会效益。建设企业和从业人员在满足自身利益的同时，能为社会创造质量可靠的工程项目，履行社会责任。

建设工程竣工验收制度和建设工程质量保修制度的实施，引导从业人员精益求精，超越自我。这种工匠精神不仅推动了法律制度的有效执行，也促使工程质量得到实质性的提升。

建设工程质量监督管理制度的实施，使企业在实践创新中受到质量标准要求的约束，从而避免出现违法违规行为。与此同时，实践创新行为也为建设工程质量监督管理制度的完善提供了实践经验和反馈，有助于不断完善监管体制，以适应建筑领域的变化和发展。

本章体现的思政元素如下：

1. 工匠精神

工匠精神是一种注重细节、追求卓越的职业精神。在思想政治教育中，引导学生了解和学习工匠精神，培养他们对学习和工作的热情，追求卓越的态度，形成耐心和专注的品格。

2. 遵纪守法

遵纪守法是一种高尚的品质。在思想政治教育中，引导学生遵守社会秩序、道德规范和法律法规，培养学生形成良好的行为习惯和正确的价值观。

3. 实践创新

在思想政治教育中，实践创新意识可以增强学生的实际操作能力和创造力。引导学生将所学的理论知识应用于实际情境中，探索新的方法、理念或解决方案，形成创新思维。鼓励学生参与具体的项目，让他们在实际操作中学习、探索和解决问题。

4. 社会责任

在思想政治教育中，培养学生形成关爱社会、回馈社会的意识，在实际行动中积极履行社会责任，增强社会责任感，形成具有社会担当的品格。

思 考 题

1. 请简述强制性标准监督检查的内容。
2. 请阐述建筑工程五方责任人应承担的具体责任。
3. 请简述建设单位的质量责任。
4. 请简述施工单位的质量责任。
5. 请简述建设工程竣工验收程序。
6. 根据《建设工程质量管理条例》规定，请阐述建设工程保修范围和最低保修期限。
7. 请简述建设工程质量监督管理的措施。

第六章　建设工程安全生产法律制度

📥 学习目标

（1）施工安全生产许可证的申请主体和具备条件；
（2）建设工程安全生产基本制度的规定；
（3）建设单位、施工单位和其他参建主体单位的安全生产责任规定；
（4）建设工程安全生产事故的等级和处置措施。

第一节　施工安全生产许可证制度

《建筑施工企业安全生产许可证管理规定》第二条第一、二款规定，国家对建筑施工企业实行安全生产许可制度。建筑施工企业未取得安全生产许可证的，不得从事建筑施工活动。

一、取得安全生产许可证的条件

《建筑施工企业安全生产许可证管理规定》第四条规定，建筑施工企业取得安全生产许可证，应当具备下列安全生产条件：

（1）建立、健全安全生产责任制，制定完备的安全生产规章制度和操作规程；
（2）保证本单位安全生产条件所需资金的投入；
（3）设置安全生产管理机构，按照国家有关规定配备专职安全生产管理人员；
（4）主要负责人、项目负责人、专职安全生产管理人员经建设主管部门或者其他有关部门考核合格；
（5）特种作业人员经有关业务主管部门考核合格，取得特种作业操作资格证书；
（6）管理人员和作业人员每年至少进行一次安全生产教育培训并考核合格；
（7）依法参加工伤保险，依法为施工现场从事危险作业的人员办理意外伤害保险，为从业人员交纳保险费；
（8）施工现场的办公、生活区及作业场所和安全防护用具、机械设备、施工机具及配件符合有关安全生产法律、法规、标准和规程的要求；
（9）有职业危害防治措施，并为作业人员配备符合国家标准或者行业标准的安全防护用具和安全防护服装；
（10）有对危险性较大的分部分项工程及施工现场易发生重大事故的部位、环节的预防、监控措施和应急预案；
（11）有生产安全事故应急救援预案、应急救援组织或者应急救援人员，配备必要的应急救援器材、设备；
（12）法律、法规规定的其他条件。

二、安全生产许可证的申请与颁发

1. 申请

建筑施工企业从事建筑施工活动前，应当向企业注册所在地的省、自治区、直辖市人民政府住房城乡建设主管部门申请领取安全生产许可证，并提供下列资料：①建筑施工企业安全生产许可证申请表；②企业法人营业执照；③与申请安全生产许可证相关的文件、材料。

《建筑施工企业安全生产许可证管理规定》第七条第一款规定，建设主管部门应当自受理建筑施工企业的申请之日起45日内审查完毕；经审查符合安全生产条件的，颁发安全生产许可证；不符合安全生产条件的，不予颁发安全生产许可证，书面通知企业并说明理由。企业自接到通知之日起应当进行整改，整改合格后方可再次提出申请。

2. 有效期

根据《建筑施工企业安全生产许可证管理规定》第八条至第十一条规定，安全生产许可证的有效期为3年。安全生产许可证有效期满需要延期的，企业应当于期满前3个月向原安全生产许可证颁发管理机关申请办理延期手续。

企业在安全生产许可证有效期内，严格遵守有关安全生产的法律法规，未发生死亡事故的，安全生产许可证有效期届满时，经原安全生产许可证颁发管理机关同意，不再审查，安全生产许可证有效期延期3年。

建筑施工企业变更名称、地址、法定代表人等，应当在变更后10日内，到原安全生产许可证颁发管理机关办理安全生产许可证变更手续。建筑施工企业破产、倒闭、撤销的，应当将安全生产许可证交回原安全生产许可证颁发管理机关予以注销。建筑施工企业遗失安全生产许可证，应当立即向原安全生产许可证颁发管理机关报告，并在公众媒体上声明作废后，方可申请补办。

三、监督管理

根据《建筑施工企业安全生产许可证管理规定》第十三条和第十六条规定，县级以上人民政府建设主管部门应当加强对建筑施工企业安全生产许可证的监督管理。建设主管部门在审核发放施工许可证时，应当对已经确定的建筑施工企业是否有安全生产许可证进行审查，对没有取得安全生产许可证的，不得颁发施工许可证。

安全生产许可证颁发管理机关或者其上级行政机关发现有下列情形之一的，可以撤销已经颁发的安全生产许可证：

（1）安全生产许可证颁发管理机关工作人员滥用职权、玩忽职守颁发安全生产许可证的；

（2）超越法定职权颁发安全生产许可证的；

（3）违反法定程序颁发安全生产许可证的；

（4）对不具备安全生产条件的建筑施工企业颁发安全生产许可证的；

（5）依法可以撤销已经颁发的安全生产许可证的其他情形。

第二节　建设工程安全生产基本制度

一、安全生产责任制度

《建筑法》第三十六条规定，建筑工程安全生产管理必须坚持安全第一、预防为主的方针，建立、健全安全生产的责任制度和群防群治制度。

安全生产责任制是指将各种不同的安全责任落实到负有安全管理责任的人员和具体人员身上的一种制度。安全生产责任制度是建筑生产中最基本的安全管理制度，是所有安全规章制度的核心。

1. 生产经营单位的主要负责人

《安全生产法》第五条规定，生产经营单位的主要负责人是本单位安全生产第一责任人，对本单位的安全生产工作全面负责。其他负责人对职责范围内的安全生产工作负责。

《建筑施工企业主要负责人、项目负责人和专职安全生产管理人员安全生产管理规定实施意见》规定，企业主要负责人包括法定代表人、总经理（总裁）、分管安全生产的副总经理（副总裁）、分管生产经营的副总经理（副总裁）、技术负责人、安全总监等。

2. 生产经营单位的安全生产管理机构和专职安全生产管理人员

根据《安全生产法》第二十四条的规定，矿山、金属冶炼、建筑施工、运输单位和危险物品的生产、经营、储存、装卸单位，应当设置安全生产管理机构或者配备专职安全生产管理人员。

生产经营单位的安全生产管理机构以及安全生产管理人员履行下列职责：①组织或者参与拟订本单位安全生产规章制度、操作规程和生产安全事故应急救援预案；②组织或者参与本单位安全生产教育和培训，如实记录安全生产教育和培训情况；③组织开展危险源辨识和评估，督促落实本单位重大危险源的安全管理措施；④组织或者参与本单位应急救援演练；⑤检查本单位的安全生产状况，及时排查生产安全事故隐患，提出改进安全生产管理的建议；⑥制止和纠正违章指挥、强令冒险作业、违反操作规程的行为；⑦督促落实本单位安全生产整改措施。

二、群防群治制度

群防群治制度是发动企业职工、社会公众等对安全生产进行监督和治理的一项制度，这一制度赋予建筑企业职工对建筑生产中的违章作业或危及生命安全和身体健康的行为提出批评、检举和控告的权利。

三、施工安全生产教育培训制度

《建筑法》第四十六条规定，建筑施工企业应当建立健全劳动安全生产教育培训制度，加强对职工安全生产的教育培训；未经安全生产教育培训的人员，不得上岗作业。

1. 管理人员和作业人员的安全培训

《建设工程安全生产管理条例》第三十六条规定，施工单位的主要负责人、项目负责人、专职安全生产管理人员应当经建设行政主管部门或者其他有关部门考核合格后方可任职。

施工单位应当对管理人员和作业人员每年至少进行一次安全生产教育培训，其教育培训情况记入个人工作档案。安全生产教育培训考核不合格的人员，不得上岗。

2. 特种作业人员的培训

《安全生产法》第三十条规定，生产经营单位的特种作业人员必须按照国家有关规定经专门的安全作业培训，取得相应资格，方可上岗作业。特种作业人员的范围由国务院应急管理部门会同国务院有关部门确定。

《建设工程安全生产管理条例》第二十五条规定，垂直运输机械作业人员、安装拆卸工、爆破作业人员、起重信号工、登高架设作业人员等特种作业人员，必须按照国家有关规定经过专门的安全作业培训，并取得特种作业操作资格证书后，方可上岗作业。

《建筑施工特种作业人员管理规定》第三条规定，建筑施工特种作业包括建筑电工；建筑架子工；建筑起重信号司索工；建筑起重机械司机；建筑起重机械安装拆卸工；高处作业吊篮安装拆卸工；经省级以上人民政府建设主管部门认定的其他特种作业。

3. 进入新的岗位或者新的施工现场前的安全生产教育培训

《建设工程安全生产管理条例》第三十七条第一款规定，作业人员进入新的岗位或者新的施工现场前，应当接受安全生产教育培训。未经教育培训或者教育培训考核不合格的人员，不得上岗作业。

根据《国务院安委会关于进一步加强安全培训工作的决定》第（十）条规定，高危企业新职工安全培训合格后，要在经验丰富的工人师傅带领下，实习至少 2 个月后方可独立上岗。

4. 采用新工艺、新技术、新材料或者使用新设备的教育培训

《安全生产法》第二十九条规定，生产经营单位采用新工艺、新技术、新材料或者使用新设备，必须了解、掌握其安全技术特性，采取有效的安全防护措施，并对从业人员进行专门的安全生产教育和培训。

四、安全生产监督管理制度

《建设工程安全生产管理条例》第四十条规定，国务院建设行政主管部门对全国的建设工程安全生产实施监督管理。国务院铁路、交通、水利等有关部门按照国务院规定的职责分工，负责有关专业建设工程安全生产的监督管理。县级以上地方人民政府建设行政主管部门对本行政区域内的建设工程安全生产实施监督管理。县级以上地方人民政府交通、水利等有关部门在各自的职责范围内，负责本行政区域内的专业建设工程安全生产的监督管理。

建设行政主管部门或者其他有关部门对建设工程是否有安全施工措施进行审查时，不得收取费用。

县级以上人民政府负有建设工程安全生产监督管理职责的部门，在各自的职责范围内履行安全监督检查职责时，有权采取下列措施：

（1）要求被检查单位提供有关建设工程安全生产的文件和资料。

（2）进入被检查单位施工现场进行检查。

（3）纠正施工中违反安全生产要求的行为。

（4）对检查中发现的安全事故隐患，责令立即排除；重大安全事故隐患排除前或者排除过程中无法保证安全的，责令从危险区域内撤出作业人员或者暂时停止施工。

建设行政主管部门或者其他有关部门可以将施工现场的监督检查委托给建设工程安全监督机构具体实施。

县级以上人民政府建设行政主管部门和其他有关部门，应当及时受理对建设工程生产安全事故及安全事故隐患的检举、控告和投诉。

五、建筑安全生产劳动保护制度

1. 从业人员的权利和义务

（1）权利

1）知情权和建议权。《安全生产法》第五十三条规定，生产经营单位的从业人员有权了解其作业场所和工作岗位存在的危险因素、防范措施及事故应急措施，有权对本单位的安全生产工作提出建议。

2）批评、检举、控告权。《安全生产法》第五十四条规定，从业人员有权对本单位安全

生产工作中存在的问题提出批评、检举、控告；有权拒绝违章指挥和强令冒险作业。

生产经营单位不得因从业人员对本单位安全生产工作提出批评、检举、控告或者拒绝违章指挥、强令冒险作业而降低其工资、福利等待遇或者解除与其订立的劳动合同。

《建设工程安全生产管理条例》第三十二条第二款进一步规定，作业人员有权对施工现场的作业条件、作业程序和作业方式中存在的安全问题提出批评、检举和控告。

3）紧急避险权。《安全生产法》第五十五条规定，从业人员发现直接危及人身安全的紧急情况时，有权停止作业或者在采取可能的应急措施后撤离作业场所。

生产经营单位不得因从业人员在前款紧急情况下停止作业或者采取紧急撤离措施而降低其工资、福利等待遇或者解除与其订立的劳动合同。

4）请求赔偿权。《安全生产法》第五十六条规定，生产经营单位发生生产安全事故后，应当及时采取措施救治有关人员。

因生产安全事故受到损害的从业人员，除依法享有工伤保险外，依照有关民事法律尚有获得赔偿的权利的，有权提出赔偿要求。

5）安全防护用品的获得权。《建设工程安全生产管理条例》第三十二条规定，施工单位应当向作业人员提供安全防护用具和安全防护服装，并书面告知危险岗位的操作规程和违章操作的危害。

（2）义务

1）遵守安全生产规章制度的义务。《安全生产法》第五十七条规定，从业人员在作业过程中，应当严格落实岗位安全责任，遵守本单位的安全生产规章制度和操作规程，服从管理，正确佩戴和使用劳动防护用品。

《建设工程安全生产管理条例》第三十三条规定，作业人员应当遵守安全施工的强制性标准、规章制度和操作规程，正确使用安全防护用具、机械设备等。

2）接受安全生产教育培训的义务。《安全生产法》第五十八条规定，从业人员应当接受安全生产教育和培训，掌握本职工作所需的安全生产知识，提高安全生产技能，增强事故预防和应急处理能力。

3）危险报告义务。《安全生产法》第五十九条规定，从业人员发现事故隐患或者其他不安全因素，应当立即向现场安全生产管理人员或者本单位负责人报告；接到报告的人员应当及时予以处理。

2. 工会的权利

《安全生产法》第六十条规定，工会有权对建设项目的安全设施与主体工程同时设计、同时施工、同时投入生产和使用进行监督，提出意见。工会对生产经营单位违反安全生产法律、法规，侵犯从业人员合法权益的行为，有权要求纠正；发现生产经营单位违章指挥、强令冒险作业或者发现事故隐患时，有权提出解决的建议，生产经营单位应当及时研究答复；发现危及从业人员生命安全的情况时，有权向生产经营单位建议组织从业人员撤离危险场所，生产经营单位必须立即作出处理。

工会有权依法参加事故调查，向有关部门提出处理意见，并要求追究有关人员的责任。

六、建筑安全生产人身伤害保险制度

《建筑法》第四十八条规定，建筑施工企业应当依法为职工参加工伤保险缴纳工伤保险费。鼓励企业为从事危险作业的职工办理意外伤害保险，支付保险费。

施工单位必须为其作业人员办理工伤保险，这是强制性义务，施工单位必须执行。同时鼓励企业在参加工伤保险的基础上为从事危险作业的职工办理意外伤害保险。

七、施工现场的带班制度

根据《建筑施工企业负责人及项目负责人施工现场带班暂行办法》规定，施工现场带班包括企业负责人带班检查和项目负责人带班生产。

1. 企业负责人带班检查

企业负责人带班检查是指由建筑施工企业负责人带队实施对工程项目质量安全生产状况及项目负责人带班生产情况的检查。

建筑施工企业法定代表人是落实企业负责人及项目负责人施工现场带班制度的第一责任人，对落实带班制度全面负责。

建筑施工企业负责人要定期带班检查，每月检查时间不少于其工作日的25％。建筑施工企业负责人带班检查时，应认真做好检查记录，并分别在企业和工程项目存档备查。工程项目进行超过一定规模的危险性较大的分部分项工程施工时，建筑施工企业负责人应到施工现场进行带班检查。对于有分公司（非独立法人）的企业集团，集团负责人因故不能到现场的，可书面委托工程所在地的分公司负责人对施工现场进行带班检查。

2. 项目负责人带班生产

项目负责人带班生产是指项目负责人在施工现场组织协调工程项目的质量安全生产活动。

项目负责人是工程项目质量安全管理的第一责任人，应对工程项目落实带班制度负责。

项目负责人带班生产时，要全面掌握工程项目质量安全生产状况，加强对重点部位、关键环节的控制，及时消除隐患。要认真做好带班生产记录并签字存档备查。项目负责人每月带班生产时间不得少于本月施工时间的80％。因其他事务需离开施工现场时，应向工程项目的建设单位请假，经批准后方可离开。离开期间应委托项目相关负责人负责其外出时的日常工作。

第三节　建设主体的安全生产责任

一、建设单位的安全生产责任

1. 办理相关手续的责任

《建筑法》第四十二条规定，有下列情形之一的，建设单位应当按照国家有关规定办理申请批准手续：

（1）需要临时占用规划批准范围以外场地的；

（2）可能损坏道路、管线、电力、邮电通信等公共设施的；

（3）需要临时停水、停电、中断道路交通的；

（4）需要进行爆破作业的；

（5）法律、法规规定需要办理报批手续的其他情形。

2. 向施工单位提供资料的责任

《建设工程安全生产管理条例》第六条规定，建设单位应当向施工单位提供施工现场及毗邻区域内供水、排水、供电、供气、供热、通信、广播电视等地下管线资料，气象和水文观测资料，相邻建筑物和构筑物、地下工程的有关资料，并保证资料的真实、准确、完整。

建设单位因建设工程需要，向有关部门或者单位查询前款规定的资料时，有关部门或者单位应当及时提供。

3. 不得提出违法要求的责任

《建设工程安全生产管理条例》第七条规定，建设单位不得对勘察、设计、施工、工程监理等单位提出不符合建设工程安全生产法律、法规和强制性标准规定的要求，不得压缩合同约定的工期。

建设单位和其他参建主体单位是完全平等的合同双方，建设单位对其他参建单位的要求需要以法律和合同为依据。

4. 提供安全生产费用的责任

《建设工程安全生产管理条例》第八条规定，建设单位在编制工程概算时，应当确定建设工程安全作业环境及安全施工措施所需费用。

投标时，安全文明施工费用属于非竞争费用，不参与评标。

建设工程中的安全文明施工费应当在施工合同（或工程总承包合同）中予以单列。安全文明施工费由建设单位承担，建设单位不得以任何形式扣减该部分费用。

5. 保证建筑设备安全使用的责任

《建设工程安全生产管理条例》第九条规定，建设单位不得明示或者暗示施工单位购买、租赁、使用不符合安全施工要求的安全防护用具、机械设备、施工机具及配件、消防设施和器材。

6. 提供安全施工措施资料的责任

《建设工程安全生产管理条例》第十条规定，建设单位在申请领取施工许可证时，应当提供建设工程有关安全施工措施的资料。

依法批准开工报告的建设工程，建设单位应当自开工报告批准之日起 15 日内，将保证安全施工的措施报送建设工程所在地的县级以上地方人民政府建设行政主管部门或者其他有关部门备案。

7. 对拆除工程进行备案的责任

《建设工程安全生产管理条例》第十一条规定，建设单位应当将拆除工程发包给具有相应资质等级的施工单位。建设单位应当在拆除工程施工 15 日前，将下列资料报送建设工程所在地的县级以上地方人民政府建设行政主管部门或者其他有关部门备案：

（1）施工单位资质等级证明；

（2）拟拆除建筑物、构筑物及可能危及毗邻建筑的说明；

（3）拆除施工组织方案；

（4）堆放、清除废弃物的措施。

实施爆破作业的，应当遵守国家有关民用爆炸物品管理的规定。

二、施工单位的安全生产责任

1. 资质应符合要求

《建设工程安全生产管理条例》第二十条规定，施工单位从事建设工程的新建、扩建、改建和拆除等活动，应当具备国家规定的注册资本、专业技术人员、技术装备和安全生产等条件，依法取得相应等级的资质证书，并在其资质等级许可的范围内承揽工程。

2. 建立安全生产责任制

（1）施工单位主要负责人

施工单位主要负责人依法对本单位的安全生产工作全面负责。施工单位应当建立健全安全生产责任制度和安全生产教育培训制度，制定安全生产规章制度和操作规程，保证本单位安全生产条件所需资金的投入，对所承担的建设工程进行定期和专项安全检查，并做好安全检查记录。

（2）施工单位项目负责人

施工单位的项目负责人应当由取得相应执业资格的人员担任，对建设工程项目的安全施工负责，落实安全生产责任制度、安全生产规章制度和操作规程，确保安全生产费用的有效使用，并根据工程的特点组织制定安全施工措施，消除安全事故隐患，及时、如实报告生产安全事故。

项目经理是施工项目第一安全管理的责任人。工程实行总承包的，总承包企业项目负责人应当定期考核分包企业安全生产管理情况。

（3）施工单位专职安全生产管理人员

施工单位应当设立安全生产管理机构，配备专职安全生产管理人员。专职安全生产管理人员负责对安全生产进行现场监督检查。发现安全事故隐患，应当及时向项目负责人和安全生产管理机构报告；对违章指挥、违章操作的，应当立即制止。

根据《建筑施工企业安全生产管理机构设置及专职安全生产管理人员配备办法》第十三条至第十五条规定，专职安全生产管理人员的人数有以下配备要求：

1）建筑工程、装修工程配备要求。建筑工程、装修工程按照建筑面积配备：

① 1 万平方米以下的工程不少于 1 人；

② 1 万～5 万平方米的工程不少于 2 人；

③ 5 万平方米及以上的工程不少于 3 人，且按专业配备专职安全生产管理人员。

2）土木工程、线路管道、设备安装工程配备要求。土木工程、线路管道、设备安装工程按照工程合同价配备：

① 5000 万元以下的工程不少于 1 人；

② 5000 万～1 亿元的工程不少于 2 人；

③ 1 亿元及以上的工程不少于 3 人，且按专业配备专职安全生产管理人员。

3）分包单位配备项目专职安全生产管理人员的要求。

① 专业承包单位应当配置至少 1 人，并根据所承担的分部分项工程的工程量和施工危险程度增加。

② 劳务分包单位施工人员在 50 人以下的，应当配备 1 名专职安全生产管理人员；50～200 人的，应当配备 2 名专职安全生产管理人员；200 人及以上的，应当配备 3 名及以上专职安全生产管理人员，并根据所承担的分部分项工程施工危险实际情况增加，不得少于工程施工人员总人数的 5‰。

4）专职安全员的增配要求。按法定要求配备专职安全员。工程量大、施工作业难度大、致害因素多或采用新技术、新工艺、新材料的工程项目，专职安全员数量应在法定标准上适当增加配备。

（4）技术负责人

技术负责人应当进行安全施工技术交底，签署专项施工方案并定期巡查落实情况。

（5）安全生产领导小组

根据《建筑施工企业安全生产管理机构设置及专职安全生产管理人员配备办法》第十条和第十一条规定，建筑施工企业应当在建设工程项目组建安全生产领导小组。建设工程实行施工总承包的，安全生产领导小组由总承包企业、专业承包企业和劳务分包企业项目经理、技术负责人和专职安全生产管理人员组成。

安全生产领导小组的主要职责：①贯彻落实国家有关安全生产法律法规和标准；②组织制定项目安全生产管理制度并监督实施；③编制项目生产安全事故应急救援预案并组织演练；④保证项目安全生产费用的有效使用；⑤组织编制危险性较大工程安全专项施工方案；⑥开展项目安全教育培训；⑦组织实施项目安全检查和隐患排查；⑧建立项目安全生产管理档案；⑨及时、如实报告安全生产事故。

3. 合理使用安全生产费用

安全文明施工费实行专款专用，施工单位应在财务账目中单独列项备查，不得挪作他用。

《建设工程安全生产管理条例》第二十二条规定，施工单位对列入建设工程概算的安全作业环境及安全施工措施所需费用，应当用于施工安全防护用具及设施的采购和更新、安全施工措施的落实、安全生产条件的改善，不得挪作他用。

《企业安全生产费用提取和使用管理办法》第十九条进一步规定，建设工程施工企业安全生产费用应当用于以下支出：

（1）完善、改造和维护安全防护设施设备支出（不含"三同时"要求初期投入的安全设施），包括施工现场临时用电系统、洞口或临边防护、高处作业或交叉作业防护、临时安全防护、支护及防治边坡滑坡、工程有害气体监测和通风、保障安全的机械设备、防火、防爆、防触电、防尘、防毒、防雷、防台风、防地质灾害等设施设备支出。

（2）应急救援技术装备、设施配置及维护保养支出，事故逃生和紧急避难设施设备的配置和应急救援队伍建设、应急预案编制修订与应急演练支出。

（3）开展施工现场重大危险源检测、评估、监控支出，安全风险分级管控和事故隐患排查整改支出，工程项目安全生产信息化建设、运维和网络安全支出。

（4）安全生产检查、评估评价（不含新建、改建、扩建项目安全评价）、咨询和标准化建设支出。

（5）配备和更新现场作业人员安全防护用品支出。

（6）安全生产宣传、教育、培训和从业人员发现并报告事故隐患的奖励支出。

（7）安全生产适用的新技术、新标准、新工艺、新装备的推广应用支出。

（8）安全设施及特种设备检测检验、检定校准支出。

（9）安全生产责任保险支出。

（10）与安全生产直接相关的其他支出。

4. 编制安全技术措施及专项施工方案

危险性小的分部分项工程需要编制安全技术措施，专业性强的或危险性大的分部分项工程需要编制专项施工方案。

《建筑法》第三十八条规定，建筑施工企业在编制施工组织设计时，应当根据建筑工程的特点制定相应的安全技术措施；对专业性较强的工程项目，应当编制专项安全施工组织设计，并采取安全技术措施。

（1）编制范围

《建设工程安全生产管理条例》第二十六条规定，施工单位应当在施工组织设计中编制安全技术措施和施工现场临时用电方案，对下列达到一定规模的危险性较大的分部分项工程编制专项施工方案，并附具安全验算结果，经施工单位技术负责人、总监理工程师签字后实施，由专职安全生产管理人员进行现场监督：

1）基坑支护与降水工程；

2）土方开挖工程；

3）模板工程；

4）起重吊装工程；

5）脚手架工程；

6）拆除、爆破工程；

7）国务院建设行政主管部门或者其他有关部门规定的其他危险性较大的工程。

对前款所列工程中涉及深基坑、地下暗挖工程、高大模板工程的专项施工方案，施工单位还应当组织专家进行论证、审查。

（2）方案审核

《危险性较大的分部分项工程安全管理规定》第十条和第十一条规定，施工单位应当在危大工程施工前组织工程技术人员编制专项施工方案。实行施工总承包的，专项施工方案应当由施工总承包单位组织编制。危大工程实行分包的，专项施工方案可以由相关专业分包单位组织编制。

专项施工方案应当由施工单位技术负责人审核签字、加盖单位公章，并由总监理工程师审查签字、加盖执业印章后方可实施。危大工程实行分包并由分包单位编制专项施工方案的，专项施工方案应当由总承包单位技术负责人及分包单位技术负责人共同审核签字并加盖单位公章。

（3）专家论证

对于超过一定规模的危大工程，施工单位应当组织召开专家论证会对专项施工方案进行论证。实行施工总承包的，由施工总承包单位组织召开专家论证会。专家论证前专项施工方案应当通过施工单位审核和总监理工程师审查。

专家应当从地方人民政府住房城乡建设主管部门建立的专家库中选取，符合专业要求且人数不得少于 5 名。与本工程有利害关系的人员不得以专家身份参加专家论证会。

专家论证会后，应当形成论证报告，对专项施工方案提出通过、修改后通过或者不通过的一致意见。专家对论证报告负责并签字确认。

5. 进行安全施工技术交底

安全施工技术交底方式为书面交底、逐级交底。

《建设工程安全生产管理条例》第二十七条规定，建设工程施工前，施工单位负责项目管理的技术人员应当对有关安全施工的技术要求向施工作业班组、作业人员作出详细说明，并由双方签字确认。

《危险性较大的分部分项工程安全管理规定》第十五条进一步规定，专项施工方案实施前，编制人员或者项目技术负责人应当向施工现场管理人员进行方案交底。施工现场管理人员应当向作业人员进行安全技术交底，并由双方和项目专职安全生产管理人员共同签字确认。

6. 做好施工现场安全防护

《建设工程安全生产管理条例》第二十八条第一款规定，施工单位应当在施工现场入口处、施工起重机械、临时用电设施、脚手架、出入通道口、楼梯口、电梯井口、孔洞口、桥梁口、隧道口、基坑边沿、爆破物及有害危险气体和液体存放处等危险部位，设置明显的安全警示标志。安全警示标志必须符合国家标准。

7. 满足施工现场临时设施的要求

《建设工程安全生产管理条例》第二十九条规定，施工单位应当将施工现场的办公、生活区与作业区分开设置，并保持安全距离；办公、生活区的选址应当符合安全性要求。职工的膳食、饮水、休息场所等应当符合卫生标准。施工单位不得在尚未竣工的建筑物内设置员工集体宿舍。施工现场临时搭建的建筑物应当符合安全使用要求。施工现场使用的装配式活动房屋应当具有产品合格证。

8. 防护施工现场的环境

《建设工程安全生产管理条例》第三十条规定，施工单位对因建设工程施工可能造成损害的毗邻建筑物、构筑物和地下管线等，应当采取专项防护措施。施工单位应当遵守有关环境保护法律、法规的规定，在施工现场采取措施，防止或者减少粉尘、废气、废水、固体废物、噪声、振动和施工照明对人和环境的危害和污染。在城市市区内的建设工程，施工单位应当对施工现场实行封闭围挡。

9. 管理施工现场消防

《建设工程安全生产管理条例》第三十一条规定，施工单位应当在施工现场建立消防安全责任制度，确定消防安全责任人，制定用火、用电、使用易燃易爆材料等各项消防安全管理制度和操作规程，设置消防通道、消防水源，配备消防设施和灭火器材，并在施工现场入口处设置明显标志。

10. 安全使用建筑设备

《建设工程安全生产管理条例》第三十四条和第三十五条规定，施工单位采购、租赁的安全防护用具、机械设备、施工机具及配件，应当具有生产（制造）许可证、产品合格证，并在进入施工现场前进行查验。施工现场的安全防护用具、机械设备、施工机具及配件必须由专人管理，定期进行检查、维修和保养，建立相应的资料档案，并按照国家有关规定及时报废。

施工单位在使用施工起重机械和整体提升脚手架、模板等自升式架设设施前，应当组织有关单位进行验收，也可以委托具有相应资质的检验检测机构进行验收；使用承租的机械设备和施工机具及配件的，由施工总承包单位、分包单位、出租单位和安装单位共同进行验收。验收合格的方可使用。

施工单位应当自施工起重机械和整体提升脚手架、模板等自升式架设设施验收合格之日起 30 日内，向建设行政主管部门或者其他有关部门登记。登记标志应当置于或者附着于该设备的显著位置。

三、施工总承包和分包单位的安全生产责任

建设工程实行施工总承包的，由总承包单位对施工现场的安全生产负总责。总承包单位应当自行完成建设工程主体结构的施工。

总承包单位依法将建设工程分包给其他单位的，分包合同中应当明确各自的安全生产方面的权利、义务，该约定不能违反法律强制规定，否则无效。

总承包单位和分包单位对分包工程的安全生产承担连带责任。分包单位应当服从总承包单位的安全生产管理，分包单位不服从管理导致生产安全事故的，由分包单位承担主要责任。

四、其他单位的安全生产责任

根据《建设工程安全生产管理条例》第三章的规定，勘察单位、设计单位、工程监理单位、提供或出租机械设备和施工机具及配件单位、安装和拆卸或使用起重机械和自升式架设设施单位、检验检测单位的安全生产责任具体要求如下：

1. 勘察单位的安全生产责任

勘察单位应当按照法律、法规和工程建设强制性标准进行勘察，提供的勘察文件应当真实、准确，满足建设工程安全生产的需要。

勘察单位在勘察作业时，应当严格执行操作规程，采取措施保证各类管线、设施和周边建筑物、构筑物的安全。

2. 设计单位的安全生产责任

设计单位应当按照法律、法规和工程建设强制性标准进行设计，防止因设计不合理导致生产安全事故的发生。

设计单位应当考虑施工安全操作和防护的需要，对涉及施工安全的重点部位和环节在设计文件中注明，并对防范生产安全事故提出指导意见。

采用新结构、新材料、新工艺的建设工程和特殊结构的建设工程，设计单位应当在设计中提出保障施工作业人员安全和预防生产安全事故的措施建议。设计单位和注册建筑师等注册执业人员应当对其设计负责。

3. 工程监理单位的安全生产责任

工程监理单位应当审查施工组织设计中的安全技术措施或者专项施工方案是否符合工程建设强制性标准。

工程监理单位在实施监理过程中，发现存在安全事故隐患的，应当要求施工单位整改；情况严重的，应当要求施工单位暂时停止施工，并及时报告建设单位。施工单位拒不整改或者不停止施工的，工程监理单位应当及时向有关主管部门报告。工程监理单位和监理工程师应当按照法律、法规和工程建设强制性标准实施监理，并对建设工程安全生产承担监理责任。

4. 提供或出租机械设备、施工机具及配件单位的安全生产责任

为建设工程提供机械设备和配件的单位，应当按照安全施工的要求配备齐全有效的保险、限位等安全设施和装置。

出租的机械设备和施工机具及配件，应当具有生产（制造）许可证、产品合格证。出租单位应当对出租的机械设备和施工机具及配件的安全性能进行检测，在签订租赁协议时，应当出具检测合格证明。禁止出租检测不合格的机械设备和施工机具及配件。

5. 安装、拆卸或使用起重机械和自升式架设设施单位的安全生产责任

在施工现场安装、拆卸施工起重机械和整体提升脚手架、模板等自升式架设设施，必须由具有相应资质的单位承担。安装、拆卸施工起重机械和整体提升脚手架、模板等自升式架设设施，应当编制拆装方案、制定安全施工措施，并由专业技术人员现场监督。施工起重机械和整体提升脚手架、模板等自升式架设设施安装完毕后，安装单位应当自检，出具自检合格证明，并向施工单位进行安全使用说明，办理验收手续并签字。

施工起重机械和整体提升脚手架、模板等自升式架设设施的使用达到国家规定的检验检测期限的，必须经具有专业资质的检验检测机构检测。经检测不合格的，不得继续使用。

6. 检验检测单位的安全生产责任

检验检测机构对检测合格的施工起重机械和整体提升脚手架、模板等自升式架设设施，应当出具安全合格证明文件，并对检测结果负责。

第四节　建设工程安全生产事故的应急救援与调查处理

一、建设工程生产安全事故的等级

《生产安全事故报告和调查处理条例》第三条规定，根据生产安全事故（以下简称事故）造成的人员伤亡或者直接经济损失，事故一般分为以下等级：

（1）特别重大事故，是指造成30人以上死亡，或者100人以上重伤（包括急性工业中毒，下同），或者1亿元以上直接经济损失的事故。

（2）重大事故，是指造成10人以上30人以下死亡，或者50人以上100人以下重伤，或者5000万元以上1亿元以下直接经济损失的事故。

（3）较大事故，是指造成3人以上10人以下死亡，或者10人以上50人以下重伤，或者1000万元以上5000万元以下直接经济损失的事故。

（4）一般事故，是指造成3人以下死亡，或者10人以下重伤，或者1000万元以下直接经济损失的事故。

国务院安全生产监督管理部门可以会同国务院有关部门，制定事故等级划分的补充性规定。

本条第一款所称的"以上"包括本数，所称的"以下"不包括本数。

二、事故处置措施

1. 及时如实上报至规定部门

（1）生产安全事故报告

《生产安全事故报告和调查处理条例》第九条规定，事故发生后，事故现场有关人员应当立即向本单位负责人报告；单位负责人接到报告后，应当于1小时内向事故发生地县级以上人民政府安全生产监督管理部门和负有安全生产监督管理职责的有关部门报告。情况紧急时，事故现场有关人员可以直接向事故发生地县级以上人民政府安全生产监督管理部门和负有安全生产监督管理职责的有关部门报告。

《建设工程安全生产管理条例》第五十条第二款规定，实行施工总承包的建设工程，由总承包单位负责上报事故。

安全生产监督管理部门和负有安全生产监督管理职责的有关部门接到事故报告后，应当

依照下列规定上报事故情况，并通知公安机关、劳动保障行政部门、工会和人民检察院：

1）特别重大事故、重大事故逐级上报至国务院安全生产监督管理部门和负有安全生产监督管理职责的有关部门。

2）较大事故逐级上报至省、自治区、直辖市人民政府安全生产监督管理部门和负有安全生产监督管理职责的有关部门。

3）一般事故上报至设区的市级人民政府安全生产监督管理部门和负有安全生产监督管理职责的有关部门。

安全生产监督管理部门和负有安全生产监督管理职责的有关部门依照前款规定上报事故情况，应当同时报告本级人民政府。国务院安全生产监督管理部门和负有安全生产监督管理职责的有关部门以及省级人民政府接到发生特别重大事故、重大事故的报告后，应当立即报告国务院。必要时，安全生产监督管理部门和负有安全生产监督管理职责的有关部门可以越级上报事故情况。安全生产监督管理部门和负有安全生产监督管理职责的有关部门逐级上报事故情况，每级上报的时间不得超过2小时。

（2）事故报告的内容

1）事故发生单位概况；

2）事故发生的时间、地点以及事故现场情况；

3）事故的简要经过；

4）事故已经造成或者可能造成的伤亡人数（包括下落不明的人数）和初步估计的直接经济损失；

5）已经采取的措施；

6）其他应当报告的情况。

（3）事故的补报

事故报告后出现新情况的，应当及时补报。自事故发生之日起30日内，事故造成的伤亡人数发生变化的，应当及时补报。道路交通事故、火灾事故自发生之日起7日内，事故造成的伤亡人数发生变化的，应当及时补报。

2. 启动应急救援预案，组织抢救

《生产安全事故报告和调查处理条例》第十四条和第十五条规定，事故发生单位负责人接到事故报告后，应当立即启动事故相应应急预案，或者采取有效措施，组织抢救，防止事故扩大，减少人员伤亡和财产损失。

事故发生地有关地方人民政府、安全生产监督管理部门和负有安全生产监督管理职责的有关部门接到事故报告后，其负责人应当立即赶赴事故现场，组织事故救援。

（1）应急救援预案

《生产安全事故应急预案管理办法》第六条规定，生产经营单位应急预案分为综合应急预案、专项应急预案和现场处置方案。

1）综合应急预案，是指生产经营单位为应对各种生产安全事故而制定的综合性工作方案，是本单位应对生产安全事故的总体工作程序、措施和应急预案体系的总纲。生产经营单位风险种类多、可能发生多种类型事故的，应当组织编制综合应急预案。综合应急预案应当规定应急组织机构及其职责、应急预案体系、事故风险描述、预警及信息报告、应急响应、保障措施、应急预案管理等内容。

2）专项应急预案，是指生产经营单位为应对某一种或者多种类型生产安全事故，或者针对重要生产设施、重大危险源、重大活动防止生产安全事故而制定的专项性工作方案。对于某一种或者多种类型的事故风险，生产经营单位可以编制相应的专项应急预案，或将专项应急预案并入综合应急预案。专项应急预案应当规定应急指挥机构与职责、处置程序和措施等内容。

3）现场处置方案，是指生产经营单位根据不同生产安全事故类型，针对具体场所、装置或者设施所制定的应急处置措施。对于危险性较大的场所、装置或者设施，生产经营单位应当编制现场处置方案。现场处置方案应当规定应急工作职责、应急处置措施和注意事项等内容。事故风险单一、危险性小的生产经营单位，可以只编制现场处置方案。

建筑施工单位等人员密集场所经营单位，应当至少每半年组织一次生产安全事故应急预案演练，并将演练情况报送所在地县级以上地方人民政府负有安全生产监督管理职责的部门。县级以上地方人民政府负有安全生产监督管理职责的部门应当对本行政区域内前款规定的重点生产经营单位的生产安全事故应急救援预案演练进行抽查；发现演练不符合要求的，应当责令限期改正。

有下列情形之一的，应急预案应当及时修订并归档：①依据的法律、法规、规章、标准及上位预案中的有关规定发生重大变化的；②应急指挥机构及其职责发生调整的；③安全生产面临的风险发生重大变化的；④重要应急资源发生重大变化的；⑤在应急演练和事故应急救援中发现需要修订预案的重大问题的；⑥编制单位认为应当修订的其他情况。

根据《生产安全事故应急条例》第十条和第十九条相关规定，建筑施工单位应当建立应急救援队伍。小微企业可以不建立队伍，但应当指定兼职的应急救援人员，并且可以与邻近的应急救援队伍签订应急救援协议。应急救援队伍根据救援命令参加生产安全事故应急救援所耗费用，由事故责任单位承担；事故责任单位无力承担的，由有关人民政府协调解决。

（2）应急救援措施

《生产安全事故应急条例》第十七条和第十八条规定，发生生产安全事故后，生产经营单位应当立即启动生产安全事故应急救援预案，采取下列一项或者多项应急救援措施，并按照国家有关规定报告事故情况：①迅速控制危险源，组织抢救遇险人员；②根据事故危害程度，组织现场人员撤离或者采取可能的应急措施后撤离；③及时通知可能受到事故影响的单位和人员；④采取必要措施，防止事故危害扩大和次生、衍生灾害发生；⑤根据需要请求邻近的应急救援队伍参加救援，并向参加救援的应急救援队伍提供相关技术资料、信息和处置方法；⑥维护事故现场秩序，保护事故现场和相关证据；⑦法律、法规规定的其他应急救援措施。

有关地方人民政府及其部门接到生产安全事故报告后，应当按照国家有关规定上报事故情况，启动相应的生产安全事故应急救援预案，并按照应急救援预案的规定采取下列一项或者多项应急救援措施：①组织抢救遇险人员，救治受伤人员，研判事故发展趋势以及可能造成的危害；②通知可能受到事故影响的单位和人员，隔离事故现场，划定警戒区域，疏散受到威胁的人员，实施交通管制；③采取必要措施，防止事故危害扩大和次生、衍生灾害发生，避免或者减少事故对环境造成的危害；④依法发布调用和征用应急资源的决定；⑤依法向应急救援队伍下达救援命令；⑥维护事故现场秩序，组织安抚遇险人员和遇险遇难人员亲属；⑦依法发布有关事故情况和应急救援工作的信息；⑧法律、法规规定的其他应急救援措施。

有关地方人民政府不能有效控制生产安全事故的，应当及时向上级人民政府报告。上级人民政府应当及时采取措施，统一指挥应急救援。

3. 保护事故现场及相关证据

事故发生后，有关单位和人员应当妥善保护事故现场以及相关证据，任何单位和个人不得破坏事故现场、毁灭相关证据。因抢救人员、防止事故扩大以及疏通交通等原因，需要移动事故现场物件的，应当做出标志，绘制现场简图并做出书面记录，妥善保存现场重要痕迹、物证。

三、事故调查

1. 事故调查的管辖

《生产安全事故报告和调查处理条例》第十九条和第二十一条规定，特别重大事故由国务院或者国务院授权有关部门组织事故调查组进行调查。

重大事故、较大事故、一般事故分别由事故发生地省级人民政府、设区的市级人民政府、县级人民政府负责调查。省级人民政府、设区的市级人民政府、县级人民政府可以直接组织事故调查组进行调查，也可以授权或者委托有关部门组织事故调查组进行调查。

未造成人员伤亡的一般事故，县级人民政府也可以委托事故发生单位组织事故调查组进行调查。上级人民政府认为必要时，可以调查由下级人民政府负责调查的事故。

特别重大事故以下等级事故，事故发生地与事故发生单位不在同一个县级以上行政区域的，由事故发生地人民政府负责调查，事故发生单位所在地人民政府应当派人参加。

2. 事故调查组的组成与职责

《生产安全事故报告和调查处理条例》第二十二条、第二十三条规定，事故调查组的组成应当遵循精简、效能的原则。

根据事故的具体情况，事故调查组由有关人民政府、安全生产监督管理部门、负有安全生产监督管理职责的有关部门、监察机关、公安机关以及工会派人组成，并应当邀请人民检察院派人参加。事故调查组可以聘请有关专家参与调查。

事故调查组成员应当具有事故调查所需要的知识和专长，并与所调查的事故没有直接利害关系。事故调查组组长由负责事故调查的人民政府指定。事故调查组组长主持事故调查组的工作。

事故调查组履行下列职责：

（1）查明事故发生的经过、原因、人员伤亡情况及直接经济损失；

（2）认定事故的性质和事故责任；

（3）提出对事故责任者的处理建议；

（4）总结事故教训，提出防范和整改措施；

（5）提交事故调查报告。

事故调查组有权向有关单位和个人了解与事故有关的情况，并要求其提供相关文件、资料，有关单位和个人不得拒绝。事故发生单位的负责人和有关人员在事故调查期间不得擅离职守，并应当随时接受事故调查组的询问，如实提供有关情况。事故调查中发现涉嫌犯罪的，事故调查组应当及时将有关材料或者其复印件移交司法机关处理。

事故调查中需要进行技术鉴定的，事故调查组应当委托具有国家规定资质的单位进行技术鉴定。必要时，事故调查组可以直接组织专家进行技术鉴定。技术鉴定所需时间不计入事故调查期限。

3. 事故调查报告

《生产安全事故报告和调查处理条例》第二十九条至第三十一条规定，事故调查组应当自事故发生之日起 60 日内提交事故调查报告；特殊情况下，经负责事故调查的人民政府批准，提交事故调查报告的期限可以适当延长，但延长的期限最长不超过 60 日。

事故调查报告应当包括下列内容：

（1）事故发生单位概况；

（2）事故发生经过和事故救援情况；

（3）事故造成的人员伤亡和直接经济损失；

（4）事故发生的原因和事故性质；

（5）事故责任的认定以及对事故责任者的处理建议；

（6）事故防范和整改措施。

事故调查报告应当附具有关证据材料。事故调查组成员应当在事故调查报告上签名。事故调查报告报送负责事故调查的人民政府后，事故调查工作即告结束。事故调查的有关资料应当归档保存。

4. 事故处理

《生产安全事故报告和调查处理条例》第三十二条至第三十四条规定，重大事故、较大事故、一般事故，负责事故调查的人民政府应当自收到事故调查报告之日起 15 日内做出批复；特别重大事故，30 日内做出批复，特殊情况下，批复时间可以适当延长，但延长的时间最长不超过 30 日。

有关机关应当按照人民政府的批复，依照法律、行政法规规定的权限和程序，对事故发生单位和有关人员进行行政处罚，对负有事故责任的国家工作人员进行处分。

事故发生单位应当按照负责事故调查的人民政府的批复，对本单位负有事故责任的人员进行处理。负有事故责任的人员涉嫌犯罪的，依法追究刑事责任。

事故发生单位应当认真吸取事故教训，落实防范和整改措施，防止事故再次发生。防范和整改措施的落实情况应当接受工会和职工的监督。安全生产监督管理部门和负有安全生产监督管理职责的有关部门应当对事故发生单位落实防范和整改措施的情况进行监督检查。事故处理的情况由负责事故调查的人民政府或者其授权的有关部门、机构向社会公布，依法应当保密的除外。

第五节　工程案例分析

➢ **案例 6-1**

关联知识点：建设主体的安全生产责任、生产安全事故等级

【背景】

2016 年 11 月 24 日，某发电厂三期扩建工程发生冷却塔施工平台坍塌特别重大事故，造成 73 人死亡、2 人受伤，直接经济损失 10197.2 万元。事故发生后，正在国外访问的中共中央总书记习近平立即作出重要指示，要求某省和有关部门组织力量做好救援救治、善后处置等工作，尽快查明原因，深刻吸取教训，严肃追究责任。

【事故原因】

事故的直接原因是施工单位在 7 号冷却塔第 50 节筒壁混凝土强度不足的情况下，违规拆除第 50 节模板，致使第 50 节筒壁混凝土失去模板支护，不足以承受上部荷载，从底部最薄弱处开始坍塌，造成第 50 节及以上筒壁混凝土和模架体系连续倾塌坠落。坠落物冲击与筒壁内侧连接的平桥附着拉索，导致平桥也整体倒塌。

建设单位在三期发电厂未经论证、评估的情况下，违规大幅度压缩合同工期，提出策划并与工程总承包单位某电力设计院有限公司、监理单位某工程咨询有限公司、施工单位某烟塔工程有限公司共同启动"大干 100 天"活动，导致工期明显缩短。

施工单位施工现场管理混乱，未按要求制定拆模作业管理控制措施，对拆模工序管理失控。事发当日，在 7 号冷却塔第 50 节筒壁混凝土强度不足的情况下，违规拆除模板，致使筒壁混凝土失去模板支护，不足以承受上部荷载，造成第 50 节及以上筒壁混凝土和模架体系连续倾塌坠落。

工程总承包单位对施工方案审查不严，对分包施工单位缺乏有效管控，未发现和制止施工单位项目部违规拆模等行为。

监理单位未按照规定要求细化监理措施，对拆模工序等风险控制点失管失控，未纠正施工单位违规拆模行为。

三期质量监督项目站、电力工程质量监督总站、某监管局和某市工业和信息化委员会等相关部门部分工作人员存在玩忽职守、滥用职权等行为，某建材有限公司违反合同约定，擅自改变混凝土配合比，未严格按照混凝土配合比添加外加剂，最终导致"11·24"特大事故。

【问题】

请根据伤亡人数判断生产安全事故等级。

【分析】

该事故根据伤亡人数和经济损失判定本次事故为特别重大事故，符合情节严重的情形。

特别重大事故，是指造成 30 人以上死亡，或者 100 人以上重伤（包括急性工业中毒，下同），或者 1 亿元以上直接经济损失的事故。

【处理结果】

司法机关对 31 人采取刑事强制措施，其中公安机关依法对 15 人立案侦查并采取刑事强制措施，检察机关依法对 16 人立案侦查并采取刑事强制措施。对 38 名责任人员给予党纪政纪处分；对 9 名责任情节轻微人员，进行通报、诫勉谈话或批评教育；另有 1 人因涉嫌其他严重违纪问题，被纪检机关立案审查。对 5 家事故有关企业及相关负责人的违法违规行为给予行政处罚。

➤ **案例 6-2**

关联知识点：建设主体的安全生产责任

【背景】

2022 年 5 月 20 日，某起重运输有限公司安排俞某某、孔某某、洪某某三人到某 220kV 电力工程建设工地进行吊装作业，俞某某为现场负责人兼吊装作业司索指挥员，孔某某为起重机车辆驾驶员，洪某某为辅助人员（无需持证）。12 时 14 分，现场工人用起重专用的索带将防爆箱（内装燃气瓶）捆扎后，发现索带长度不够，俞某某随即在工地周边找来一根非起重用的圆形织带交给现场的工人接长，并用手势指挥孔某某起吊防爆箱，孔某某操纵起重机吊起防爆箱运行过程中，接长的圆形织带突然发生断裂，防爆箱坠落后，砸在下方负责指挥的俞某某左肩，俞某某失去平衡坠落至电力井内，坠落高度大约为 15 米。事故发生后，某起重运输有限公司作业人员在拨打 120 急救电话同时将俞某某抢救上来，并立即向相关部门报告。俞某某经医院抢救无效死亡。

【问题】

请分析事故的直接原因和事故单位存在的主要问题。

【分析】

1. 事故的直接原因

俞某某违反了《特种机械安全操作规程》，作为现场负责人且经专业培训过的司索指挥作业人员，对索具的选用随意性和盲目性较大，选用了不规范的索具。作为吊装指挥人员其站位不当，未与吊物运行线路保持必要的安全距离，进入电缆井防护栏内指挥司吊作业，缺乏后撤避让的安全空间，致使在吊索带断裂时，吊物（防爆防燃箱）坠落砸中其肩膀失稳后坠落电缆井内。

2. 事故单位存在的主要问题

（1）某起重运输有限公司

安全风险辨识不到位。吊装作业前，未针对吊装作业现场可能发生的生产安全事故特点和危害，进行风险辨识和评估。

规章制度不落实。未教育和督促从业人员严格执行安全生产规章制度和安全操作规程，未及时制止和纠正工人违反操作规程的行为，未落实安全风险分级管控和隐患排查治理双重预防工作机制。

未及时消除事故隐患。未采取技术和管理措施，发现并消除使用不规范的索具附件、指挥员指挥位置不当、工人违反安全操作规程等生产安全事故隐患。

（2）某电力招标咨询有限公司（监理单位）

电力施工安全监管不力，未及时发现吊装作业现场使用不规范的索具附件、指挥员指挥位置不当、工人违反安全操作规程等生产安全事故隐患，未有效督促施工单位落实风险管控措施，排查消除安全隐患。

（3）某实业有限公司

作为施工总承包单位未认真履行安全管理监督职责，未有效督促某起重运输有限公司落实安全生产管理规章制度和安全操作规程，消除吊装作业现场使用不规范的索具附件、指挥员指挥位置不当、工人违反安全操作规程等生产安全事故隐患。

【处理结果】

（1）事故发生后，项目工地立即停工整改。

（2）俞某某作为某起重运输有限公司吊装作业现场负责人兼司索指挥人员，违反了《特种机械安全操作规程》，对该事故的发生负有直接责任，鉴于其在事故中已经死亡，故不予追究刑事责任。

（3）某起重运输有限公司的法定代表人，未认真履行安全生产工作职责，对事故的发生负有管理责任，给予行政处罚。

（4）某起重运输有限公司，对事故的发生负有管理责任，给予行政处罚。

（5）监理单位和施工总承包单位自查事故隐患并整改。

➢ **案例 6-3**

关联知识点：建设主体的安全生产责任、生产安全事故等级

【背景】

新冠肺炎疫情发生后，某酒店被作为集中医学观察点。2020 年 3 月 7 日，该酒店发生楼体坍塌。现场搜救出受困人员 71 人，其中死亡 29 人，42 人受伤。

2020 年 7 月 14 日，国务院批复某酒店"3·7"坍塌事故调查报告。该酒店在建设、改造和审批等方面存在严重问题。

【事故原因】

1. 事故直接原因

事故责任单位某工贸有限公司将某酒店建筑物由原四层违法增加夹层改建成七层，达到极限承载能力并处于坍塌临界状态，加之事发前对底层支承钢柱违规加固焊接作业引发钢柱失稳破坏，导致建筑物整体坍塌。

2. 有关企业和中介机构存在的主要问题

某工贸有限公司、某酒店及其实际控制人杨某某无视国家有关城乡规划、建设、安全生产以及行政许可等法律法规，违法违规建设施工，弄虚作假骗取行政许可，安全生产责任长期不落实。相关工程质量检测、建筑设计、消防检测、装饰设计等中介服务机构违规承接业务，出具虚假报告，制作虚假材料帮助事故企业通过行政审批。

3. 有关部门存在的主要问题

住建、城管等部门组织开展违法建设整治工作不力，对某酒店建筑物在新建、增加夹层改建阶段多次违法建设行为没有及时制止和查处，组织开展多次城市建成区违法建设重大专项行动工作不实不细、失管失察。国土规划、公安部门和消防机构履行工作职责不力、执法不严格，行政审批审查把关不严，对某工贸公司、某酒店违法建设、弄虚作假骗取行政许可等违法违规行为未及时发现和查处。

4. 地方党委政府存在的主要问题

街道党工委、办事处的属地管理责任严重缺失。鲤城区委、区政府未能正确处理安全和发展的关系，违法违规审批同意建设某酒店建筑物等大量违法建设项目；在治理违法建设历次重大专项行动中工作不实不细、不负责任，放任某酒店建筑物违法长期存在；在设置集中隔离健康观察点时忽视房屋建筑质量安全，草率决策。

【问题】

请根据伤亡人数判断生产安全事故等级。

【分析】

本次事故定性为重大生产安全责任事故。重大事故是指造成 10 人以上 30 人以下死亡，或者 50 人以上 100 人以下重伤，或者 5000 万元以上 1 亿元以下直接经济损失的事故。

【处理结果】

（1）相关责任人。某酒店建筑物发生坍塌事故后，省公安机关对某工贸有限公司法定代表人杨某某等 23 名相关责任人员，以涉嫌重大责任事故罪、伪造国家机关证件罪、提供虚假证明文件罪等依法立案侦查并采取刑事强制措施。

（2）有关公职人员。依据《中国共产党问责条例》《中国共产党纪律处分条例》《中华人民共和国监察法》《行政机关公务员处分条例》等有关规定，经省委批准、中央纪委国家监委同意，对事故中涉嫌违纪、职务违法、职务犯罪的49名公职人员严肃追责问责。

（3）事故单位和技术服务机构。对某工贸有限公司、某酒店、福建省建筑工程质量检测中心有限公司、某建筑设计有限公司、某消防检测有限公司、某装饰设计有限公司、某设计研究院有限公司及其分公司，依法予以罚款、吊销证照、撤销备案、列入"黑名单"、降低资质等级等相应处罚。

➢ **案例6-4**

关联知识点：安全生产许可证制度

【背景】

2022年8月，某建设工程有限责任公司向当地住房和城乡建设厅书面申请对安全生产许可条件进行复核，在复核中发现该公司安全生产许可证有效期已满但尚未办理延期手续，存在继续进行生产经营活动的违法行为。

【问题】

安全生产许可证的有效期为几年？请阐述安全生产许可证的延期规定。

【分析】

《建筑施工企业安全生产许可证管理规定》第八条规定，安全生产许可证的有效期为3年。安全生产许可证有效期满需要延期的，企业应当于期满前3个月向原安全生产许可证颁发管理机关申请办理延期手续。企业在安全生产许可证有效期内，严格遵守有关安全生产的法律法规，未发生死亡事故的，安全生产许可证有效期届满时，经原安全生产许可证颁发管理机关同意，不再审查，安全生产许可证有效期延期3年。

在本案例中某建设工程有限责任公司在安全生产许可证期满后，并没有按时申请办理延期手续。根据《建筑施工企业安全生产许可证管理规定》第二十五条规定，违反本规定，安全生产许可证有效期满未办理延期手续，继续从事建筑施工活动的，责令其在建项目停止施工，限期补办延期手续，没收违法所得，并处5万元以上10万元以下的罚款；逾期仍不办理延期手续，继续从事建筑施工活动的，依照本规定第二十四条的规定处罚。

【处理结果】

某建设工程有限责任公司未按时办理安全生产许可证延期手续，违反了《安全生产许可证条例》的相关规定，被当地住房和城乡建设厅处以5万元罚款。

➢ **案例6-5**

关联知识点：建设主体的安全生产责任、生产安全事故等级

【背景】

2020年7月2日，由湖南某市供电公司建设管理、湖南省某送变电工程有限公司施工承包的湖南某地220kV输变电线路工程，基础施工专业分包单位湖南某电力建设公司在G30号塔基础浇筑施工过程中，一名作业人员进入了深13.2米、直径2米的基坑，在绑扎固定探测管时发生窒息，随后又有4名作业人员依次进入基坑施救时也发生了窒息，5人经医院抢救无效死亡，此次事故直接经济损失为665万元。

【事故原因】

事故原因为基础施工专业分包单位安全生产主体责任落实不到位，安全生产管理混乱，项目部经理、技术负责人、安全员不到岗履职。现场施工人员未严格执行《孔桩开挖专项施工方案》"先通风、再检测、后作业"技术要求，在没有采取相应防护措施的情况下进入基坑作业；公司安全生产教育和应急演练落实不到位；现场人员救援知识缺乏，盲目下基坑施救，导致事故发生和扩大。

【问题】

请根据伤亡人数和直接经济损失判断生产安全事故等级。

【分析】

《生产安全事故报告和调查处理条例》第（三）项规定，较大事故，是指造成3人以上10人以下死亡，或者10人以上50人以下重伤，或者1000万元以上5000万元以下直接经济损失的事故。本案例，事故死亡人数为5人，事故等级定性为较大生产安全责任事故。

【处理结果】

根据《安全生产法》第一百零九条第（二）项规定，参照《湖南省安全生产行政处罚裁量权基准》（2018版）违法行为情形和处罚基准，给予湖南某电力建设公司69万元整人民币罚款。

《安全生产法》第一百零九条规定，发生生产安全事故，对负有责任的生产经营单位除要求其依法承担相应的赔偿等责任外，由安全生产监督管理部门依照下列规定处以罚款：①发生一般事故的，处20万元以上50万元以下的罚款。②发生较大事故的，处50万元以上100万元以下的罚款。③发生重大事故的，处100万元以上500万元以下的罚款。④发生特别重大事故的，处500万元以上1000万元以下的罚款；情节特别严重的，处1000万元以上2000万元以下的罚款。本案例属于较大生产安全责任事故，处罚金额应在50万元以上100万元以下。

思 政 小 结

建设工程安全生产法律制度的实施，能够有效保障人民生命安全、维护社会稳定，推动建设工程行业健康有序地发展。

安全生产许可证制度要求施工企业必须具备一定的安全生产条件。该制度的实施可以促使施工企业采取更加谨慎和有效的安全措施，最大限度地减少事故发生，保障从业人员的生命安全。

建设安全生产基本制度的实施，能够有效地预防事故的发生，保障从业人员的人身安全并维护其安全权益。这一系列基本制度的实施，有助于规范企业的安全生产工作，为员工创造安全和健康的工作环境，还能提高从业人员的安全意识。

安全生产责任制度明确了建设企业在安全生产中的具体责任和义务。将爱岗敬业的职业精神融入到建设主体的安全生产责任制度中，促使从业人员认真地履行安全生产责任，进而推动建设企业安全生产责任的落实，从而保障工程项目的安全和降低事故的发生。

建设工程安全生产事故应急救援与调查处理法律制度的实施，有助于建设企业高效、迅速地应对事故。在事故发生时，迅速采取措施救助伤员、控制事故扩大等，以减少人员伤亡和财产损失。在事故发生后，对事故的原因和责任进行调查分析，从中吸取教训以防范类似事故再次发生。

本章体现的思政元素如下：

1. 安全意识

在思想政治教育中，引导学生识别危险因素，预防事故的发生。鼓励学生在行为中始终考虑安全，不轻率冒险。培养学生遵守安全方面的规定，从而避免违法违规行为产生的安全风险。

2. 爱岗敬业

在思想政治教育中，引导学生树立正确的职业观念、职业道德和职业素养，让其意识到工作是一种责任和奉献，不仅仅是谋生手段。培养学生对职业的热爱与敬重，形成积极的职业态度和职业行为。

3. 热爱生命

在思想政治教育中，强调保护和尊重生命。引导学生理解生命的可贵，进而树立起珍视生命的生活态度。引导其将尊重生命的价值内化为行动，积极参与心理调适活动、合理膳食、加强身体锻炼等，形成健康的生活方式。

4. 危机意识

在思想政治教育中，引导学生具备危机意识和面对突发事件时保持冷静的心理素质。培养学生学会基本的应急知识，具备在紧急情况下的应对能力，以及为他人提供帮助和支持的品质。

思 考 题

1. 取得安全生产许可证的条件有哪些？
2. 建设安全生产基本制度有哪些？
3. 请简述建设单位的安全责任。
4. 请简述施工单位的安全责任。
5. 请简述建筑工程安全生产事故的等级。
6. 请阐述施工安全事故的应急救援与调查处理方法。

第七章　建设工程劳动合同法律制度

学习目标

(1) 建设工程劳动合同的规定；

(2) 建设工程劳动保护制度的规定；

(3) 建设工程劳动争议解决制度的规定；

(4) 社会保险法律制度的规定。

第一节　劳动合同法律制度

《中华人民共和国劳动法》（以下简称《劳动法》）第十六条规定，劳动合同是劳动者与用人单位确立劳动关系、明确双方权利和义务的协议。建立劳动关系应当订立劳动合同。

一、订立原则

《劳动法》第十七条规定，订立和变更劳动合同，应当遵循平等自愿、协商一致的原则，不得违反法律、行政法规的规定。劳动合同依法订立即具有法律约束力，当事人必须履行劳动合同规定的义务。

用人单位招用劳动者，不得要求劳动者提供担保，不得以其他名义向劳动者收取财物，不得扣押劳动者身份证或其他证件。

二、种类

劳动合同期限，是指劳动合同的有效时间，是双方当事人订立的劳动合同起始和终止的时间，也是劳动关系具有法律约束力的时间。

以劳动合同期限为标准分类，劳动合同可分为固定期限劳动合同、无固定期限劳动合同和以完成一定工作任务为期限的劳动合同。

1. 固定期限劳动合同

《中华人民共和国劳动合同法》（以下简称《劳动合同法》）第十三条规定，固定期限劳动合同，是指用人单位与劳动者约定合同终止时间的劳动合同。用人单位与劳动者协商一致，可以订立固定期限劳动合同。

固定期限劳动合同终止时，是否续签在很大程度上取决于用人单位。签订固定期限劳动合同，对于用人单位，可降低用工成本且用工灵活性较强，但相对于劳动者，职业稳定性较差。

2. 无固定期限劳动合同

无固定期限劳动合同，是指用人单位与劳动者约定无确定终止时间的劳动合同。用人单位与劳动者协商一致，可以订立无固定期限劳动合同。

从就业保障的角度看，无固定期限劳动合同对劳动者更有利。

《劳动法》第二十条第二款规定，劳动者在同一用人单位连续工作满十年以上，当事人双方同意续延劳动合同的，如果劳动者提出订立无固定期限的劳动合同，应当订立无固定期限的劳动合同。

《劳动合同法》第十四条进一步规定，用人单位与劳动者协商一致，可以订立无固定期限劳动合同。有下列情形之一，劳动者提出或者同意续订、订立劳动合同的，除劳动者提出订立固定期限劳动合同外，应当订立无固定期限劳动合同：

（1）劳动者在该用人单位连续工作满十年的；

（2）用人单位初次实行劳动合同制度或者国有企业改制重新订立劳动合同时，劳动者在该用人单位连续工作满十年且距法定退休年龄不足十年的；

（3）连续订立二次固定期限劳动合同，且劳动者没有本法第三十九条和第四十条第一项、第二项规定的情形，续订劳动合同的。

用人单位自用工之日起满一年不与劳动者订立书面劳动合同的，视为用人单位与劳动者已订立无固定期限劳动合同。

3. 以完成一定工作任务为期限的劳动合同

《劳动合同法》第十五条规定，以完成一定工作任务为期限的劳动合同，是指用人单位与劳动者约定以某项工作的完成为合同期限的劳动合同。用人单位与劳动者协商一致，可以订立以完成一定工作任务为期限的劳动合同。

此类合同实际上也是一种定期的劳动合同，一般用于以下情形：

（1）以完成单项工作任务为期限的劳动合同；

（2）以项目承包方式完成承包任务的劳动合同；

（3）因季节原因临时用工的劳动合同；

（4）其他双方约定的以完成一定工作任务为期限的劳动合同。

三、形式和相关要求

《劳动合同法》第十条第一款规定，建立劳动关系，应当订立书面劳动合同。

人力资源社会保障部办公厅发布的《电子劳动合同订立指引》鼓励用人单位和劳动者使用政府发布的劳动合同示范文本订立电子劳动合同。该规定可以有效地防止用人单位随意扣押属于劳动者的那份劳动合同。

《劳动合同法》第十条第二款规定，已建立劳动关系，未同时订立书面劳动合同的，应当自用工之日起1个月内订立书面劳动合同。

《劳动合同法》第八十二条第一款规定，用人单位自用工之日起超过1个月不满1年未与劳动者订立书面劳动合同的，应当向劳动者每月支付两倍的工资。

《劳动合同法实施条例》第七条规定，用人单位自用工之日起满1年未与劳动者订立书面劳动合同的，自用工之日起满1个月的次日至满1年的前1日，应当依照《劳动合同法》第八十二条的规定向劳动者每月支付两倍的工资，并视为自用工之日起满1年的当日已经与劳动者订立无固定期限劳动合同，应当立即与劳动者补订书面劳动合同。

《劳动合同法》第八十二条第二款规定，用人单位违反本法规定不与劳动者订立无固定期限劳动合同的，自应当订立无固定期限劳动合同之日起向劳动者每月支付两倍的工资。

四、内容

《劳动合同法》第十七条规定，劳动合同应当具备以下条款：

（1）用人单位的名称、住所和法定代表人或者主要负责人；

（2）劳动者的姓名、住址和居民身份证或者其他有效身份证件号码；

（3）劳动合同期限；

（4）工作内容和工作地点；

（5）工作时间和休息休假；

（6）劳动报酬；

（7）社会保险；

（8）劳动保护、劳动条件和职业危害防护；

（9）法律、法规规定应当纳入劳动合同的其他事项。

劳动合同除前款规定的必备条款外，用人单位与劳动者可以约定试用期、培训、保守秘密、补充保险和福利待遇等其他事项。

五、试用期的相关规定

《劳动合同法》第十九条和第二十条规定，劳动合同期限 3 个月以上不满 1 年的，试用期不得超过 1 个月；劳动合同期限 1 年以上不满 3 年的，试用期不得超过 2 个月；3 年以上固定期限和无固定期限的劳动合同，试用期不得超过 6 个月。

同一用人单位与同一劳动者只能约定 1 次试用期。以完成一定工作任务为期限的劳动合同或者劳动合同期限不满 3 个月的，不得约定试用期。

试用期包含在劳动合同期限内。劳动合同仅约定试用期的，试用期不成立，该期限为劳动合同期限。

劳动者在试用期的工资不得低于本单位相同岗位最低档工资或者劳动合同约定工资的 80%，并不得低于用人单位所在地的最低工资标准。

六、劳动合同的效力

1. 生效

劳动合同的生效，是指具备有效要件的劳动合同按其意思表示的内容产生了法律效力，此时劳动合同的内容才对签约双方具有法律约束力。

《劳动合同法》第十六条规定，劳动合同由用人单位与劳动者协商一致，并经用人单位与劳动者在劳动合同文本上签字或者盖章生效。劳动合同文本由用人单位和劳动者各执一份。

2. 无效

无效的劳动合同是指由当事人签订成立而国家不予承认其法律效力的劳动合同。一般情况下，劳动合同一旦依法成立，就具有法律拘束力，但是无效的劳动合同即使成立，从订立的时候起，就不具有法律拘束力，不发生履行效力。

《劳动法》第十八条规定，下列劳动合同无效：

（1）违反法律、行政法规的劳动合同；

（2）采取欺诈、威胁等手段订立的劳动合同。

确认劳动合同部分无效的，如果不影响其余部分的效力，其余部分仍然有效。

《劳动合同法》第二十六条进一步规定，下列劳动合同无效或者部分无效：

（1）以欺诈、胁迫的手段或者乘人之危，使对方在违背真实意思的情况下订立或者变更劳动合同的；

（2）用人单位免除自己的法定责任、排除劳动者权利的；

（3）违反法律、行政法规强制性规定的。

《劳动合同法》第二十八条规定，劳动合同被确认无效，劳动者已付出劳动的，用人单位应当向劳动者支付劳动报酬。劳动报酬的数额，参照本单位相同或者相近岗位劳动者的劳动报酬确定。

劳动合同的无效，由劳动争议仲裁委员会或者人民法院确认。

七、劳动合同的履行和变更

1. 履行

《劳动合同法》第二十九条及第三十二条规定，用人单位与劳动者应当按照劳动合同的约定，全面履行各自的义务。

用人单位应当按照劳动合同约定和国家规定，向劳动者及时足额支付劳动报酬。用人单位拖欠或者未足额支付劳动报酬的，劳动者可以依法向当地人民法院申请支付令，人民法院应当依法发出支付令。

用人单位应当严格执行劳动定额标准，不得强迫或者变相强迫劳动者加班。用人单位安排加班的，应当按照国家有关规定向劳动者支付加班费。

劳动者拒绝用人单位管理人员违章指挥、强令冒险作业的，不视为违反劳动合同。劳动者对危害生命安全和身体健康的劳动条件，有权对用人单位提出批评、检举和控告。

2. 变更

用人单位变更名称、法定代表人、主要负责人或者投资人等事项，不影响劳动合同的履行。

用人单位发生合并或者分立等情况，原劳动合同继续有效，劳动合同由承继其权利和义务的用人单位继续履行。

用人单位与劳动者协商一致，可以变更劳动合同约定的内容。变更劳动合同，应当采用书面形式。变更后的劳动合同文本由用人单位和劳动者各执一份。

八、劳动合同的解除

1. 劳动者辞职

（1）预告解除

《劳动合同法》第三十六条规定，用人单位与劳动者协商一致，可以解除劳动合同。

劳动者提前 30 日以书面形式通知用人单位，可以解除劳动合同。劳动者在试用期内提前 3 日通知用人单位，可以解除劳动合同。

（2）随时解除

《劳动合同法》第三十八条规定，用人单位有下列情形之一的，劳动者可以解除劳动合同：

1）未按照劳动合同约定提供劳动保护或者劳动条件的；

2）未及时足额支付劳动报酬的；

3）未依法为劳动者缴纳社会保险费的；

4）用人单位的规章制度违反法律、法规的规定，损害劳动者权益的；

5）因本法第二十六条第一款规定的情形致使劳动合同无效的；

6）法律、行政法规规定劳动者可以解除劳动合同的其他情形。

（3）无通知解除

用人单位以暴力、威胁或者非法限制人身自由的手段强迫劳动者劳动的，或者用人单位违章指挥、强令冒险作业危及劳动者人身安全的，劳动者可以立即解除劳动合同，不需事先告知用人单位。

2. 用人单位辞退

（1）随时解除

劳动者存在过错的，用人单位可以解除劳动合同。具体情形包括：在试用期间被证明不符合录用条件的；严重违反用人单位的规章制度的；严重失职，营私舞弊，给用人单位造成重大损害的；劳动者同时与其他用人单位建立劳动关系，对完成本单位的工作任务造成严重影响，或者经用人单位提出，拒不改正的；以欺诈胁迫手段或乘人之危与单位订立劳动合同的；被依法追究刑事责任的。

（2）预告解除

《劳动合同法》第四十条规定，有下列情形之一的，用人单位提前 30 日以书面形式通知劳动者本人或者额外支付劳动者 1 个月工资后，可以解除劳动合同：

1）劳动者患病或者非因工负伤，在规定的医疗期满后不能从事原工作，也不能从事由用人单位另行安排的工作的；

2）劳动者不能胜任工作，经过培训或者调整工作岗位，仍不能胜任工作的；

3）劳动合同订立时所依据的客观情况发生重大变化，致使劳动合同无法履行，经用人单位与劳动者协商，未能就变更劳动合同内容达成协议的。

（3）经济性裁员

《劳动合同法》第四十一条规定，有下列情形之一，需要裁减人员 20 人以上或者裁减不足 20 人但占企业职工总数 10％以上的，用人单位提前 30 日向工会或者全体职工说明情况，听取工会或者职工的意见后，裁减人员方案经向劳动行政部门报告，可以裁减人员：

1）依照企业破产法规定进行重整的；

2）生产经营发生严重困难的；

3）企业转产、重大技术革新或者经营方式调整，经变更劳动合同后，仍需裁减人员的；

4）其他因劳动合同订立时所依据的客观经济情况发生重大变化，致使劳动合同无法履行的。

裁减人员时，应当优先留用下列人员：

1）与本单位订立较长期限的固定期限劳动合同的；

2）与本单位订立无固定期限劳动合同的；

3）家庭无其他就业人员，有需要扶养的老人或者未成年人的。

用人单位依照本条第一款规定裁减人员，在 6 个月内重新招用人员的，应当通知被裁减的人员，并在同等条件下优先招用被裁减的人员。

（4）不得预告解除或经济性裁员

《劳动合同法》第四十二条规定，劳动者有下列情形之一的，用人单位不得依照本法第四十条、第四十一条的规定解除劳动合同：

1）从事接触职业病危害作业的劳动者未进行离岗前职业健康检查，或者疑似职业病病人在诊断或者医学观察期间的；

2）在本单位患职业病或者因工负伤并被确认丧失或者部分丧失劳动能力的；

3）患病或者非因工负伤，在规定的医疗期内的；

4）女职工在孕期、产期、哺乳期的；

5）在本单位连续工作满十五年，且距法定退休年龄不足五年的；

6）法律、行政法规规定的其他情形。

九、劳动合同的终止和经济补偿

1. 劳动合同终止的条件

《劳动合同法》第四十四条规定，有下列情形之一的，劳动合同终止：

（1）劳动合同期满的；

（2）劳动者开始依法享受基本养老保险待遇的；

（3）劳动者死亡，或者被人民法院宣告死亡或者宣告失踪的；

（4）用人单位被依法宣告破产的；

（5）用人单位被吊销营业执照、责令关闭、撤销或者用人单位决定提前解散的；

（6）法律、行政法规规定的其他情形。

2. 终止合同的经济补偿

（1）经济补偿的情形

《劳动合同法》第四十六条规定，有下列情形之一的，用人单位应当向劳动者支付经济补偿：

1）劳动者依照本法第三十八条规定解除劳动合同的；

2）用人单位依照本法第三十六条规定向劳动者提出解除劳动合同并与劳动者协商一致解除劳动合同的；

3）用人单位依照本法第四十条规定解除劳动合同的；

4）用人单位依照本法第四十一条第一款规定解除劳动合同的；

5）除用人单位维持或者提高劳动合同约定条件续订劳动合同，劳动者不同意续订的情形外，依照本法第四十四条第一项规定终止固定期限劳动合同的；

6）依照本法第四十四条第四项、第五项规定终止劳动合同的；

7）法律、行政法规规定的其他情形。

（2）经济补偿标准

《劳动合同法》第四十七条规定，经济补偿按劳动者在本单位工作的年限，每满1年支付11个月工资的标准向劳动者支付。6个月以上不满1年的，按1年计算；不满6个月的，向劳动者支付半个月工资的经济补偿。

劳动者月工资高于用人单位所在直辖市、设区的市级人民政府公布的本地区上年度职工月平均工资3倍的，向其支付经济补偿的标准按职工月平均工资3倍的数额支付，向其支付经济补偿的年限最高不超过12年。

月工资是指劳动者在劳动合同解除或者终止前12个月的平均工资。

《劳动合同法》第八十七条规定，用人单位违反本法规定解除或者终止劳动合同的，应当依照本法第四十七条规定的经济补偿标准的两倍向劳动者支付赔偿金。

十、劳务派遣

1. 定义

劳务派遣是指由劳务派遣机构与派遣劳工订立劳动合同，把劳动者派向其他用工单位，再由用工单位向派遣机构支付服务费用的一种用工形式。

　　劳动力给付的事实发生于派遣劳工与实际用工单位之间，实际用工单位向劳务派遣机构支付服务费，劳务派遣机构再向劳动者支付劳动报酬。

　　建设工程施工过程中需要大量的施工作业人员，建筑劳务派遣公司，可以向用工单位提供劳务输出。比如某电厂的建设工程需要瓦工和木工，但不想自己招聘，可以委托劳务派遣公司招聘用工。

　　《劳动合同法》第六十六条规定，劳务派遣用工是补充形式，只能在临时性、辅助性或者替代性的工作岗位上实施。

　　临时性工作岗位是指存续时间不超过六个月的岗位。辅助性工作岗位是指为主营业务岗位提供服务的非主营业务岗位。替代性工作岗位是指用工单位的劳动者因脱产学习、休假等原因无法工作的一定期间内，可以由其他劳动者替代工作的岗位。

　　2. 劳务派遣单位

　　《劳动合同法》第五十八条第一款规定，劳务派遣单位是本法所称用人单位，应当履行用人单位对劳动者的义务。劳务派遣单位与被派遣劳动者订立的劳动合同，除应当载明本法第十七条规定的事项外，还应当载明被派遣劳动者的用工单位以及派遣期限、工作岗位等情况。

　　3. 劳动合同和劳动派遣协议

　　根据《劳动合同法》第五十八条第二款至第六十条规定，劳务派遣单位应当与被派遣劳动者订立 2 年以上的固定期限劳动合同，按月支付劳动报酬；被派遣劳动者在无工作期间，劳务派遣单位应当按照所在地人民政府规定的最低工资标准，向其按月支付报酬。

　　劳务派遣单位派遣劳动者应当与接受以劳务派遣形式用工的单位（以下称用工单位）订立劳务派遣协议。劳务派遣协议应当约定派遣岗位和人员数量、派遣期限、劳动报酬和社会保险费的数额与支付方式以及违反协议的责任。

　　用工单位应当根据工作岗位的实际需要与劳务派遣单位确定派遣期限，不得将连续用工期限分割订立数个短期劳务派遣协议。

　　劳务派遣单位应当将劳务派遣协议的内容告知被派遣劳动者。劳务派遣单位不得克扣用工单位按照劳务派遣协议支付给被派遣劳动者的劳动报酬。劳务派遣单位和用工单位不得向被派遣劳动者收取费用。

　　4. 用工单位

　　《劳动合同法》第六十二条规定，用工单位应当履行下列义务：

　　（1）执行国家劳动标准，提供相应的劳动条件和劳动保护；

　　（2）告知被派遣劳动者的工作要求和劳动报酬；

　　（3）支付加班费、绩效奖金，提供与工作岗位相关的福利待遇；

　　（4）对在岗被派遣劳动者进行工作岗位所必需的培训；

　　（5）连续用工的，实行正常的工资调整机制。

　　用工单位不得将被派遣劳动者再派遣到其他用人单位。

　　被派遣劳动者享有与用工单位的劳动者同工同酬的权利。用工单位应当按照同工同酬原则，对被派遣劳动者与本单位同类岗位的劳动者实行相同的劳动报酬分配办法。用工单位无同类岗位劳动者的，参照用工单位所在地相同或者相近岗位劳动者的劳动报酬确定。

　　5. 法律责任

　　《劳务派遣暂行规定》第十条第一款规定，被派遣劳动者在用工单位因工作遭受事故伤害的，劳务派遣单位应当依法申请工伤认定，用工单位应当协助工伤认定的调查核实工作。劳务派遣单位承担工伤保险责任，但可以与用工单位约定补偿办法。

《民法典》第一千一百九十一条第二款规定，劳务派遣期间，被派遣的工作人员因执行工作任务造成他人损害的，由接受劳务派遣的用工单位承担侵权责任；劳务派遣单位有过错的，承担相应的责任。

第二节　劳动保护法律制度

一、工作时间保障

《劳动法》第三十六条规定，国家实行劳动者每日工作时间不超过 8 小时、平均每周工作时间不超过 44 小时的工时制度。

工作时间过长对保障劳动者健康、扩大消费等有不利影响。针对一些工作强度高的岗位，有必要限制工作时间，如建筑工人、钢筋工人及重型卡车司机等，延长工作时间不仅严重危害个人健康，还可能给社会带来一些不安全因素。

二、加班时间保障

用人单位由于生产经营需要，经与工会和劳动者协商后可以延长工作时间，一般每日不得超过 1 小时；因特殊原因需要延长工作时间的，在保障劳动者身体健康的条件下延长工作时间每日不得超过 3 小时，但是每月不得超过 36 小时。抢修抢险及紧急情况，加班时间不受限制。

根据《劳动法》第四十四条规定，有下列情形之一的，用人单位应当按照下列标准支付高于劳动者正常工作时间工资的工资报酬：

（1）安排劳动者延长工作时间的，支付不低于工资的 150% 的工资报酬；

（2）休息日安排劳动者工作又不能安排补休的，支付不低于工资的 200% 的工资报酬；

（3）法定休假日安排劳动者工作的，支付不低于工资的 300% 的工资报酬。

三、休息休假保障

《劳动法》第三十八条和第四十条规定，用人单位应当保证劳动者每周至少休息 1 日。

用人单位在下列节日期间应当依法安排劳动者休假：①元旦；②春节；③国际劳动节；④国庆节；⑤法律、法规规定的其他休假节日。

劳动者连续工作一年以上的，享受带薪年休假。

四、最低工资保障

用人单位支付劳动者的工资不得低于当地最低工资标准。最低工资的具体标准由省、自治区、直辖市人民政府规定，报国务院备案。

《最低工资规定》第十二条规定，在劳动者提供正常劳动的情况下，用人单位应支付给劳动者的工资在剔除下列各项以后，不得低于当地最低工资标准：①延长工作时间工资；②中班、夜班、高温、低温、井下、有毒有害等特殊工作环境、条件下的津贴；③法律、法规和国家规定的劳动者福利待遇等。

五、农民工工资保障

招用农民工的企业承担直接清偿拖欠农民工工资的主体责任。建设单位或施工总承包企业未按合同约定及时划拨工程款，致使分包企业拖欠农民工工资的，由建设单位或施工总承包企业以未结清的工程款为限先行垫付农民工工资。建设单位或施工总承包企业将工程违法发包、转包或违法分包致使拖欠农民工工资的，由建设单位或施工总承包企业依法承担清偿责任。

六、劳动安全卫生保护

《劳动法》第五十二条至第五十六条规定，用人单位必须建立、健全劳动安全卫生制度，严格执行国家劳动安全卫生规程和标准，对劳动者进行劳动安全卫生教育，防止劳动过程中的事故，减少职业危害。

劳动安全卫生设施必须符合国家规定的标准。新建、改建、扩建工程的劳动安全卫生设施必须与主体工程同时设计、同时施工、同时投入生产和使用。

用人单位必须为劳动者提供符合国家规定的劳动安全卫生条件和必要的劳动防护用品，对从事有职业危害作业的劳动者应当定期进行健康检查。从事特种作业的劳动者必须经过专门培训并取得特种作业资格。

劳动者在劳动过程中必须严格遵守安全操作规程。劳动者对用人单位管理人员违章指挥、强令冒险作业，有权拒绝执行；对危害生命安全和身体健康的行为，有权提出批评、检举和控告。

七、女职工和未成年工特殊保护

《劳动法》第五十八条第一款规定，国家对女职工和未成年工实行特殊劳动保护。

1. 女职工的特殊保护

《劳动法》第五十九条至第六十三条规定，禁止安排女职工从事矿山井下、国家规定的第四级体力劳动强度的劳动和其他禁忌从事的劳动。

不得安排女职工在经期从事高处、低温、冷水作业和国家规定的第三级体力劳动强度的劳动。

不得安排女职工在怀孕期间从事国家规定的第三级体力劳动强度的劳动和孕期禁忌从事的劳动。对怀孕七个月以上的女职工，不得安排其延长工作时间和夜班劳动。

女职工生育享受不少于九十天的产假。

不得安排女职工在哺乳未满一周岁的婴儿期间从事国家规定的第三级体力劳动强度的劳动和哺乳期禁忌从事的其他劳动，不得安排其延长工作时间和夜班劳动。

2. 未成年工特殊保护

《劳动法》第五十八条第二款规定，未成年工是指年满十六周岁未满十八周岁的劳动者。

不得安排未成年工从事矿山井下、有毒有害、国家规定的第四级体力劳动强度的劳动和其他禁忌从事的劳动。用人单位应当对未成年工定期进行健康检查。

第三节　劳动争议解决制度

一、劳动争议的范围

《中华人民共和国劳动争议调解仲裁法》（以下简称《调解仲裁法》）第二条规定，中华人民共和国境内的用人单位与劳动者发生的下列劳动争议，适用本法：

（1）因确认劳动关系发生的争议；

（2）因订立、履行、变更、解除和终止劳动合同发生的争议；

（3）因除名、辞退和辞职、离职发生的争议；

（4）因工作时间、休息休假、社会保险、福利、培训以及劳动保护发生的争议；

（5）因劳动报酬、工伤医疗费、经济补偿或者赔偿金等发生的争议；

（6）法律、法规规定的其他劳动争议。

发生劳动争议，当事人不愿协商、协商不成或者达成和解协议后不履行的，可以向调解组织申请调解；不愿调解、调解不成或者达成调解协议后不履行的，可以向劳动争议仲裁委员会申请仲裁；对仲裁裁决不服的，除本法另有规定的外，可以向人民法院提起诉讼。

二、劳动争议的解决方式

《劳动法》第七十七条第一款规定，用人单位与劳动者发生劳动争议，当事人可以依法申请调解、仲裁、诉讼，也可以协商解决。

1. 调解

《调解仲裁法》第十条规定，发生劳动争议，当事人可以到下列调解组织申请调解：

（1）企业劳动争议调解委员会；

（2）依法设立的基层人民调解组织；

（3）在乡镇、街道设立的具有劳动争议调解职能的组织。

企业劳动争议调解委员会由职工代表和企业代表组成。职工代表由工会成员担任或者由全体职工推举产生，企业代表由企业负责人指定。企业劳动争议调解委员会主任由工会成员或者双方推举的人员担任。

劳动争议经调解达成协议的，当事人应当履行。达成调解协议后，一方当事人在协议约定期限内不履行调解协议的，另一方当事人可以依法申请仲裁。

2. 仲裁

《调解仲裁法》第十九条规定，劳动争议仲裁委员会由劳动行政部门代表、工会代表和企业方面代表组成。劳动争议仲裁委员会组成人员应当是单数。

劳动争议申请仲裁的时效期间为1年。仲裁时效期间从当事人知道或者应当知道其权利被侵害之日起计算。

仲裁时效可中断，从中断时起，仲裁时效期间重新计算。因不可抗力或者有其他正当理由，仲裁时效中止。从中止时效的原因消除之日起，仲裁时效期间继续计算。拖欠劳动报酬的纠纷不受仲裁时效限制，但最迟应当自劳动关系终止之日起1年内提出。

当事人申请劳动争议仲裁后，可以自行和解。达成和解协议的，可以撤回仲裁申请。

仲裁庭在作出裁决前，应当先行调解。调解达成协议的，仲裁庭应当制作调解书。调解书应当写明仲裁请求和当事人协议的结果。调解书由仲裁员签名，加盖劳动争议仲裁委员会印章，送达双方当事人。调解书经双方当事人签收后，发生法律效力。调解不成或者调解书送达前，一方当事人反悔的，仲裁庭应当及时作出裁决。

《调解仲裁法》第四十七条规定，下列劳动争议，仲裁裁决为终局裁决，裁决书自作出之日起发生法律效力：

（1）追索劳动报酬、工伤医疗费、经济补偿或者赔偿金，不超过当地月最低工资标准十二个月金额的争议；

（2）因执行国家的劳动标准在工作时间、休息休假、社会保险等方面发生的争议。

3. 诉讼

对仲裁裁决无异议的，当事人必须履行。《劳动法》第八十三条规定，劳动争议当事人对仲裁裁决不服的，可以自收到仲裁裁决书之日起十五日内向人民法院提起诉讼。一方当事人在法定期限内不起诉又不履行仲裁裁决的，另一方当事人可以申请人民法院强制执行。

《劳动法》属于社会法，劳动合同不是民事合同，因此不适用《民法典》合同编。

第四节　社会保险法律制度

《劳动法》第七十条规定，国家发展社会保险事业，建立社会保险制度，设立社会保险基金，使劳动者在年老、患病、工伤、失业、生育等情况下获得帮助和补偿。

一、基本养老保险

《中华人民共和国社会保险法》（以下简称《社会保险法》）第十条第一款规定，职工应当参加基本养老保险，由用人单位和职工共同缴纳基本养老保险费。

参加基本养老保险的个人，达到法定退休年龄时累计缴费满 15 年的，按月领取基本养老金；累计缴费不足 15 年的，可以缴费至满 15 年，按月领取基本养老金；也可以转入新型农村社会养老保险或者城镇居民社会养老保险，按照国务院规定享受相应的养老保险待遇。

个人跨统筹地区就业的，其基本养老保险关系随本人转移，缴费年限累计计算。个人达到法定退休年龄时，基本养老金分段计算、统一支付。

二、基本医疗保险

职工应当参加基本医疗保险，由用人单位和职工按照国家规定共同缴纳基本医疗保险费。

参加基本医疗保险的个人，达到法定退休年龄时累计缴费达到国家规定年限的，退休后不再缴纳基本医疗保险费，按照国家规定享受基本医疗保险待遇；未达到国家规定年限的，可以缴费至国家规定年限。

个人跨统筹地区就业的，其基本医疗保险关系随本人转移，缴费年限累计计算。

三、工伤保险

职工应当参加工伤保险，由用人单位缴纳工伤保险费，职工不缴纳工伤保险费。

《工伤保险条例》第十四条和第十五条规定，职工有下列情形之一的，应当认定为工伤：①在工作时间和工作场所内，因工作原因受到事故伤害的；②工作时间前后在工作场所内，从事与工作有关的预备性或者收尾性工作受到事故伤害的；③在工作时间和工作场所内，因履行工作职责受到暴力等意外伤害的；④患职业病的；⑤因工外出期间，由于工作原因受到伤害或者发生事故下落不明的；⑥在上下班途中，受到非本人主要责任的交通事故或者城市轨道交通、客运轮渡、火车事故伤害的；⑦法律、行政法规规定应当认定为工伤的其他情形。

职工有下列情形之一的，视同工伤：①在工作时间和工作岗位，突发疾病死亡或者在 48 小时之内经抢救无效死亡的；②在抢险救灾等维护国家利益、公共利益活动中受到伤害的；③职工原在军队服役，因战、因公负伤致残，已取得革命伤残军人证，到用人单位后旧伤复发的。职工有前款第①项、第②项情形的，按照本条例的有关规定享受工伤保险待遇；职工有前款第③项情形的，按照本条例的有关规定享受除一次性伤残补助金以外的工伤保险待遇。

职工符合上述规定，但是有下列情形之一的，不得认定为工伤或者视同工伤：①故意犯罪的；②醉酒或者吸毒的；③自残或者自杀的。

四、失业保险

《社会保险法》第四十四条规定，职工应当参加失业保险，由用人单位和职工按照国家规定共同缴纳失业保险费。

失业人员符合下列条件的，从失业保险基金中领取失业保险金：

（1）失业前用人单位和本人已经缴纳失业保险费满一年的；

（2）非因本人意愿中断就业的；

（3）已经进行失业登记，并有求职要求的。

失业人员失业前用人单位和本人累计缴费满一年不足五年的，领取失业保险金的期限最长为 12 个月；累计缴费满五年不足十年的，领取失业保险金的期限最长为 18 个月；累计缴费十年以上的，领取失业保险金的期限最长为 24 个月。重新就业后，再次失业的，缴费时间重新计算，领取失业保险金的期限与前次失业应当领取而尚未领取的失业保险金的期限合并计算，最长不超过 24 个月。

失业保险金的标准，由省、自治区、直辖市人民政府确定，不得低于城市居民最低生活保障标准。

五、生育保险

职工应当参加生育保险，由用人单位按照国家规定缴纳生育保险费，职工不缴纳生育保险费。

用人单位已经缴纳生育保险费的，其职工享受生育保险待遇；职工未就业配偶按照国家规定享受生育医疗费用待遇。所需资金从生育保险基金中支付。生育保险待遇包括生育医疗费用和生育津贴。

六、公积金

1. 定义

根据《住房公积金管理条例》第二条规定，住房公积金，是指国家机关、国有企业、城镇集体企业、外商投资企业、城镇私营企业及其他城镇企业、事业单位、民办非企业单位、社会团体（以下统称单位）及其在职职工缴存的长期住房储金。

2. 特征

住房公积金具有以下两个特征：

（1）积累性

住房公积金不是职工工资的组成部分，不以现金形式发放，并且必须存入住房公积金管理中心在受委托银行开设的专户内，实行专户管理。

（2）专用性

住房公积金实行专款专用，存储期间只能按规定用于购、建、大修自住住房，或交纳房租。职工只有在离职、退休、死亡、完全丧失劳动能力并与单位终止劳动关系或户口迁出原居住城市时，才可提取本人账户内的住房公积金。

3. 缴存额度

职工住房公积金的月缴存额为职工本人上一年度月平均工资乘以职工住房公积金缴存比例。单位为职工缴存的住房公积金的月缴存额为职工本人上一年度月平均工资乘以单位住房公积金缴存比例。职工和单位住房公积金的缴存比例均不得低于 5％，不得高于 12％。

第五节 工 程 案 例 分 析

➤ **案例 7-1**

关联知识点：劳动合同法律制度

【背景】

周某于 2016 年 5 月到某电站工作，但并未签署正式的劳动合同，电站的收益归某电站享有。2021 年 11 月 20 日，某电站通知周某不再负责电站管理。随后，周某以某电站未为其购买社会保险，且单方面终止劳动合同关系为由，提起劳动仲裁。经仲裁委员会裁决确认，在 2016 年 5 月至 2021 年 11 月期间，双方存在劳动关系，某电站应支付周某解除劳动关系经济补偿金 2 万余元。

某电站与周某均对此裁决提出了异议，分别向法院提起诉讼。县人民法院依法对两个案件进行合并审理。周某主张，在某电站工作期间，他遵守了某电站的管理制度，证据包括电站日常开支明细、电站管理制度、安全责任公示牌的执行情况、工资发放记录、夜间值班待岗的证人证词和视频材料，这些证据能够证明双方存在劳动合同关系。某电站辩称其与周某未签订书面劳动合同，双方之间是承包关系而非劳动关系，因此无需支付周某经济补偿金。

【问题】

请确认周某与某电站之间是否存在劳动关系并说明理由。

【分析】

劳动关系是指双方当事人通过合意，由劳动者一方提供劳动、用人单位一方给付报酬所形成的具有经济、人身从属性的权利义务关系。劳动关系的认定不能仅以双方之间是否签订了书面劳动合同为依据，应以用工过程中所体现的双方当事人的权利与义务关系来确定。

虽然某电站与周某之间未签订书面劳动合同，但劳动关系的认定应当从双方主体资格的合法性、人身和经济的从属性、组织的从属性三方面进行事实审查。某电站作为个体工商户与周某均符合建立劳动关系的主体资格，从双方陈述以及提供的证据上看，周某负责电站的日常工作，属于某电站的业务工作范围，且受某电站规章制度的约束，接受某电站的监督，周某的工资从某电站处领取，该用工事实符合劳动关系构成的基本条件，可认定周某与某电站之间存在劳动关系。某电站未为周某缴纳社会保险费，且无合法事由擅自解除与周某之间的劳动关系，应当按照周某在其处工作年限支付解除劳动合同的经济补偿金。

【处理结果】

法院判决确认周某与某电站在 2016 年 5 月至 2021 年 11 月 20 日期间存在劳动关系，某电站应向周某支付经济补偿金 3 万元。该判决现已生效。

【建议】

劳动合同法规定订立书面劳动合同的目的在于更好地保护当事人的合法权益，使当事人的权利与义务以书面形式固定下来，稳定劳动关系。劳动者入职后，应及时与用人单位签订书面劳动合同，保存劳动用工有关凭证，避免产生争议后举证困难。用人单位应依照法律规定及时与劳动者签订劳动合同并缴纳社会保险，依法办企才是企业持续健康稳定发展的根基。

> **案例 7-2**

关联知识点：劳动合同法律制度、工伤保险

【背景】

　　2017 年 7 月，佟某开始在某电气集团有限公司工作，担任力工岗位，每月实发工资为 3300 元。在佟某工作期间，公司没有与他签订书面劳动合同，也没有为他缴纳社会保险。2017 年 9 月某日下午，在某集团建设工地从事电力设备安装工作时，佟某发生摔伤事故，被送往医院接受治疗。事故发生后，该公司一直未给佟某申报工伤，于是佟某的近亲属到某区人力资源和社会保障局提出了工伤认定申请。在经过调查后，该区人力资源和社会保障局认定佟某是该公司员工，并且遭受的事故伤害属于工作时间和工作地点内因工作原因受到的伤害，因此被认定为工伤。但是该公司对于工伤认定决定书不满意，声称他们与佟某之间不存在劳动关系，于是将此事提起诉讼至区人民法院。

【问题】

　　某电气集团有限公司与佟某之间是否应确认为劳动关系，佟某所受伤害被认定为工伤是否妥当。

【分析】

　　劳动关系是指双方当事人通过合意，由劳动者一方提供劳动、用人单位一方给付报酬所形成的具有经济、人身从属性的权利义务关系。用人单位与劳动者之间存在着管理与被管理的关系。本案例中，某电气集团有限公司与佟某虽然没有签订书面劳动合同，但二者的关系应认定为劳动关系。理由如下：第一，某电气集团有限公司是经市场监督管理部门合法登记设立的有限责任公司，是合法的用人单位。第二，佟某是在原告的管理下从事特定工作。佟某受到事故伤害时，是受某电气集团有限公司指派在建设工地从事相关工作。第三，佟某在受伤前处于连续、稳定、有隶属性的工作状态。佟某于 2017 年 7 月 26 日开始在原告公司从事相关工作，直到 2017 年 9 月 14 日受伤，近两个月的时间一直在某电气集团有限公司管理下保持着连续、稳定的工作状态。第四，某电气集团有限公司按月给佟某发放工资报酬。综上所述，佟某与某电气集团有限公司之间应认定为劳动关系。

　　《工伤保险条例》第十四条（一）项规定，职工有下列情形之一的，应当认定为工伤：在工作时间和工作场所内，因工作原因受到事故伤害的。本案例发生的事实能够认定佟某在某电气集团有限公司施工现场工作时左腿摔伤，其受到的事故伤害，属于因工作原因受伤，某区人力资源和社会保障局认定第三人所受伤害为工伤并无不妥。

　　认定程序方面，根据《工伤保险条例》第五条的规定，国务院社会保险行政部门负责全国的工伤保险工作。可见，某区人力资源和社会保障局具有作出工伤认定决定的法定职权。从本案证据来看，某区人力资源和社会保障局作出的认定工伤决定书证据确凿，适用法律、法规正确，符合法定程序。

【处理结果】

　　区法院认定某电气集团有限公司与佟某之间为劳动关系，某区人力资源和社会保障局认定佟某所受伤害为工伤并无不妥，判决驳回原告某电气集团有限公司的诉讼请求。某电气集团有限公司不服提起上诉，市中级人民法院依照《中华人民共和国行政诉讼法》第八十九条第一款（一）项的规定，判决驳回上诉，维持原判。

➤ **案例 7-3**

关联知识点：劳动争议解决制度

【背景】

2012 年 10 月，王某与某房地产公司签订劳动合同，约定王某在该公司任职工程材料管理岗位，在某项目工地工作。2022 年 9 月，该项目结束，王某的岗位被撤销。随后，该公司向王某发送了一份通知："因某项目结束，你所在的岗位已不存在，通知你到该项目销售部工作，待遇不变，自收到本通知之日起 5 日内到销售部报到，逾期视为旷工，旷工超过 5日，按自动离职处理。"收到通知后，王某做出了回应："该岗位不适合，要求重新调整。"该公司于 2022 年 10 月再次向王某送达书面通知："无法调整，自收到本通知之日起 5 日内到销售部报到，逾期视为旷工，旷工超过 5 日，按自动离职处理。"

此后，王某再未回公司上班，并因此事提起了仲裁，随后又提起了诉讼，要求某房地产公司向其支付违法解除劳动合同的经济赔偿金。该公司辩称，王某已接收通知，但未按通知要求到销售部报到，视为旷工，应按自动离职处理，不存在支付经济补偿金问题。

【问题】

王某是否应当获得经济补偿金。

【分析】

在本案例中，某房地产公司因客观情况发生变化，该单位无法维持劳动者原来的岗位，将王某更换岗位的行为不属于恶意调岗，但单位具有与劳动者协商的义务。

经协商仍无法达成一致时，根据《劳动合同法》第四十条第（三）项的规定，劳动合同订立时所依据的客观情况发生重大变化，致使劳动合同无法履行，经用人单位与劳动者协商，未能就变更劳动合同内容达成协议的。用人单位提前 30 日以书面形式通知劳动者本人或者额外支付劳动者 1 个月工资后，可以解除劳动合同。由此可见，该单位虽具有解除劳动合同的权利，但仍应依法支付经济补偿金。

在本案例中，王某不属于劳动者自愿离职，而属于因客观情况发生变化离职，双方没有协商一致，而劳动者以实际行动表示离职，属于因客观情况发生变化离职，不能视为旷工，故有权请求经济补偿金，单位也应支付经济补偿金。

【处理结果】

双方自愿达成调解协议，某房地产公司自愿向原告王某补偿 3 万元，双方再无其他纠纷。

➤ **案例 7-4**

关联知识点：试用期

【背景】

2018 年 6 月，陈先生加入了一家工程公司，担任项目拓展经理一职。公司与陈先生签订了一份为期 3 年的劳动合同，合同中规定了试用期为 3 个月。试用期结束后，公司出具了一份《延长试用期通知书》，称经过 3 个月的观察，陈先生表现出较强的职业操守，但工作专长和技能尚未充分展现，因此决定将试用期延长 3 个月。此后，公司又签署了一份为期 3年的劳动合同。类似的情况重复发生了 5 次，共签订了 5 份 3 年期的劳动合同。其中，有 4次约定了 3 个月的试用期，每次试用期满后又延长了 3 个月；另一次合同则约定了 6 个月的试用期。直到 2020 年 12 月底，工程公司以陈先生不胜任工作为由，向他发出了《试用期辞退通知书》。此时，陈先生已在公司工作了两年半，始终未脱离试用期。

陈先生对公司的处理方式不满，提起劳动仲裁，要求公司支付违法约定试用期的赔偿金、违法解除劳动关系的赔偿金，以及未休年假的工资，总计金额为9万元。劳动争议仲裁部门支持了陈先生的请求，但工程公司不同意仲裁结果，因此提起诉讼，寻求改变仲裁决定。

【问题】

本案例中的陈先生是否应获得赔偿金。

【分析】

《劳动合同法》第十九条第二款明确规定，同一用人单位与同一劳动者只能约定一次试用期。

工程公司在持续用工两年半的时间，与陈先生先后签订5份期限均在3年以上的劳动合同，并先后5次约定了试用期，直至最终解约依然是《试用期辞退通知书》。该公司做法严重违反《劳动合同法》中试用期的相关规定，应当承担相应的法律责任。

【处理结果】

最终判决该工程公司支付陈先生试用期赔偿金等各种费用9万元。

思 政 小 结

建设工程劳动合同法律制度的实施，有利于约束建设企业履行社会责任，保障劳动者权益，规范劳动关系，减少建设企业的用工风险，避免劳动争议，提高劳动者的就业稳定性。

劳动合同法律制度有助于形成和谐、平等的劳动关系，确保劳动合同双方在自愿的基础上达成协议。在劳动合同的签订阶段，法律要求建设企业和劳动者在平等的基础上达成协议，避免不平等的协商。在劳动合同的执行过程中，法律规定雇主应当按时支付工资、提供合理的工作环境，而劳动者则应履行其劳动岗位职责。劳动合同的终止需要遵循法定的程序和条件。

劳动保护法律制度的实施是为了保护劳动者的基本权益。工作时间、加班时间和休息休假时间的规定，确保了劳动者不会过度工作，获得充足的休息时间，维护身心健康。最低工资和农民工工资的规定，保障了劳动者和农民工的合法薪酬权益，防止不合理低薪现象的发生，维持基本生活水平。劳动卫生保护、女职工和未成年工特殊保护的规定，确保劳动者在工作中免受危害，预防职业病和工伤的发生。特别是对女职工和未成年工的额外保护，有助于确保他们在劳动过程中的安全和健康。

劳动争议解决制度将法治文化融入到劳动关系中，允许劳动者通过仲裁、诉讼等途径维护自己的权益。该制度的实施为劳动争议解决提供了明确的法律依据和指导，让劳动者和建设企业在解决争议时能够遵循法律程序和原则。

社会保险法律制度设立了养老、医疗、失业、工伤、生育等社会保险项目，确保个体在老年、疾病、失业、意外等情况下能够获得一定的经济保障。这个制度的实施，为劳动者提供经济和社会保障，体现了社会和建设企业对劳动者的关心和关怀，也体现了人文关怀的核心价值。

本章体现的思政元素如下：

1. 和谐平等

社会主义核心价值观包括和谐平等。在思想政治教育中，引导学生构建和谐的社会关系，培养其平等意识，减少歧视。

2. 权益保障

在思想政治教育中，引导学生知晓劳动权益保障的内容，培养学生树立正确的权益保障观念，知道在何种情况下可以寻求法律保护，维护权益。

3. 法治文化

在思想政治教育中，法治文化的融入，引导学生了解法律是权益保障的基础，鼓励他们尊重法律、遵守法律，通过法律手段解决争议。

4. 人文关怀

在思想政治教育中，关注学生的情感体验，了解他们的压力、困惑和情感需求，为他们提供心理健康支持和引导。培养学生尊重他人、关爱弱势群体，在社会中以温暖的态度和积极的行动影响他人。

思 考 题

1. 请阐述《劳动合同法》中关于试用期的有关规定。
2. 请阐述《劳动合同法》中关于经济补偿标准的相关规定。
3. 请简述劳动合同的解除和终止的情形。
4. 请简述工作时间和加班时间保障的相关规定。
5. 劳动争议的解决方式有哪些？
6. 社会保险包括哪些？

参 考 文 献

［1］全国一级建造师执业资格考试用书编写委员会．建设工程法规及相关知识［M］．北京：中国建筑工业出版社，2022.

［2］顾永才．建设法规［M］．5版．北京：科学出版社，2021.

［3］吴胜兴．土木工程建设法规［M］．4版．北京：高等教育出版社，2020.

［4］刘黎虹，韩丽红．工程建设法规与案例［M］．北京：机械工业出版社，2015.

［5］代春泉．建设法规［M］．北京：清华大学出版社，2018.

［6］朱宏亮．建设法规［M］．4版．武汉：武汉理工大学出版社，2018.

［7］王晓琴，赵冬梅．建设法规［M］．3版．武汉：武汉理工大学出版社，2021.

［8］皇甫婧琪．建设工程法规［M］．3版．北京：北京大学出版社，2018.

［9］张智．水工程法规［M］．2版．北京：中国建筑工业出版社，2018.

［10］楚国清，孙善学．课程思政"三金"优秀教学设计案例［M］．北京：首都经济贸易大学出版社，2020.

［11］吕小亮．思政与课程教改访谈录［M］．上海：上海大学出版社，2022.